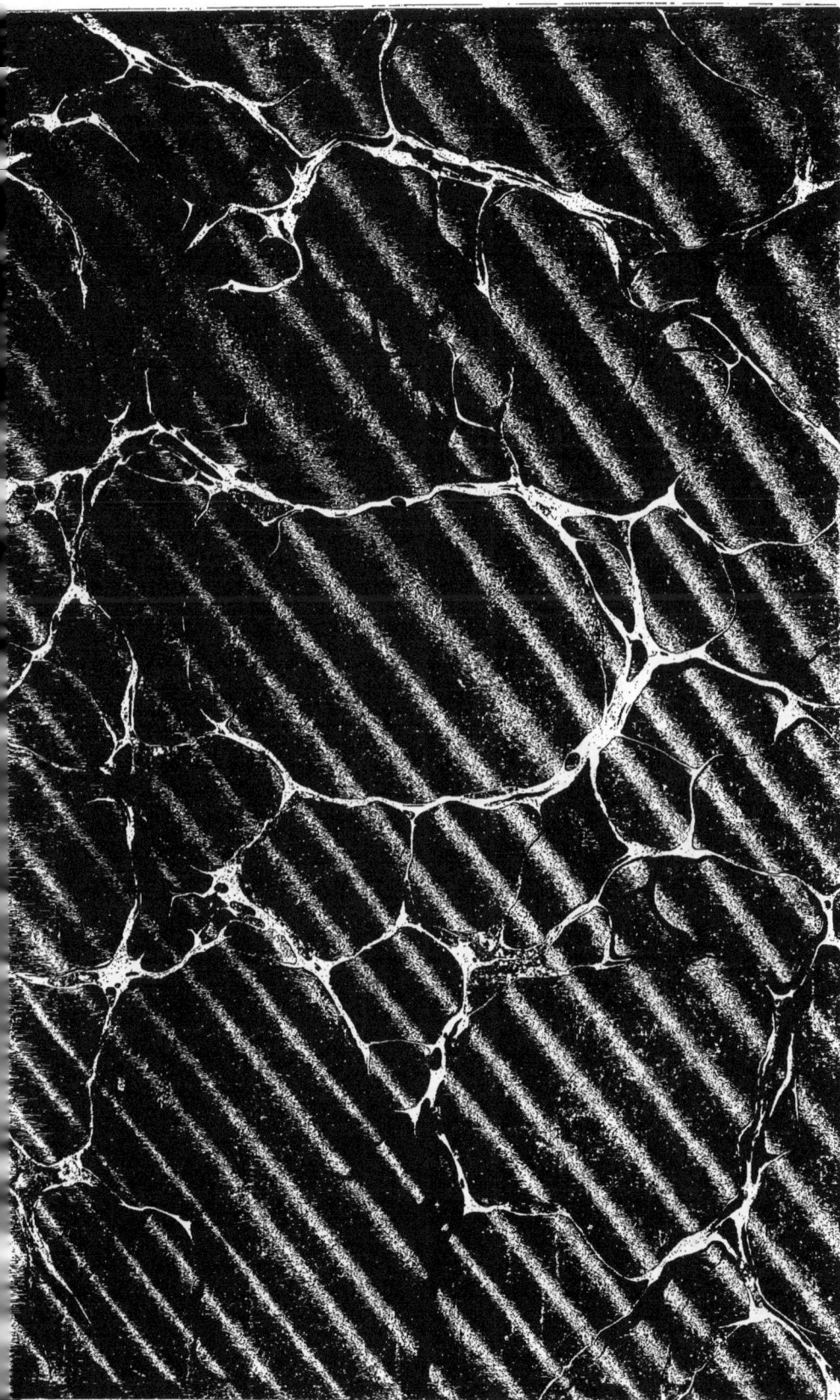

NOTES

SUR

LE JAPON, LA CHINE ET L'INDE.

Paris. — Imprimerie de Ad. Lainé et J. Havard, rue Jacob, 56.

NOTES

SUR

LE JAPON, LA CHINE

ET

L'INDE,

Par le B^{on} Ch. DE CHASSIRON.

1858. — 1859. — 1860.

高禄禮南

PARIS,

E. DENTU, LIBRAIRE-ÉDITEUR, | CH. REINWALD, LIB.-ÉDITEUR,
Palais-Royal, galerie d'Orléans, 13. | Rue des Saints-Pères, 15.

1861.

À MON PÈRE.

Paris, 1er décembre 1861.

Lorsqu'on publie une relation de voyage, et que l'on vise à intéresser ceux qui la liront, il y a deux manières de procéder :

La première, une dose suffisante de mémoire, d'imagination et de littérature étant donnée, consiste, une fois de retour chez soi, à composer, sur des notes plus ou moins exactes, ou prises en courant, des récits attachants, habillés, selon l'expression consacrée, de couleur locale et entremêlés d'historiettes amusantes ; quitte, il est vrai, à altérer souvent la vérité des individualités ou des choses, ou à faire bravement du posthume en fait d'actualité.

La seconde, un journal de chaque jour, rigoureusement exact jusqu'à la minutie, et où le familier vient se mêler au sérieux, étant également donné, se réduit à transcrire presque littéralement ce journal ; quitte aussi à rajuster quelques phrases, à adoucir quelques angles, en supprimant des personnalités qui auraient fait leur temps ; à harmoniser, en un mot, un ensemble que les incidents divers d'un voyage long et lointain auraient pu rendre nécessairement décousu.

Cette dernière méthode est celle que j'ai choisie, parce qu'elle m'a paru la plus simple, et qu'en outre, je lui trouve l'avantage de conserver à la relation un caractère de probité qui ne peut qu'en augmenter l'intérêt.

Elle m'a servi surtout pour la matière principale de cette publication, le compte rendu de l'Ambassade du baron Gros au Japon. Cette Ambassade, la seule que la France ait jamais envoyée dans une contrée qui jusqu'alors s'était obstinément fermée à l'Occident, a été suivie d'un Traité dont les négociations m'ont semblé un tableau si curieux des mœurs et du caractère indigènes, que j'ai tenu à n'en rien omettre ; dussent certains détails paraître, au premier abord, insignifiants, même puérils.

Quant aux lettres qui font suite, adressées pendant le cours de mon voyage à un collègue et à un ami, déjà, grâce à l'hospitalité d'un journal de Paris, elles ont eu de la publicité ; mais, à ma rentrée en France, je les ai trouvées pleines de lacunes, et par ce motif si tronquées comme pensées, dans nombre de passages, sans doute sous l'empire de circonstances du moment que la distance ne m'avait pas permis d'apprécier exactement, que, par indépendance d'opinion, autant, je l'avoue, que par amour-propre de voyageur, j'ai voulu les reproduire, aujourd'hui, telles qu'elles avaient été écrites, sous le coup des événements, ou sous l'influence de mes sensations d'alors.

C'est du passé, je le sais, qu'elles pourront sembler avoir la prétention de rajeunir; mais ce passé n'est-il pas, depuis des siècles, celui du pays de l'immobilité par excellence, en fait de politique, en fait d'institutions, en fait de passions? Et, pénétré de cette vérité, j'ai pensé que mes impressions, porteraient-elles la date de 1858, pourraient encore, en 1861, avoir quelque opportunité ou quelque intérêt; qu'elles pourraient servir encore à ceux qui viendraient à me succéder, sous le ciel et au milieu des hommes où je les avais ressenties, où je les avais décrites.

Enfin, à part des considérations très-générales, ou des réflexions personnelles échappées à la plume de mon journal, autant que possible, mais non sans effort parfois, j'ai cherché à m'abstenir de commentaires et de jugements développés.

Dans l'extrême Orient, pendant deux années, ma position exceptionnelle me les défendait :

En France, fonctionnaire, je ne me crois pas, quant à présent, le droit de traiter à fond des questions toujours menaçantes, selon moi, quelque satisfaisants qu'aient pu paraître certains ré-

sultats déjà obtenus, et dont la solution véritable se rattache fatalement, elle-même, à celle
des plus grosses questions de la politique européenne.

Telle est la teneur de ces notes et tel en est
l'esprit.

Bᵒⁿ Charles DE CHASSIRON,

Maître des Requêtes de 1ʳᵉ classe au Conseil d'État,
Détaché extra. en Chine et au Japon de 1858 à 1860

LA PREMIÈRE

AMBASSADE DE FRANCE

AU JAPON.

—

1858.

Shang-haï (Chine), novembre 1858.

A M. LE Vᵀᴱ DE LA GUÉRONNIÈRE.

La Mission de France est de retour de son expédition au Japon. Sous peu, elle va se rendre dans
la rivière de Canton pour y régler définitivement,
dans ses détails, le mode de remboursement de l'indemnité si vigoureusement enlevée à *Ta-kou;* puis
elle songera à rentrer en France, après une longue
et laborieuse campagne de dix-huit mois. Quant à
moi, qui suis destiné à m'en détacher, je songe à
la Cochinchine, à Java; je songe aussi à la mère-
patrie; mais je dois attendre les événements et accepter le sort qu'ils me feront.

Je vous envoie par ce courrier, tout incom-
plète qu'elle soit, partie de mon bagage de retour
du Japon, de ce pays si inviolable et si inviolé jus-

qu'à ce jour qu'à mon grand regret, nous n'avons qu'entrevu. Ce que nous en rapportons, comme données un peu certaines ou comme faits un peu précis, nous avons, pour ainsi dire, dû le voler au temps si court de notre séjour dans le vieil empire de *Nipon ;* aux mystères d'une société se dérobant, depuis des siècles, à l'œil et au contact de l'étranger ; ou l'arracher à un système administratif et politique monopolisant tout, les hommes comme les choses, et défendant aux uns comme aux autres, de se livrer aux envoyés de l'Occident, sans s'être préalablement soumis à l'arbitraire et au contrôle de l'autorité, arbitraire des plus exclusifs, contrôle des plus rigoureux.

Autrement dit : je vous transcris sommairement quelques pages de mon journal de voyage ; vous y trouverez du moins l'itinéraire exact de la *première Mission française au Japon.*

Partis de *Shang-haï* vers le milieu de septembre, sur la corvette à vapeur *le Laplace,* escortée de deux bâtiments légers, *le Prégent,* aviso de la marine impériale, et *le Remy,* clipper de commerce frété pour l'expédition, après une navigation heureuse de sept jours, nous sommes arrivés à *Simoda.* C'était la première étape choisie pour reposer les équipages, avant de pousser jusqu'à *Yeddo,* la capitale de l'empire et le seul point où l'Ambassa-

deur de France consentît à traiter. Américains,
Russes et Anglais nous y avaient précédés ; ils en
avaient déjà emporté leurs Traités respectifs ; pour
nous le terrain des négociations était donc tout
fait, tout tracé : la saison, d'ailleurs très-avancée
dans ces parages, où les typhons étaient encore menaçants, avait décidé le baron Gros à en terminer
au plus vite avec le Japon, et l'avait déterminé à
réserver, pour le retour sur la Chine, la relâche
que la Mission tenait à faire à *Nagha-zaki*, où ne
l'appelait d'ailleurs aucun intérêt politique, mais
qui devait être le complément de son curieux
voyage.

Depuis quelques années, des bâtiments français,
entre autres *la Constantine* et *la Sibylle*, avaient
fait des reconnaissances sur les côtes du Japon.
Ils s'étaient présentés devant *Simoda*, mais n'avaient
pu obtenir d'y débarquer ; leurs rapports avec la
terre s'étaient bornés à quelques politesses échangées entre les autorités du lieu et les commandants
français ; aussi, arrivant dans ce petit port et descendant librement sur cette terre, jusqu'alors interdite aux étrangers, ouvrions-nous un droit
que le Traité conclu par la France consacre désormais pour l'avenir dans plusieurs des ports du
Japon.

Averti de notre arrivée par la Mission d'Angle-

terre, à son passage à *Simoda*, le Gouverneur, dès que
le Laplace fut sur ses ancres, s'empressa de venir offrir ses services au baron Gros. Dans cette première
entrevue, ce fonctionnaire ne put dissimuler, sous
les circonlocutions les plus polies, l'instruction
qu'il avait reçue de *Yeddo* de faire tous ses efforts
pour arrêter la Mission française sur la route de la
capitale, en proposant à l'Ambassadeur de traiter à
Simoda même; se faisant fort, dans ce cas, d'exhiber
des pouvoirs suffisants; manœuvre déjà tentée, du
reste, sans succès, auprès du chef de la Mission
anglaise : aussi le baron Gros repoussa-t-il toute
proposition de ce genre, et établit-il, de la façon la
plus nette, qu'il resterait à *Simoda* le temps qu'il
jugerait convenable à ses projets, et ne traiterait que
là où avaient traité les Alliés de son Souverain; ce
qui, en effet, a eu lieu.

Les formes et la tenue des officiers japonais qui
accompagnaient le Gouverneur de *Simoda*, lorsqu'il
s'est présenté sur *le Laplace*, les premiers du reste
que nous eussions encore vus, nous ont tous fort
surpris; bien qu'issus, à n'en pas douter, de la
même souche que les Chinois, c'est à peine s'ils ont
conservé le type originel qui devrait leur être commun. Ils tranchent surtout sur leurs frères d'outre-
mer par la simplicité de leur tenue, par la propreté
de leurs vêtements, et, au premier abord, par la

franchise intelligente de leurs physionomies : à l'usé, dans les rapports d'affaires, le côté intelligent reste entier; mais il se double d'une finesse cauteleuse et d'une défiance tenace que sembleraient exclure les apparences premières. Leur maintien est calme et digne, comme du reste celui des peuples orientaux; ils dédaignent tout ornement futile, toute dorure sur leurs habits; à peine en tolèrent-ils sur leurs armes; et quant au costume en lui-même, celui des gens du peuple ne diffère de celui des hauts personnages, de celui du souverain lui-même, que par la nature ou la qualité des étoffes, de soie dans la haute classe, de coton dans la basse : chez l'une comme chez l'autre la couleur de ces mêmes étoffes est toujours sombre, jamais éclatante : point nouveau et frappant de dissemblance avec les habitants du Céleste-Empire.

Les nobles et les fonctionnaires portent tous, comme l'une des marques distinctives de leur rang, deux sabres demi-courbes, de grandeurs différentes, qui ne quittent jamais leurs ceintures, qu'ils soient debout ou assis, c'est-à-dire accroupis; le port de ces deux sabres semble donc indiquer un signe de noblesse ou de fonctions; sorte d'Éperon de la noblesse japonaise. Ils ont aussi, imprimés sur la partie supérieure de leurs vêtements, de petits médaillons blasonnés à leurs armes personnelles,

et se font précéder d'un nombre de piques propor-
tionné au rang qu'ils occupent dans la hiérarchie
civile ou militaire.

Les personnages considérables sont toujours ac-
compagnés d'une suite nombreuse ; et cet ensemble
d'officiers, de gens de service, vêtus uniformément
aux couleurs de leurs maîtres, armés de lances aux
formes bizarres et ornées de guidons de toutes nuances, rappelle d'une façon singulière le moyen âge
avec ses barons, ses écuyers et ses varlets : n'est-il
pas étrange que ce soit au Japon, au dix-neuvième
siècle, que pareille fantasmagorie vienne à se produire !

Du reste, l'organisation politique du Japon est
encore toute féodale, dans la forme du moins ;
nombre des anciens grands Feudataires ou Déten-
teurs de fiefs importants, qui, par le passé, recon-
naissaient avec peine l'autorité du Suzerain, ayant
été, depuis un siècle à peu près, réduits à faire
entre ses mains abdication de leurs anciens droits.
Deux princes ou *Damios*, cependant, dont les
fiefs sont situés aux extrémités de l'île, ont su,
même de nos jours, maintenir sur leurs domaines leurs prérogatives féodales ; et, au tribut
annuel près qu'ils ne cessent d'envoyer à *Yeddo*,
ils ont conservé une position assez indépendante
et assez redoutable pour que l'Empereur ou *Taï-*

goun ait eu, en toutes circonstances, à compter avec eux et à les caresser. Chez l'un d'eux, le prince de *Satzouma*, la politique de *Yeddo* a même invariablement cherché un appui qui la mît à l'abri des entreprises de ce grand vassal, en demandant à sa maison des épouses pour la couche impériale ; ainsi, l'impératrice douairière actuelle est encore une princesse de *Satzouma*.

Simoda n'est réellement qu'un gros bourg détruit, il y a peu d'années, par un tremblement de terre et récemment rebâti : sa population est de deux à trois mille âmes à peine. Son importance, comme le titre de ville qui lui a été donné, ne datent que de l'époque où son port s'est trouvé l'un des deux seuls ouverts aux Étrangers ; du jour où, par un échange que les Traités viennent de consacrer, ces mêmes Étrangers n'y auront plus le droit de résidence, *Simoda* rentrera dans sa modeste et charmante obscurité ; charmante, car rien n'est plus ravissant et plus pittoresque à la fois que la vallée toujours fraîche, luxuriante de cultures et sillonnée de ruisseaux dont les chutes se répètent à chaque pas, qui s'étend à perte de vue au fond de sa baie ; que les montagnes gigantesques qui l'enveloppent, les unes bronzées et volcaniques, les autres tapissées de cèdres, et de ces pins dont *Kœmpfer*, le savant Hollandais, dit avoir constaté, au Japon, plus de *soixante variétés*.

Notre arrivée devant la baie de *Yeddo*, au fond d'un golfe de 60 *milles* de profondeur, a été rapide. Nous étions restés six jours à *Simoda* : de ce point à *Yeddo*, le trajet est de *douze heures*, et le matin du 14 *septembre* voyait notre pavillon flotter là où jamais couleurs françaises ne s'étaient montrées depuis que l'Occident a lancé ses navires dans l'Extrême-Orient.

Bien que nous eussions mouillé à 3 milles à peu près de la côte, le tirant d'eau de nos navires ne leur permettant pas de la serrer davantage, la visite des autorités japonaises a été immédiate, comme à *Simoda*. Cette fois, six fonctionnaires civils d'un ordre élevé, nommés *Bougnos*, c'est-à-dire gouverneurs ou plutôt maires, si l'assimilation est permise, les mêmes du reste qui avaient traité avant nous à *Yeddo* avec les Russes et les Anglais, et qui, plus tard, devaient être chargés de traiter avec nous à titre de Plénipotentiaires, avaient été choisis pour venir complimenter l'Ambassadeur de France au nom du Gouvernement impérial du Japon.

Les mêmes efforts qu'à *Simoda* furent tentés auprès du baron Gros pour le dissuader de débarquer à *Yeddo ;* efforts spécieusement colorés, cette fois, du prétexte de la mort récente de l'Empe-

reur : « circonstance qui, en couvrant l'Empire de
« deuil, nuirait fatalement à l'apparat et aux hon-
« neurs avec lesquels le Gouvernement japonais
« tiendrait à recevoir l'envoyé de l'Empereur de
« France; de plus, une cruelle épidémie, le cho-
« léra, sévissant en ce moment sur la population de
« la capitale, les existences des Français pourraient
« se trouver compromises. » Des offres même furent faites de traiter à bord de notre corvette. Toutes ces tentatives devaient naturellement échouer
devant la résolution du Chef de la Mission, qui
persista plus que jamais dans son refus de traiter
ailleurs que dans *Yeddo même*.

Enfin, après quatre jours de pourparlers, nous
sommes entrés dans la ville, le drapeau français en
tête du cortége de l'Ambassadeur. Nous avons été
conduits à une *Bonzerie* ou couvent de moines
Boudhistes, qu'avait déjà habitée avant nous la
Mission russe et qui nous avait été offerte pour la
durée de notre séjour dans la capitale de l'Empire.
L'Ambassade anglaise avait choisi une autre résidence, dans le voisinage plus animé de la baie et
du quartier marchand.

Le baron Gros ayant déclaré son intention
d'activer les négociations, rappelé qu'il était en
Chine par l'arrivée prochaine à *Shang-haï* des
deux Hauts-Commissaires délégués pour le règle-

ment des tarifs douaniers, on est entré immédiatement en conférences. Comme je vous l'ai déjà dit, le Gouvernement japonais y était représenté par les mêmes *Bougnos* qui s'étaient rendus auprès de l'Ambassadeur, à son arrivée devant *Yeddo*.

L'esprit pointilleux et défiant, jusqu'au ridicule, que les commissaires japonais n'ont cessé d'apporter dans les discussions, a souvent réduit le baron Gros à les suivre, avec une patience singulière, dans les détails les plus puérils, ou sur des terrains qui s'écartaient complétement de la question; aussi la longueur des séances s'en est-elle ressentie. La prudence du négociateur français, inspirée par les circonstances, n'a pas cru devoir, à certains chapitres, aborder des points délicats réservés à une révision que la lettre du Traité fait prochaine; mais, en somme, aucun des articles que le Gouvernement japonais, dans le principe des discussions, avait cherché à repousser ou à amender n'a été cédé : tous ceux que le Gouvernement français avait résolus et établis ont été acquis ; et d'outrageantes coutumes insultant, depuis des siècles, à la foi chrétienne, sont désormais abolies dans tout l'Empire. La France a donc aujourd'hui avec le Japon un Traité d'Alliance, de Commerce et d'Amitié, relativement aussi conforme à ses intérêts politiques et à ses besoins commerciaux que ceux de l'Angleterre etde la Russie ses alliées.

Le TRAITÉ *d'Yeddo a été signé le 9 octobre : cinq grands ports sont ouverts aux commerces étrangers ; les Puissances contractantes pourront envoyer à Yeddo, avec droit de résidence dans la ville même et de parcours dans tout l'Empire, un agent diplomatique ou un consul général; des consuls, dans les quatre ports obtenus.* Le but de l'expédition a pleinement réussi; et de l'Empire japonais il est permis de dire, avec non moins de confiance, peut-être, que de l'Empire chinois : le Japon est ouvert.

Yeddo est une ville immense; les statistiques de l'Empire, régulièrement établies chaque année par le gouvernement japonais, avec cet esprit d'ordre méthodique qui caractérise tous les rouages de son administration, et dontle consul général des États-Unis à *Simoda*, M. Towsend Harris, le seul agent européen ayant eu résidence fixe au Japon depuis quatre ans, a pu obtenir communication officielle, constataient l'année dernière, à *Yeddo*, une population de *deux millions cinq cent mille âmes ;* chiffre énorme, mais qui cesse de paraître exagéré quand l'on pénètre dans les quartiers marchands de la ville; véritables fourmilières, que peuvent seules régler et contenir les barrières de bois bardées de fer, qui, à des distances mesurées à la population des pâtés de maisons, servent à fermer, à un moment donné, les grandes artères de la ville industrielle.

Yeddo peut se diviser en trois zones bien distinctes :

En ville *marchande*, qui forme un cordon non interrompu autour du noyau principal, sur une superficie d'à peu près 20 *milles* de circonférence;

En ville *noble*, habitée par les *Damios*, par les fonctionnaires; et, au Japon, tout individu qui n'est pas marchand ou cultivateur, doit remplir une fonction quelconque; la race des oisifs ou des riches inutiles n'y est pas plus connue qu'elle n'y serait tolérée. Ces fonctionnaires forment une armée, sorte de *Landwehr*, en dehors des troupes régulières dont l'effectif est très-restreint : pendant la guerre, ils sont appelés à prendre les armes pour la défense du pays; pendant la paix, à remplir des fonctions diverses.

L'une de ces fonctions la plus prisée, comme la mieux récompensée, c'est l'espionnage public et privé. Le Gouvernement japonais prétend pénétrer dans les replis les plus profonds de la société qu'il régit; être présent partout et à toute heure, dans le tumulte de la rue, comme dans le silence des familles, et, par des primes à la délation se traduisant en avancement aux fonctions publiques, primes recherchées et hautement avouées, du reste, par qui les reçoit, avec un cynisme inconnu aux époques les plus gangrenées, les plus serviles, de la société vénitienne, il est parvenu à établir, sur toute la surface de l'Empire, un système général d'espionnage organisé, qui est la base peu morale, il est vrai, mais en fait, jusqu'à ce jour, la force première de sa politique intérieure ;

-En ville *impériale*, qui ne renferme que les palais du *Taï-goun* et des hauts fonctionnaires composant le personnel de la Maison Impériale, dont l'ampleur dépasse de beaucoup, dit-on, celle de nos Cours d'Europe ; ce qu'il est permis d'admettre aisément, à en juger par le nombre incroyable d'officiers subalternes, d'écrivains, de familiers, de gens de service de toutes sortes, qui accompagnent tout fonctionnaire, même d'un rang ordinaire.

L'intérieur des palais de la ville *noble*, véritables prisons, créées par l'autorité impériale pour garder en otage et sous sa main les familles des princes ou personnages considérables pendant qu'ils exercent leurs fonctions, soit auprès des deux Empereurs (car il y a deux Empereurs au Japon, l'un spirituel, l'autre temporel), soit dans les provinces, répond à la simplicité extérieure de la société japonaise ; de grands et beaux jardins en résument à peu près toute la richesse. Au centre de ces habitations, vraiment seigneuriales par leur étendue, par la solidité et le fini de leur construction, mais toutes uniformément à un seul étage et sans autres ouvertures extérieures que de massives portes de cèdre, ornées de clous de bronze doré, et surmontées de l'écusson blasonné du maître, se trouve le palais de l'Empereur. Il commande la ville du sommet de talus gazonnés, à proportions colossales, et communique avec elle par quatre ponts jetés sur les larges douves qui l'enveloppent. Comme l'enceinte impériale, celle qui contient les palais des *Damios* est également isolée de celle que nous habitions, par une ceinture de fossés intérieurement revêtus de blocs de granit assemblés sans ciment, à la façon cyclopéenne, et couronnée d'une double ligne de cèdres, formant chemin de ronde autour de ses murailles : tout cet ensemble est grandiose et fort.

Pendant le séjour à *Yeddo* de la Mission de France, séjour qui a duré près de vingt jours, seuls, sans armes et n'ayant pour toute sauvegarde personnelle, lorsque nous sortions, que deux ou trois des espions assermentés, décorés du nom d'officiers (*ya-cou-nynn*), qui ne quittaient ni jour ni nuit les portes de notre *Bonzerie*, tous, nous avons, ensemble ou isolément, parcouru la ville dans tous les sens, dans ses quartiers les plus populeux, et partout nous avons trouvé une population gênante par sa curiosité, avide de nous voir de près, de toucher nos vêtements ; mais dans aucune circonstance, pour mon compte, je ne l'ai trouvée ou offensive ou même à l'aspect hostile : différence frappante avec les villes de la Chine, où l'attitude des habitants est insolente ou dédaigneuse, quand elle n'est pas agressive.

Souvent, à *Yeddo*, la populace nous pressait, nous étouffait, au point que les gens de police qui nous suivaient pas à pas, par ordre supérieur, chargeaient la foule pour nous faire livrer passage, frappant sans distinction autour d'eux, avec de longues tringles de fer dont ils sont armés, pour garder les quartiers et y maintenir l'ordre ; et jamais je n'ai vu la moindre lutte ou la moindre résistance s'ensuivre : ce qui m'a fait plus d'une fois regretter, à *Yeddo*, qu'au mode d'éducation politique et aux moyens près, bien entendu, nombre de gens en Europe ne fussent pas venus au Japon pour y apprendre le respect de l'autorité ; car là, il existe réellement, comme nous le prouve tout ce que nous en avons déjà vu.

En résumé, le peuple japonais, tel que nous venons de l'*approcher*, sans avoir eu encore le droit de le *fouiller*, est intelligent, doux et industrieux ; il est surtout discipliné : aussi fais-je des vœux sincères, qui, je l'avoue, ne sont pas exempts de doutes

2*

et de regrets, pour que la civilisation de l'Occident, en lui apportant ses lumières et ses progrès,
en l'initiant à des jouissances et en lui donnant
des appétits qu'il a ignorés jusqu'à présent, ne dé-
flore pas, si elle n'arrive pas à les faire entièrement
disparaître, les qualités natives et essentielles, utiles
à son équilibre social autant qu'à son repos intérieur, que, dans l'état actuel, il est impossible de
méconnaître chez lui.

Le 11 *octobre,* nous quittions la baie de *Yeddo,*
et, après une traversée de *cinq jours,* nous entrions
dans la passe de *Nagha-saki,* le point le plus
méridional du Japon, en regard des côtes de la
Chine.

C'est là que la Hollande, au prix de sacrifices
dont l'origine et la portée ont souvent échappé à
l'opinion en Europe, a su, depuis à peu près deux
siècles, conserver sur la terre du Japon une étape
à l'Occident. On sait, par des ouvrages nombreux
et par les rapports de nos Marines, dans quelle situation fâcheuse se trouvait, il y a peu d'années encore, le comptoir hollandais, parqué dans l'îlot de
Désima, sous les verroux qui se fermaient chaque
soir, et qui viennent à peine s'ouvrir pour lui à la
communication avec la ville et avec l'intérieur du
pays; comme on sait aussi depuis longtemps, par
des relations naïvement consciencieuses, les exi-

gences ridicules et humiliantes auxquelles, en d'autres temps, étaient soumis les exilés de *Désima*. Mais ce que l'on ne sait pas assez, et ce qui ne doit pas rester ignoré davantage, alors que, comme dans les circonstances actuelles, les produits de l'Occident viennent d'être dotés de nouveaux débouchés, et que, par l'ouverture du Japon, de grands intérêts commerciaux vont trouver, s'ils veulent se maintenir loyalement dans les limites des traités, d'importants bénéfices à réaliser, c'est, à mon avis, la part aussi honorable que modeste que la politique de la Haye a le droit de réclamer dans la solution de *Yeddo*. Depuis plusieurs années des Notes successives et pressantes, dont la dernière a été récemment communiquée à tous les Cabinets européens, avaient été adressées par la Hollande au Gouvernement japonais. Elles n'avaient cessé de conseiller à ce même Gouvernement, dans les termes les plus sages et les plus fermes à la fois, de mettre un terme à l'état de séquestre, inadmissible aujourd'hui, sous lequel il persistait à maintenir son empire. Tout en prêchant auprès de lui la cause des idées civilisées, elle ne lui avait rien caché des dangers qui pourraient naître pour sa dignité nationale autant que pour son intégrité territoriale, d'une obstination que l'Europe et l'Amérique briseraient à leur gré, dès l'instant que leurs intérêts le leur conseilleraient ; elle avait, en un mot, prévu depuis longtemps ce qui vient d'avoir lieu ; cherchant en même temps à hâter par ses avertissements la fin d'un monopole, qu'en fait elle avait absorbé jusqu'à présent, mais qu'elle sentait devoir partager à l'avenir, et à sauver à son ancien allié les chances toujours périlleuses d'une situation imposée. Aussi, pour être impartiale et juste, l'histoire des derniers événements du Japon donnera-t-elle à la Hollande sa large part morale des succès pacifiques que l'Occident vient d'y obtenir.

Le courrier me presse ; mon journal de voyage se chargera plus tard de vous dire tout ce que j'ai vu à *Nagha-saki*, et, avec plus de détails, ce que je pense de ce petit empire japonais.

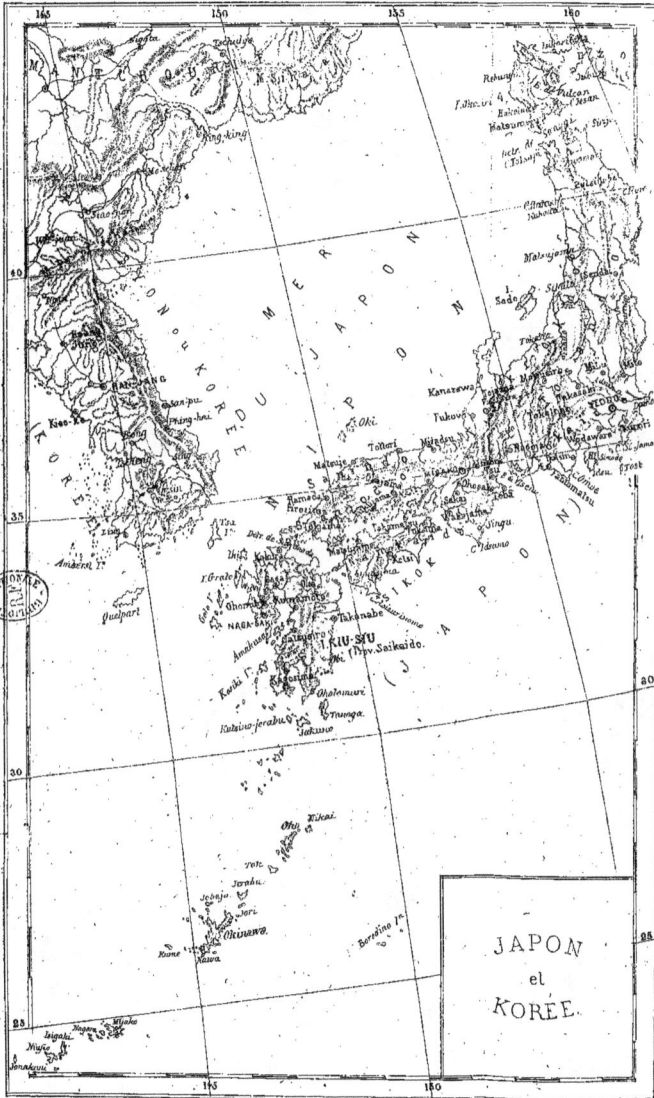

JAPON
et
KORÉE.

Imp. Caillet, 4, r. N. Jacob

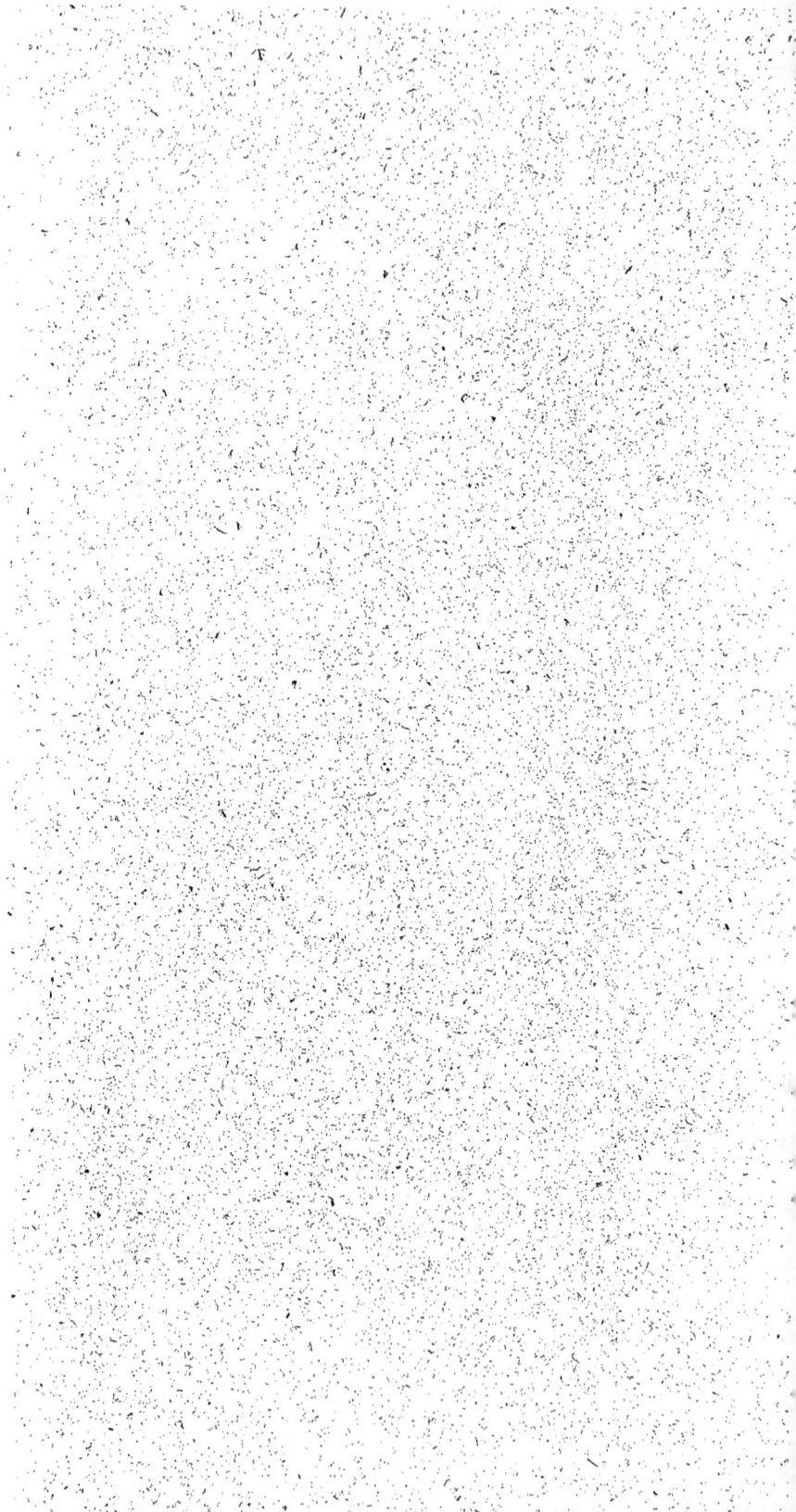

MON JOURNAL.

Shang-haï, 5 septembre 1858.

Enfin! notre départ pour le Japon est irrévocablement arrêté; nous partons demain 6 septembre. Le baron Gros a fait les choses avec sa conscience habituelle. Voici quinze grands jours qu'il attend inutilement ici les deux Commissaires envoyés de *Pé-king* pour réviser les tarifs douaniers, de concert avec les représentants des Puissances européennes; il serait bon pourtant qu'une fois pour toutes les Chinois apprissent que, si l'exactitude est la politesse des rois, elle doit être aussi celle de leurs ambassadeurs; chapitre sans doute oublié dans l'*Incomparable Manuel des rites de l'Empire du Milieu.*

A bord du *Laplace,* 6 septembre.

Nous sommes installés à bord du *Laplace*, qui porte le pavillon de l'Ambassadeur. C'est une assez belle corvette de 4oo chevaux, commandée par M. de Kerjégu, capitaine de frégate ; l'état-major est de huit officiers, l'équipage de cent trente hommes. Le baron Gros, dont pour ma part je suis invariablement la fortune, ne garde auprès de lui de son personnel, à bord de la corvette, que M. de Contades, deuxième secrétaire, faisant fonctions de premier en l'absence de M. Duchesne de Bellecourt parti pour France avec le traité de *Tien-tsin*, et l'abbé Mermet, des Missions étrangères, notre futur interprète au Japon, qui, grâce à un séjour de plusieurs années aux îles *Lieou-Kieou*, possède à fond la langue japonaise. C'est pour la Mission de France une acquisition des plus précieuses, qui la sauve de la nécessité de recourir, comme la Mission d'Angleterre, aux offices du secrétaire interprète du consulat général des États-Unis au Japon ; et à tous égards, dans les conditions nouvelles des futures négociations qui peuvent avoir leurs délicatesses, il vaut mille fois mieux que nous ne vivions que de nos propres ressources.

MM. de Moges, de Latour-Maubourg, de Trévise
et de Flavigny, attachés au baron Gros, sont em-
barqués à bord du *Rémy*, bateau à vapeur de commerce, affrété par l'amiral Rigault de Genouilly
pour le service de l'ambassade. *Le Prégent*, aviso
de la marine impériale, commandé par le comte
d'Osery, le même officier qui nous a fait faire dernièrement, en Mantchourie, une exploration si habile et si rapide à la Grande-Muraille, complète
notre petite flottille. Sur le *Rémy*, les passagers auront toutes leurs aises; les aménagements y sont
assez spacieux pour que le baron Gros, malgré sa
première résolution, fondée sur des motifs politiques, de n'adjoindre qui que ce fût au personnel de
sa Mission, ait consenti, sur ses vives instances, à
autoriser M. Jules Lecomte, de Paris, à titre purement officieux bien entendu, à faire partie de l'expédition; mais avec certaines restrictions personnelles,
eu égard au séjour que nous devons faire dans la
capitale du Japon. M. Lecomte, en ce moment en
Chine comme simple curieux, est accepté d'autant
plus volontiers par nos jeunes collègues, qu'il a la
réputation d'un voyageur universel et infatigable,
malgré ses cheveux blancs; il dit avoir parcouru
le monde entier; il n'est personne qu'on lui cite
qu'il ne connaisse, et cause de tout et de tous avec
une imagination qui ne tarit jamais, que rien ne

sait jamais faire hésiter ; en somme, c'est pour les hôtes du *Rémy* une addition qui s'annonce agréable.

Depuis deux heures nous avons quitté les quais vaseux de *Shang-haï*. Notre corvette a pris un pilote américain pour la sortie du *Yang-tzé Kiang*, dont le *Whampoo* n'est qu'un affluent ; avant la nuit, nous serons dans la grande mer. Nous filons six nœuds, le cap sur l'Est ; le temps est superbe, et le baromètre plus rassurant que les pessimistes de la colonie anglaise, qui, dans cette saison, ne rêvent que typhons ; ils nous en ont promis au moins un avant notre rentrée en Chine ; s'ils ont dit vrai, ce sera pour le *Laplace* une bonne occasion de faire ses preuves, lui qui passe pour des plus vaillants dans le gros temps.

7 septembre.

Nous sommes en pleine mer, sans autre horizon qu'un ciel bleu et transparent ; pas le moindre nuage ; le baromètre reste haut. Journée sans intérêt. Chacun de nous rêve et songe à part ; nos matelots conservent seuls leur imperturbable gaieté,

on pourrait dire leur insouciance : qu'ils sont
heureux !...

8 septembre.

Le temps s'est maintenu au beau; toujours le cap
sur l'Est. A six heures du matin, nous avons reconnu, derrière un léger rideau de brume, les
deux premières îles de l'archipel japonais : au Nord-
Est la *Roche-Poncier*, au Sud-Ouest *Ingersoll*, sou-
lèvements volcaniques sans habitants comme sans
végétation, aux contours noirs et dentelés. Nous
entrons dans le détroit de *Van-Diemen,* et, ce soir,
nous serons dans le *Pacifique.* A deux heures, la
partie de la terre ferme du Japon, où se trouve
Nagha-saki, s'est vaguement dessinée à l'Est; à
notre droite commence à s'ouvrir l'archipel *Cécile*,
et déjà il me semble que le vent nous apporte des
senteurs étranges de ce *Nipon* mystérieux, que
nous ne faisons que deviner encore. Toute la nuit,
par prudence, nous naviguerons lentement et sans
serrer les côtes.

Le beau temps persiste ; dans la matinée, nous avons pris le *Rémy* à la remorque ; mais force nous a été de l'abandonner bientôt : il aurait retardé notre marche ; aussi le baron Gros, qui, avant d'aller à *Yeddo*, tient à arriver à *Simoda* le plus tôt possible, lui a-t-il donné rendez-vous dans ce port, choisi pour notre première échelle : sous deux jours, à moins d'accidents, nous devons y être. Jusqu'à présent, notre machine se conduit bien, et, depuis que nous nous sommes allégés du *Rémy*, nous filons deux nœuds de plus : la moyenne de notre marche est de sept à huit nœuds. Nous continuons à laisser à l'Est la terre du Japon : notre route est au Nord-Est. Ce soir, vers six heures, nous devons doubler le cap *Azi-suri-Nomo :* il commande la première des trois grandes îles qui composent l'ensemble de l'empire du Japon.

10 septembre.

Nous sommes en vue du cap *Idsumo*, dont les contours indécis se dessinent à l'horizon. On vient

de signaler, à un mille de distance, une bande de
petites baleines : il paraît qu'à une certaine époque
de l'année, elles abondent sur les côtes du Japon.
Bien que le vent soit ordinaire, nous roulons beaucoup depuis midi : à la profondeur de ses lames,
on reconnaît le Pacifique, et décidément, selon le
langage du métier, le *Laplace* est *marin*.

---

11 septembre.

Depuis le lever du soleil, le vent étant devenu
plus fort, nous nous sommes tenus toute la journée
loin des terres. Nul incident, nulle remarque à
noter.

---

12 septembre.

Nous nous rapprochons du cap *Noga-tzura*, derrière lequel s'abrite *Simoda;* mais la violence du
vent empêche le commandant de tenter, de nuit,
la passe peu connue et obstruée de roches sous
l'eau : demain, de grand matin, nous toucherons
au but tant désiré.

SIMODA.

A cinq heures du matin nous doublons le cap à la hauteur duquel nous nous sommes maintenus sous vapeur toute la nuit. A notre gauche est *Rock-island,* grande île volcanique dénudée comme celles que nous avons reconnues en entrant dans l'archipel japonais. Le commandant du *Laplace* règle sa marche beaucoup plutôt sur ses vigilantes observations et sur sa longue vue, que sur les indications des cartes anglaises et américaines, qui sont des plus incomplètes sur cette zone des mers de la Chine. Malgré l'éloge plus ou moins fondé qu'en fait le commodore américain Parry, dans sa curieuse et volumineuse relation de son expédition au Japon, la rade de *Simoda,* bonne tout au plus pour des jonques du pays, qui peuvent se mettre à l'abri derrière des rochers, dans de petites criques, sans avoir besoin d'une grande profondeur d'eau, serait insuffisante pour des bâtiments du tonnage de ceux d'Europe; sans abri contre les vents du Sud-Ouest, elle est des moins sûres à certaines époques, comme elle est des plus dangereuses, quelle que soit la po-

sition du vent, en raison du nombre de roches sous-
marines, non visibles à la haute mer, qui garnissent
le fond de sa passe et de sa rade. La seule excuse, et
elle a sa valeur, que l'on puisse invoquer en faveur
de l'incomplet, du superficiel des données du commodore Parry, dont la réputation maritime est
d'ailleurs incontestable, c'est de dire que cet officier n'a pu étudier que peu de jours la rade de *Simoda* ; que, pendant son court séjour, le temps
était resté au beau fixe, les vents placés au Nord-
Est, c'est-à-dire venant de terre ; qu'enfin surtout
la saison était excellente, et que, par conséquent,
il s'était trouvé des moins bien placés pour donner
un jugement aussi entier et arrêté que celui que contient sa relation, sur une question dont, par la
force des choses, il n'avait pu étudier qu'une face.
Il n'est pas douteux pour moi que les observations consciencieusement faites par les officiers de
notre expédition, ne donnent des résultats beaucoup plus certains et beaucoup plus complets.

A neuf heures du matin, nous avons mouillé sans
accident au fond de la rade. Le *Rémy*, que nous
n'avons plus eu en vue depuis que nous avons
abandonné sa remorque, n'arrivera probablement
que demain. Les contours de la baie sont char-
mants, et je comprends l'enthousiasme des rares
voyageurs qui nous ont précédés ici.

Nous étions depuis une heure à peine sur nos ancres, qu'un bateau japonais, longue barque à charpente de bois blanc, sans peinture et sans goudron, montée par six hommes, et portant le pavillon impérial noir et blanc, s'est présenté à l'échelle du *Laplace* : trois officiers japonais subalternes sont montés à bord, prévenus sans doute, dès que nous avons paru sur la rade, par le pilote de *Simoda*, pris à un mille en dehors du goulet, et qui, ses indications une fois données, avait pris le devant sur nous. Ces officiers étaient armés de deux sabres, de grandeurs inégales; passés dans leur ceinture; et il paraît que la coutume japonaise n'accorde qu'aux fonctionnaires le droit de porter ces deux armes. Au premier aspect, la race est incomparablement plus belle, l'expression du visage aussi fine, mais plus ouverte qu'en Chine. Nos visiteurs se sont informés du but de notre voyage, de nos intentions présentes, et cela avec une persistance dépassant les limites de la curiosité : nous étions, du reste, déjà prévenus que, dans l'ordre social japonais, tout individu est espion par ordre de l'autorité supérieure.

Le rang subalterne de ces trois officiers n'a pas permis au baron Gros de les recevoir : ils n'ont communiqué qu'avec le commandant et l'abbé Mermet, entré aujourd'hui dans le plein exercice de

ses fonctions d'interprète, et non plus en aumônier
comme à notre départ de *Shang-haï*, mais en costume laïque, la tête couverte d'une casquette à
galons d'or, notre coiffure à tous. Cette métamor-
phose, qu'il supporte d'ailleurs très-bien, a été
jugée indispensable dans l'intérêt de nos rapports
nouveaux avec un peuple chez lequel la vue d'un ha-
bit religieux, rappelant celui des jésuites portugais
expulsés violemment en 1637 par l'empereur *Yezaz-
Sama*, n'aurait provoqué que colère ou répulsion, et
aurait été de nature à entraver radicalement nos futures négociations. Les Japonais ont déjeuné à bord ;
ils ont goûté à tout sans cacher leur préférence pour
les liqueurs et surtout pour le champagne, au plus
grand profit de leurs démonstrations expansives à la
fin de la collation. Ils sont partis en annonçant la
visite du gouverneur avant la fin de la journée.
M. Towsend Harris, consul général des États-Unis,
le seul représentant européen qui depuis quelques
années ait été toléré au Japon à côté du résident hollandais, jusqu'ici interné pour ainsi dire à *Nagha-
saki*, s'est empressé d'envoyer ses compliments au baron Gros par M. Hewskin, son secrétaire, Hollandais
de naissance au service américain, et parlant le français à merveille : j'ai beaucoup causé avec lui, et il
m'a paru aussi instruit et aussi aimable que cordial
dans les offres de service qu'il m'a faites : aussi

suis-je bien décidé à abuser de ses connaissances
pratiques autant que de ses jambes pendant le
court séjour que nous devons faire à *Simoda ;* mon
avis étant que, comme il faut être marchand, savant ou marin pour revenir, de gaieté de cœur,
deux fois d'Europe au Japon, quels que soient ses
éléments attractifs, il est sage à moi, qui ne rem-
plis aucune de ces conditions, de ne rien négliger
sur la route que des circons ances imprévues sont
venues, à quarante ans, ouvrir devant moi.

A deux heures, le baron Gros, M. de Contades
et moi, nous sommes allés à terre rendre à M. Harris
la visite que des rhumatismes, contractés dans de
longs et pénibles voyages, l'avaient empêché de faire
le matin en personne à l'ambassadeur.

Nous avons trouvé un homme aussi ardent de
tête que fatigué de corps; impatient de son inacti-
vité forcée, et, dans la conversation, sautant d'un
sujet à un autre avec une chaleur presque fébrile ;
mais en même temps avec un brillant de pensées
et d'expressions qui m'a singulièrement surpris
chez un Américain du Nord. Il parle de la France
avec enthousiasme, et, dans sa bouche, l'éloge de
mon pays m'a fait du bien, parce qu'il m'a paru
sincère et sans exagération; celui d'un cerveau qui
étudie, analyse et déduit.

De tous les agents européens au Japon, M. Harris

est le seul qui, avec le résident hollandais interné
à *Nagha-saki*, ait, on peut le dire, arraché et imposé au gouvernement japonais le droit de résider
dans l'empire, en dehors des anciennes limites prescrites; de faire même, dans l'intérieur du pays, des
excursions jusqu'alors sévèrement interdites : aussi,
en peu de mots, pendant notre visite, nous a-t-il
fait de l'état politique et pittoresque du Japon une
esquisse qui, toute rapide qu'elle a été, m'a plus
frappé que tout ce que, jusqu'à présent, j'ai lu ou
appris sur la terre que nous foulons depuis quelques heures.

L'esprit d'observation et la volonté me paraissent être les qualités dominantes du caractère de
M. Harris. L'existence qu'il mène à *Simoda* est des
plus simples : il n'a pour domestiques que des indigènes, spécialement des femmes, qui, au Japon
comme du reste dans tous les pays asiatiques, ont
en partage les plus durs travaux de la vie intérieure.
M. Harris prétend être ainsi mieux servi que par
des Européens ; il pourrait bien avoir raison.

Son habitation, entourée de grands et beaux
arbres, de champs aux cultures variées, et de
haies de camélias sauvages, des plus abondants
au Japon, est située sur le bord de la baie, à une
demi-lieue de *Simoda*, au milieu d'un groupe de
maisons de pêcheurs avec lesquels le consul nous

a dit vivre dans la meilleure intelligence ; le peuple japonais est d'ailleurs naturellement doux. Je comprends parfaitement que M. Harris se soit ainsi isolé du *grouillement* de la ville, qui, en fait, n'est qu'un gros bourg, placé pour les besoins des habitants à la bouche d'une vallée, au bord de la mer, et dans la partie la plus plate, la moins saine et la moins pittoresque de la localité. Ce bourg a été rebâti, il y a peu d'années, sur l'emplacement d'une petite ville détruite par l'un de ces tremblements de terre si fréquents sur ce sol volcanique : depuis lors le gouvernement japonais n'a donné à ce petit port une influence morale passagère, qu'afin d'y tenir, jusqu'à nouvel ordre, éloigné de la capitale, l'agent étranger que la politique de *Yeddo* était obligée de subir. Les nouveaux traités vont nécessairement changer cet état de choses, et *Simoda* redeviendra un point effacé comme par le passé.

A quatre heures, le gouverneur de la ville s'est rendu à notre bord sur une barque entièrement semblable à celle des officiers du matin, et sans autres marques distinctives qu'un petit pavillon mi-parti noir et jaune, le pavillon officiel, placé à l'avant de l'embarcation ; sa suite était de huit personnes, toutes uniformément vêtues d'étoffes simples et sombres : cette première entrevue a été curieuse.

Le gouverneur, ne s'adressant personnellement qu'au baron Gros, après nous avoir fait à tous une inclination de tête qui ne manquait pas d'élégance, a commencé l'entretien par toutes ces banalités creuses sur la santé, sur le voyage, sur l'état du ciel, auxquelles ne nous ont que trop habitués les fils du Céleste-Empire, toujours au plus grand détriment de la marche des affaires. Les formules polies une fois épuisées de part et d'autre, et le baron Gros s'étant informé de la santé de l'Empereur du Japon, le Gouverneur, qui, en japonais, porte le titre de *Bougno*, a répondu que son souverain *se portait à merveille* ; puis, notre ambassadeur a cru devoir résumer ainsi sa situation :

« Il vient tout pacifiquement, au nom de la France,
« conclure avec le Japon un traité de paix, d'amitié
« et de commerce, tels que ceux déjà signés avec les
« États-Unis, la Russie et l'Angleterre ; s'il a amené
« avec lui moins de bâtiments que les représentants
« des autres puissances dont la France est au moins
« l'égale, c'est qu'après la prise des forts du *Peï-ho*
« et le traité avec la Chine qui en a été la consé-
« quence, la flotte française est allée en Cochin-
« chine en châtier les habitants, qui s'étaient rendus
« coupables du meurtre de plusieurs de nos prê-
« tres ; qu'enfin, il compte se reposer quelques
« jours à *Simoda*, et qu'ensuite il se rendra direc-

« tement à *Yeddo*, la capitale de l'empire, avec l'es-
« poir d'être reçu par l'Empereur (le *Taï-goun*);
« honneur que n'a pu avoir son collègue, l'Ambas-
« sadeur d'Angleterre. »

Le baron Gros avait à peine cessé de faire traduire ce programme de sa mission par l'abbé-inter-
prète, que le gouverneur, oubliant sans doute son
premier dire affirmatif sur la bonne santé de son
souverain, s'est hâté de répondre : « Qu'alors que
« l'Envoyé de France arriverait à *Yeddo*, l'Empe-
« reur ne serait certainement pas remis de la *grave*
« *maladie* qui l'avait empêché de voir Lord Elgin,
« l'Envoyé anglais, *maladie qui durait encore ;* que,
« par conséquent, si l'Envoyé français n'allait à
« *Yeddo* que dans le but de voir le souverain *en*
« *personne*, il ferait beaucoup mieux, pour s'éviter
« un voyage inutile, de rester à *Simoda ;* que lui,
« gouverneur, muni de pouvoirs suffisants, se
« chargerait de transmettre à son Gouvernement
« tout ce que le Baron Gros voudrait bien lui con-
« fier » ; et pendant que cette petite comédie se
jouait à bord du *Laplace*, le baron Gros, informé,
dès la Chine, de source authentique que l'*Empereur du Japon était mort depuis quinze jours*, était
déjà intérieurement résolu à refuser le vain cérémo-
nial d'une présentation à l'héritier du souverain défunt, un enfant de douze ans, et à n'avoir que des

rapports sérieux avec les ministres qui composent le conseil supérieur chargé de la tutelle du nouvel Empereur. « Il a donc décliné les offres du gouver-« neur de la façon la plus ferme; a répété son « intention irrévocable de se rendre à Yeddo, et de « ne traiter que dans la capitale selon ses instruc-« tions, et avec la confiance qu'il trouvera les mê-« mes facilités que ses collègues qui l'ont précédé, « pour conclure d'une façon prompte et satisfai-« sante le traité désiré par l'Empereur de France « avec celui du Japon. »

Notre *Bougno*, se sentant deviné et voyant que ses artifices de langage n'avaient pu faire pas-ser ses propositions, a pris son parti de bonne grâce, et de ses airs les plus gracieux a invité l'am-bassadeur et son personnel à venir déjeuner chez lui, demain 14; offre acceptée avec autant d'empres-sement que de curiosité ; car ce sera notre premier pas dans la vie intérieure japonaise.

Pendant la visite que le gouverneur a faite à bord du *Laplace*, une abondante collation de gâ-teaux arrosés de champagne et de liqueurs lui a été servie; elle a paru si fort de son goût et de celui de sa suite, que, dans l'intérêt de la dignité de l'entrevue et de la grosseur des personnages en scène, on a dû arrêter les largesses du commandant de Kerjégu ; il était grand temps : déjà le gouver-

neur, si calme au début de l'entrevue, riait aux
éclats, et, au dire de notre interprète, échangeait avec
ses officiers des lazzi de bas étage, peu en harmonie
avec son caractère officiel. Avant de quitter le bâtiment, et sachant que le commandant lui rendrait les
honneurs dus aux Excellences, il a insisté pour assister, du pont même, au salut qui lui était destiné,
une fois qu'il aurait été au large dans son embarcation ; il a également désiré faire jouer lui-même
la batterie d'un des canons chargés ; a tenu ensuite
à descendre dans la machine, et ce qui m'a frappé,
bien que tous nous fussions déjà prévenus que, depuis des années, la nature intelligente et inquisi-
tive des Japonais n'a cessé de s'aiguiser et de s'ins-
truire au contact des Hollandais, des Américains et
des Russes, que par conséquent nous devons nous
attendre à les trouver au courant de nombre de nos
perfectionnements, c'est que le gouverneur et ses
officiers nous ont paru connaître les plus petits
détails techniques d'un navire de guerre : ce qui
m'amène à penser qu'il faudra jouer serré avec
de pareilles gens. Tous sont partis, en apparence
enchantés de l'accueil que leur a fait l'Ambassadeur.

La nuit est limpide ; par la fenêtre ouverte de
ma cabine, pendant que j'écris mes notes de la
journée, m'arrivent des brises de terre tout im-

prégnées des émanations des pins et des mélèzes qui
tapissent les contours de la baie. Quelques lumières scintillent du côté de *Simoda* et tout est d'un
calme profond que je trouve délicieux, parce qu'il
me dit que je vais pouvoir dormir sans secousses
et sans craquement autour de moi.

14 septembre.

Le Remy, après avoir fait lente mais bonne
route, a mouillé ce matin par notre travers, au lever du soleil. Le baron Gros a maintenant son ambassade au grand complet; toutes les santés sont
excellentes.

A midi, heure indiquée hier par le gouverneur,
nous sommes arrivés chez lui. Il a reçu l'Ambassadeur dans une habitation attenante à un bazar ouvert aux étrangers de passage à *Simoda,* et où ont
été réunis, à ce qu'il paraît, des laques, des ouvrages de marqueterie et de bambous travaillés,
c'est-à-dire les plus élégants produits de l'industrie japonaise. Le logement du gouverneur se compose d'une construction en bois, à un seul étage,
sur le modèle de toutes les habitations riches ou

3*

pauvres de l'empire de Nipon, formant un carré
long, fermé par un corps de logis principal du côté
de la ville, et ouvert sur un large espace vide, clos
d'une palissade de bambous du côté de la campagne.

Le gouverneur avait envoyé tous ses officiers au-
devant du baron Gros pour le recevoir sous une
sorte d'auvent qui commande l'entrée principale de
l'habitation, et abrite les premières marches d'un
escalier conduisant à plusieurs portes pour pénétrer dans les appartements intérieurs. Selon l'é-
tiquette japonaise, le maître de là maison se
tenait au haut de l'escalier, en arrière de ses officiers.

Dès que notre Ambassadeur a eu gravi quelques
marches, le *Bougno* est venu le prendre par la main,
et, après nous avoir tous salués, l'a précédé, lui
montrant le chemin jusqu'à une grande salle longue, garnie des deux côtés de divans en bois, très-
bas, sans dossiers et ornés de nattes de bambou d'une finesse et d'un brillant parfaits. Au
fond de la salle se trouvaient deux de ces divans
plus élevés que les autres, sur lesquels le gouverneur a fait asseoir le baron Gros, le commandant
Kerjégu et moi ; sur ceux inférieurs se sont rangés
les autres membres de la Mission, dans l'ordre
suivant : MM. de Contades, d'Osery, de Moges,

de Latour-Maubourg, de Trévise, de Flavigny.
Notre interprète, l'abbé Mermet, avait été placé
entre les deux divans supérieurs, ayant l'Ambassadeur à sa droite et le gouverneur à sa gauche;
du côté opposé de la salle s'étaient alignés les
officiers du *Bougno,* au nombre de neuf.

Devant chacun de nous était placée une petite
table en laque noire très-brillante, sans aucun ornement, de quelques centimètres de hauteur. Les
divans, légèrement inclinés, sont faits de façon à
ce que l'on puisse s'y tenir assez commodément
assis, soit à l'européenne, les genoux un peu haut;
soit accroupi sur les talons et les mollets, à la façon japonaise.

Pendant que les sept domestiques qui faisaient
le service de la table apportaient les nombreux
plats devant composer le déjeuner, le gouverneur
a présenté au baron Gros un de ses officiers, sous-
gouverneur de la ville, qu'il a intitulé pompeuse-
ment Prince ou *Kami;* puis ses autres officiers nomi-
nativement. Tous ces noms japonais, les premiers
que j'entendais, m'ont paru de plusieurs syllabes, à
terminaisons en *a,* en *i* et en *o.* Le gouverneur
s'appelle *Namoura-neda-nouano-kami.*

Après quelques compliments et force saluts à la
japonaise, en s'inclinant à plusieurs reprises le haut
du buste sur les genoux repliés sous le corps, le

déjeuner a commencé par des tasses de thé bouil-
lant, sans sucre ni miel, comme du reste il se sert en
Chine, la feuille entière se déroulant à l'infusion
et surnageant sur le liquide. Je n'ai jamais pu et ne
pourrai jamais m'habituer, pour mon compte, à
cette manière de prendre le thé, qui donne à la
boisson une amertume des plus désagréables, et
fait regretter le thé si savoureux et si parfumé que
nous prenons en Europe : il est vrai que ce dernier est séché par le voyage, et que son arome s'est
développé à la concentration dans des boîtes her-
métiquement fermées.

Après le thé, le gouverneur nous a offert de fumer d'un tabac jaune clair ressemblant à de l'é-
toupe hachée, et placé devant chacun de nous dans
une petite boîte de laque à côté d'une pipe japonaise ; cette pipe, tube fort court de bambou ou de
métal, est terminé par un petit récipient en forme
de dé, capable tout au plus de contenir une pincée
de tabac. Les parties de métal de ces pipes sont
ornées de damasquinures légères qui m'ont paru
charmantes. Les Japonais doivent être d'habiles
ouvriers et de grands artistes, à en juger par le peu
que j'ai déjà vu des spécimens de leur industrie.
Pour en finir avec le tabac japonais, il est d'un
goût agréable, et n'est pas huileux comme celui de
Chine ; à tout prendre, il est très-inférieur au ta-

bac américain, voire même à nos tabacs ordinaires
de France.

Le costume du gouverneur, semblable à celui
de ses officiers, se composait d'une sorte de surtout
en gaze noire, à longues manches plissées en éventail sur les épaules, passé sur une chemise jaune
clair croisée sur la poitrine et serrée aux hanches
par une ceinture soutenant un pantalon de soie
verte très-ample, qui s'ajuste par-dessus la chemise
et se termine, sur les pieds, en forme de jupe plis-
sée. Dans tout l'Empire, le costume est uniforme,
depuis le plus haut échelon de la société jusqu'au
plus bas, avec cette seule différence que, dans les
classes inférieures, les cotonnades remplacent la
soie et la gaze, exclusivement réservées aux classes
élevées.

A une heure le déjeuner a commencé. En voici
le menu exact :

Après le thé :

PREMIER SERVICE.

1. Une soupe au poisson.
2. Du porc entouré d'herbes aromatiques.
3. Des châtaignes en pâte saupoudrées de vanille.
4. Du poisson bouilli coupé en menus morceaux, et relevé
d'herbes hachées.

DEUXIÈME SERVICE.

5. Du poisson relevé de gingembre vert et de carottes.
6. De grosses crevettes, coupées en morceaux.

TROISIÈME SERVICE.

7. Deux espèces de vins très-chauds ayant le goût bitu-mineux des vins grecs,
8. Une julienne.

QUATRIÈME SERVICE.

9. Un gros poisson bouilli, de l'espèce des mulets, dressé avec beaucoup d'art, au milieu de joncs vivaces et fleuris.

CINQUIÈME SERVICE.

10. Du riz cuit à l'eau.
11. Du poulet bouilli coupé en petits morceaux.
12. Une troisième espèce de vin chaud jouant le punch.
13. Du thé.

Au Japon, comme en Chine, le thé ouvre et ferme tout repas ; plusieurs de ces plats étaient plus que mangeables ; ils étaient bons.

Entre le quatrième et le cinquième service, le *Bougno* a porté des santés à quelques-uns d'entre nous. Il avait débuté avec le Baron Gros, qui a décliné sa courtoisie, en alléguant que sa santé lui défendait l'usage du vin, refus d'autant plus sage qu'ayant dû faire honneur, à mon tour, à l'appel du *Bougno*,

j'ai trouvé le vin d'une violence extrême à l'esto-
mac, et, de plus, d'un goût fort désagréable. Ce
doit être une boisson composée, faite pour enivrer
promptement, bien que prise à petites doses.

Le déjeuner une fois terminé, deux des officiers
les plus hauts en grade, après le Gouverneur, ont
quitté leurs places et sont venus, en commençant
par M. de Kerjégu et par moi, porter, le verre à la
main, des défis auxquels toute notre jeune mission
a bravement répondu. Pour mon compte, vu le
triste état de ma santé, je me suis borné à quelques
gorgées, qui seules ont suffi pour me laisser dans la
gorge un feu qui a duré une partie de la journée.
C'est du vitriol que ce vin japonais!

Au milieu du repas, le Gouverneur a demandé
au baron Gros la permission de lui envoyer à bord
un souvenir d'amitié, dont, d'avance, il a excusé la
modestie dans les meilleurs termes. Notre Ambassadeur, prévenu le matin par l'abbé Mermet de la
coutume japonaise en pareilles circonstances, a répondu du tic au tac à la gracieuseté future du *Bougno*
par le don d'un couvert de vermeil qu'il avait en
poche, et dont le Gouverneur a paru ravi. J'allais oublier qu'avant de nous mettre à table, le Gouverneur
avait fait distribuer à chacun de nous des éventails
très-simples, sans peintures, à montures de bambous; le papier, fait avec des orties blanches, en est

d'une épaisseur et d'une solidité remarquables. Le mien m'a été des plus utiles pendant le repas : il m'a servi de calepin pour faire à la dérobée les notes que je complète ce soir. L'éventail et un encrier à long manche passé dans la ceinture sont les accessoires indispensables de tout Japonais.

Le déjeuner, commencé à midi, a duré jusqu'à trois heures. Alors que nous avons quitté *Simoda*, le Sous-Gouverneur a demandé à l'Ambassadeur la permission de venir lui rendre ses devoirs dans la soirée, à bord du *Laplace*.

A cinq heures, il s'est en effet présenté à notre bord, accompagné de quatre officiers, et, en montant sur le pont, il a eu soin de se faire annoncer par l'abbé Mermet comme Prince (*Kami*) et Prince *héréditaire*, appelé, à ce titre, à garder toujours l'autorité dans la province; ajoutant que son supérieur du moment, le Gouverneur, n'avait, lui, que des fonctions annuelles qui, seules, lui donnaient temporairement ce même titre de *Kami*. Ces explications ont été débitées avec une assurance qui, jusqu'à plus ample information, ne permet pas le doute; aussi le baron Gros l'a-t-il reçu dans son salon comme il avait reçu le Gouverneur. L'entrevue a été courte : il est parti satisfait du salut dont la corvette l'a gratifié à son départ.

Pendant sa visite chez l'Ambassadeur, sa grande

préoccupation, comme celle de ses officiers, paraissait être de savoir combien de jours nous comptions
passer encore à *Simoda*; aussi, dès qu'il a su que
notre séjour ne se prolongerait pas au delà de deux
jours, à moins d'incidents imprévus, s'est-il empressé, au nom du Gouverneur comme au sien, d'annoncer l'envoi à *Yeddo* d'un exprès qui prévien-
drait le gouvernement de l'arrivée de l'ambassade
de France. D'après ce que nous savons déjà du mécanisme remarquable de la police politique au Japon, il n'est pas douteux que la chose ne soit
ponctuellement faite; ce qui, du reste, ne vient
contrecarrer en rien les intentions du baron Gros,
décidé qu'il est à ce que ses projets, comme ses actes, soient clairs, précis, nettement formulés : à sa
place, je ne ferais pas autrement; car c'est le caractère que doit toujours conserver la politique qu'il
représente.

La journée est finie : elle a été pleine d'intérêt,
mais aussi pleine de fatigue pour mon corps si souffrant depuis que nous avons quitté la Chine. Malgré toutes les curiosités qu'éveille chez moi l'inconnu qui se présente à mes yeux, j'ai de tristes
heures où ma volonté a ses faiblesses; car alors je
songe à mes affections que j'ai dû quitter brusquement; je songe à la distance si grande qui me sépare
de mon pays et de mes habitudes, et je sens l'isolement

moral où le sort m'a lancé au milieu d'étrangers dont j'ai vu les visages pour la première fois, il y a trois mois. Et cependant le but m'a soutenu jusqu'à présent, il me soutiendra jusqu'au bout ; il le faut, et cela sera. Ce qui doit me suffire ici, c'est de conserver aussi bonnes que possible, avec le représentant de l'Empereur près duquel je me trouve momentanément détaché, des relations par elles-mêmes pleines de nuances.

⸻

. 15 septembre.

J'ai revu seul ce matin M. Harris dans son cottage japonais ; ce n'est décidément pas un homme ordinaire : il paraît connaître son Japon sur le bout du doigt. Entre autres détails curieux, il m'a édifié sur notre Sous-Gouverneur d'hier, le prétendu *Kami*, Prince héréditaire réclamant les honneurs dus à son rang, ce que, du reste, le commandant Kerjégu lui a d'autant plus aisément accordé, que, depuis deux jours que nous sommes au Japon, sans nulle indication précise sur les hommes ou sur les choses, nous nageons en plein inconnu. Ce grand seigneur, qui se pare d'un titre pompeux

afin de se faire donner quelques coups de canon,
et peut-être écrire à *Yeddo* que nous sommes de
crédules étrangers dont on peut avoir bon marché,
nous a joué une parade tout à fait, dit M. Harris,
dans l'esprit japonais. La vérité est que c'est un
homme de rien, mais un agent habile et impudent,
que le gouvernement a cru devoir faire monter en
grade en l'honneur des Anglais et des Français, depuis le temps proche encore cependant où il le
donnait comme courrier, pour commander les re-
lais et les haltes à ce même M. Harris, se rendant,
par terre, conclure son traité dans la capitale de
l'Empire. Notre Japonais n'en était pas, du reste,
avec nous, à son coup d'essai : il a seulement mieux
réussi avec la Mission de France qu'avec celle d'Angleterre, le chef de cette dernière, lord Elgin,
dans sa défiance hautaine à l'endroit des Asiatiques qu'il a beaucoup pratiqués, s'étant refusé, à
son arrivée à *Simoda,* à recevoir le prétendu prince
et à lui accorder le titre et le rang d'Excellence
qu'il revendiquait.

Ce petit incident, plus comique que sérieux, ré-
veille chez moi, dans un ordre d'idées plus élevées,
une réflexion que j'ai souvent faite depuis quelques
années que j'ai beaucoup voyagé : c'est qu'une fois
hors du territoire, dans ses contacts avec d'autres
civilisations que la sienne, avec celles de l'Asie spé-

cialement, le tempérament français se montre toujours, en général, trop promptement facile ; qu'il se
livre avec trop d'abandon, ou du moins avec une
confiance apparente trop grande, avant de bien
connaître ces mêmes civilisations : d'où j'arrive à
conclure, envers et contre la majorité de l'opinion
en France, que jusqu'à présent nos rapports politiques en Chine, par exemple, ne se sont pas suffisamment armés de défiance préventive, ou ne se
sont pas appuyés d'une façon assez soutenue sur la
force matérielle, cette raison première et d'action
et de succès chez des peuples qui n'en ont jamais
reconnu d'autres, qui surtout ne sont pas encore
mûrs aux bienfaits de l'influence morale livrée à
ses propres forces. En modifiant cette manière de
voir et d'agir, de graves événements seraient prévenus, de gros embarras ne viendraient pas surgir. Loin de moi, cependant, la pensée que, pour
être effective, la politique française doive se lan-
cer dans les usurpations ou les violences de celle
de l'Angleterre, excès qui répugneraient à nos traditions autant qu'à nos sentiments nationaux : mais
je suis convaincu que, prendre un terme moyen,
c'est-à-dire se montrer toujours juste et protectrice, souvent sévère et rarement confiante, dans
l'acception facile que donnent à ce mot nos idées
civilisées, serait, pour la France, la raison la

plus certaine de succès dans l'extrême Orient, tel
que nous le trouvons constitué à l'heure qu'il est.

Mais me voici bien loin du consul américain.
En le quittant, j'étais allé au bazar de *Simoda*.
J'ai été ébloui, et il m'a pris une véritable fièvre
d'achats, en face de toutes les choses jolies,
nouvelles, pleines d'art, qu'on avait étalées à notre
intention; aussi je me suis déjà ruiné, et, prodigue
endurci, je compte bien me ruiner encore à *Yeddo*.
Ce sont de grands artistes, de grands ouvriers que
les Japonais! Quant à M. Hewskin, il pratique
avec largesse ce qu'il offre; il a bien voulu me servir d'interprète; et certainement je lui dois les
bons marchés que j'ai faits au bazar, où j'ai trouvé
la Mission vidant ses poches à la plus grande satisfaction des vendeurs. En somme, les prix nous ont
paru à tous assez raisonnables : mais peut-être
aussi les appâts étaient–ils très-tentants et nos appétits quelque peu aveugles; nous compterons plus
tard.

J'ai arrangé avec M. Hewskin, pour demain, une
course à cheval, en tête à tête, de quelques milles
dans l'intérieur du district de *Simoda :* il me
promet de l'intérêt et du nouveau; je le crois
d'avance, et je voudrais dévorer les heures qui
me séparent du soleil de demain, tant j'ai la

foi, tant l'inconnu a de charmes, tant, surtout, ce qui est défendu a toujours de tentations, quoi qu'en disent les sages ; cet inconnu, ce prohibé s'appelant surtout Japon ! Je me sens moins souffrant et moins fatigué qu'hier. J'y songe : les officiers du Gouverneur sont aussi les caissiers du bazar ; ils étaient ce matin au grand complet, derrière le comptoir, enregistrant nos achats et touchant nos fonds : le cumul est singulier, on l'avouera.

———

16 septembre.

A midi, M. Hewskin m'attendait sur la plage de la baie, en face de notre mouillage, avec deux chevaux d'assez bonne apparence. Ces deux bêtes japonaises, les premières que je vois au Japon, se rapprochent beaucoup, par les formes, des chevaux barbes ; ils m'ont seulement paru avoir un peu plus de corps et les membres plus forts.

En quittant *Simoda*, que nous avons traversée dans toute sa longueur, nous avons longé une vallée semée de rizières, de plantations potagères des plus variées, et sillonnée par un ruisseau d'eau cou-

rante d'une limpidité parfaite, qui, après être descendu des montagnes qui ceignent la vallée en
amphithéâtre, va se jeter dans la baie près des dernières maisons de la ville. Les Hollandais, ces grands
maîtres en matière d'irrigation, qui, seuls, jusqu'à
présent, ont été à même d'étudier d'un peu près
certaines régions intérieures du Japon, attribuent,
avec raison, sa fertilité aux innombrables cours
d'eau qui le sillonnent sur toute sa surface. Dans la
vallée de *Simoda*, j'ai retrouvé la betterave d'Europe, mais beaucoup plus petite et moins sucrée.
J'y ai retrouvé également le chou, comme forme
et même comme goût, m'a affirmé mon guide ;
tandis que celui que produit la Chine en diffère
complétement sous ce double rapport.

A l'extrémité de la vallée, qui peut avoir un mille
de profondeur, nous nous sommes engagés dans la
montagne, et, par une pente si roide que nous
étions forcés de nous coucher sur le col de nos montures, nous sommes arrivés à un plateau couvert
de pins, de mélèzes et de chênes-liéges, d'où la vue
s'étend sur une plaine d'un plantureux surprenant ; on se croirait dans la contrée la plus fertile et la mieux cultivée de notre Europe.

Cette montagne, que nous avons littéralement es-
caladée, et notre ascension a duré trois quarts
d'heure, est curieuse dans ses détails. Pour arriver

à son sommet, on passe entre deux murs de rochers à pic d'à peu près 15 mètres de hauteur et d'à peine 2 mètres de largeur; le sol de ce couloir de pierre, taillé de main d'homme, forme un escalier dont nos chevaux ont gravi les dalles glissantes avec une sûreté de pied digne des mulets des Pyrénées ou des Alpes; à la condition, toutefois, de leur rendre complétement la main, de les abandonner à eux-mêmes. A droite et à gauche de ce couloir sont pratiquées, à hauteur d'homme, des niches où les habitants des environs font fermenter le fumier qui sert d'engrais à leurs champs; aussi, en passant près de ces niches, l'air en est-il empesté.

Du sommet du plateau, où nous nous sommes reposés près d'une heure, M. Hewskin m'a montré à l'horizon un volcan nommé *Oho-Zima*, qui fume presque continuellement, et qui, malgré la distance, a l'aspect imposant; il est cependant moins élevé que son frère, le célèbre *Fuzi*, que nous pouvions plutôt deviner que reconnaître à l'extrême horizon, et dont les colères, qui ont duré plusieurs siècles, disent les traditions, ne se sont éteintes qu'après avoir détruit nombre de villes. Le *Fuzi* a un caractère essentiellement sacré pour les Japonais, qui lui donnent une large place dans leurs récits et le reproduisent dans la plupart de leurs dessins. La plaine qui s'étendait sous nos pieds est, dit-on, des plus giboyeuses.

Après avoir descendu le versant de la montagne opposé à celui de la vallée de *Simoda*, nous nous sommes arrêtés dans une ferme où nous avons été reçus avec une curiosité facile à comprendre, mais avec une bienveillance extrême, qui me donne déjà la meilleure opinion du tempérament du peuple japonais. Dans la cour de cette ferme, on vannait du riz, et l'on équarrissait de gros bambous destinés sans doute à des clôtures. Une vieille femme nous a apporté du thé ; je l'ai trouvé plus amer que jamais, et je vois que, comme en Chine, c'est ici le premier chapitre de toute hospitalité. Dans l'intérieur de l'habitation, qui était d'une grande propreté, j'ai vu une troupe d'enfants qui n'avaient rien du *sauvage* des enfants chinois, généralement élevés dans la haine et le dé-goût des *diables* d'Occident. Le temps ne m'a pas permis d'examiner les instruments aratoires de la ferme, partant de les voir fonctionner; deux cependant ont attiré mon attention: l'un, une charrue, et l'autre une herse en forme de fer-à-cheval, dont mon guide, malgré sa connaissance pratique du pays, n'a pu m'expliquer l'application spéciale, et qui tous deux, comme ajustement des pièces, m'ont paru mieux et surtout plus simplement faits que les nôtres. J'ai également remarqué que le soc de la charrue, plus court et plus léger de fer que ceux dont nous nous servons en Europe, était très-effilé et bifurqué à son extrémité, ce qui me fait supposer qu'ici la terre est légère.

Là s'arrêtent mes notes de la journée. A cinq heures nous rentrions à *Simoda* par une petite vallée charmante, qui, en tournant le pied de la montagne, a eu le double avantage et d'abréger notre route et de nous sauver des fatigues d'une nouvelle ascension.

Je suis ravi de ma journée; mais que j'en aurais été plus satisfait encore, s'il m'avait été possible de moins effleurer tout le nouveau qui s'est trouvé à ma portée!

_____

17 septembre.

Le lendemain me fait d'ordinaire payer les jouissances de la veille. Aujourd'hui j'ai le corps malade, et, depuis ce matin, ma cabine est pleine de papillons noirs que je ne puis réussir à en chasser. Cependant, après le déjeuner, les voix joyeuses des matelots m'ont attiré sur le pont : ces cris étaient pro-

voqués par une bande d'aigles pêcheurs de la plus
grande espèce, décrivant leurs courbes autour du
navire en poussant des cris aigus; ils semblaient nous
reprocher d'être venus troubler le calme solitaire de
leur baie. J'en ai abattu six, dont l'équipage compte
faire son régal ce soir. Toutes les santés sont bonnes sur nos deux bords. Le baron Gros vit très-
retiré dans sa cabine.

---

18 septembre.

Ce matin les vents, au calme depuis deux jours,
ont changé, et, en dehors des passes de la baie, la
mer est devenue très-mauvaise; mais notre mouillage est si bien abrité, que nos bâtiments n'éprou-
vent aucun mouvement sur leurs ancres. Je suis
allé faire une seconde visite au bazar : toujours des
tentations nouvelles, auxquelles j'ai aimé à ne pas
plus résister que la première fois. M. Hewskin m'y
attendait : je lui avais dit que je tenais à faire une seconde course à cheval dans la vallée de *Simoda,* que
nous n'avions que côtoyée avant-hier. En effet,
nous avons remonté, jusqu'à sa chute des monta-

gnes, le cours d'eau qui l'arrose dans toute sa longueur. Rien de plus ravissant que cette vallée :
c'est tout à la fois de la Suisse, du Tyrol et de la
plaine la plus fertile de notre Occident; de petites
fermes construites en bois, d'une grande propreté,
entourées de clôtures bien faites et de jardins po-
tagers bien soignés; des cascades naturelles, se
répétant de distance en distance; des champs
de riz ou de plantes indigènes cultivés avec le plus
grand soin; le tout dominé magistralement par des
montagnes aux pics abruptes qui viennent ajouter,
par le contraste, au charme verdoyant de la vallée.
Malgré sa bonne renommée, j'étais loin de m'attendre à de pareilles surprises au Japon.

Sur les côtes de la Chine, terrain d'alluvion généralement plat, les rizières, qui couvrent des es-
paces énormes, ont un aspect monotone et maréca-
geux qui attriste l'œil, tandis qu'ici, échelonnées
en amphithéâtre sur les versants des montagnes,
elles forment de larges gradins de verdure du plus
joli effet. Le riz est le froment de la Chine comme
il est celui du Japon; il est donc l'aliment indispensable, la raison première de l'existence et de la
richesse de ces deux contrées : on serait presque
tenté de l'appeler le *froment aquatique* de l'extrême
Orient. Ce qui m'a frappé dans mon excursion de
ce matin, c'est que le paysan japonais tire parti

du plus petit coin de terre comme notre paysan de
France, avec d'autant plus de sagesse que le roc, élément principal d'un sol essentiellement volcanique,
ne prend que trop de surface déjà aux cultures
réclamant de la terre nourrissante.

A mon retour à bord du *Laplace*, j'ai trouvé trois
officiers du gouverneur, venant en son nom notifier au baron Gros *la mort toute récente de l'Empereur du Japon.* C'est le second acte de la comédie de l'autre jour, à laquelle notre Ambassadeur
s'est laissé d'autant moins prendre, qu'il sait la
date à peu près précise de cet événement, de la
bouche même de lord Elgin, auquel on avait refusé une audience impériale, sous le prétexte de la
maladie du *Taï-goun*, tandis qu'il était mort depuis
quelque temps déjà. D'après des indications certaines recueillies à Yeddo, l'interprète anglais a
supposé que cette mort était antérieure de dix jours
au prétexte allégué. Il est donc évident aujourd'hui,
pour qui veut compter un instant avec la politique du Japon comme avec ses tendances séculaires, que le gouvernement de *Yeddo* cherche, en iso-
lant autant que faire se pourrait les négociateurs
européens de la personne même du Souverain, à
amoindrir, du moins dans sa forme, l'importance
des traités qu'ils viennent conclure, et cela dans
le but de rendre cette conclusion moins solen-

nelle, c'est-à-dire moins compromettante en ce qui le touche vis-à-vis de ses populations.

———

19 septembre.

YEDDO.

A cinq heures du matin, nous avons fait nos adieux à *Simoda*, et, par une bonne brise de nord-est, nous nous sommes engagés dans le canal de *Yeddo*, large bras de mer semé d'îlots nombreux que nous avons côtoyés sans encombre. En douze heures, nous avons mouillé dans une vaste baie, à trois milles de terre, le fond nous manquant pour serrer la côte davantage, en face de quatre forts à fleur d'eau, à batteries barbettes, et sans embrasures ; ces forts paraissent gazonnés et bâtis sur pilotis. Dès que nous avons été signalés, une véritable flottille de jonques japonaises s'est détachée de terre, et s'est mise à sillonner la rade, afin de surveiller nos mouvements.

A huit heures, une barque, portant deux officiers, accostait l'échelle du *Laplace*. Bien qu'ils se

soient annoncés comme officiers supérieurs, le baron Gros s'est refusé à les recevoir. Ils venaient lui
présenter leurs compliments et s'informer de ses
intentions : l'espionnage est naïf. Ils sont partis en
annonçant pour demain la visite de personnages
d'un rang élevé.

Le costume de ces officiers était identiquement
le même que celui de nos *Simodiens* : étoffes de
couleur sombre, sans la moindre marque distinc-
tive. Quant à leurs allures, elles m'ont paru aussi
posées, mais avec une nuance de roideur qui n'exis-
tait pas à *Simoda*. M. Hewskin m'avait, du reste,
prévenu que nous trouverions ici des attitudes plus
résistantes, un accueil moins facile et moins ouvert.

Il s'est déclaré deux cas de choléra à bord, cas
heureusement non mortels, et Dieu veuille, pour
notre équipage jusqu'à présent si bien portant,
que le mal ne devienne pas épidémique ! Nos visiteurs de tantôt nous ont assuré qu'il sévissait à
Yeddo, ce qui pourrait être, s'ils disent vrai, une
complication fâcheuse pour la prompte conclusion
de nos affaires.

20 septembre.

A midi, un persònnage s'annonçant comme premier gouverneur de la ville (*premier Bougno*)
s'est présenté à bord de notre corvette. Il était accompagné de seize officiers, dont huit, inférieurs
en grade, portaient derrière leurs supérieurs le
plus long des deux sabres qui d'habitude ne quittent jamais leur ceinture. Quand, nous dit l'abbé
Mermet, les hauts fonctionnaires reçoivent chez
eux une visite ou la rendent, un de leurs officiers
est constamment debout derrière eux, tenant ce
même sabre long perpendiculairement, la garde à
la hauteur du menton; aussi s'appellent-ils *porte-
sabres,* rapprochement nouveau avec les habitudes
de notre ancienne Féodalité. Selon toutes probabi-
lités, nous avons affaire cette fois à de véritables
hauts fonctionnaires.

Après l'échange des compliments d'usage, la
conversation s'est engagée, de la part du gouverneur, sur le laps de temps que l'Envoyé de France
comptait séjourner à *Yeddo,* ou plutôt, s'est-il repris aussitôt, à *Sina-gaoua,* lieu déjà proposé à
lord Elgin; la capitale même pouvant présenter

de nombreux inconvénients et même des dangers pour des étrangers, entre autres dans les circonstances actuelles, celui du choléra qui décime en ce moment certains quartiers de la ville. Il est vrai que cette proposition avait été faite au chef de la Mission anglaise, mais, ce que le Bougno s'est bien gardé d'ajouter et ce que nous savions déjà, c'est le refus catégorique de l'Envoyé anglais. Bien que *Sina-gaoua* soit, pour ainsi dire, un des faubourgs de *Yeddo*, il ne me semble pas possible d'admettre un instant la résidence de la Mission de France ailleurs que dans la capitale même; ce qu'ont voulu et obtenu les Anglais, nous devons le vouloir et l'obtenir également: telle a été l'opinion du baron Gros, qui est resté ferme sur *Yeddo* dont il a fait d'avance une condition *sine quâ non*.

Le gouverneur a paru très-embarrassé, et a déclaré à son tour qu'il en référera aux ministres, mais qu'il prévoit de grandes difficultés sur cette question de résidence dans l'intérieur de la ville, en raison de la mort récente de l'Empereur, qui trouble momentanément tous les détails de l'économie politique et administrative. Le baron Gros, passant à un autre point, et ayant exprimé le désir de descendre à terre dans le plus bref délai possible, pressé qu'il est de rentrer en Chine, l'agent japonais a objecté à ce projet de débarque-

ment immédiat, qu'aucun palais n'est disposé pour
recevoir l'Ambassade de France; que, surtout,
n'ayant pas de pouvoirs suffisants pour trancher
la question, il doit avant tout prendre les ordres
de ses chefs. Enfin, un second désir du baron Gros,
celui de faire remettre immédiatement les lettres
de créance au ministre des relations extérieures,
n'a pas été mieux accueilli que le premier. Le *Bougno* a continué à se renfermer dans l'absence complète d'instructions à cet égard, ajoutant que, dès
l'instant que l'Envoyé de France se trouve en dés-
accord avec le Gouvernement japonais et sur le lieu
de débarquement et sur celui de la résidence pendant le cours des négociations, il s'agirait d'abord
de s'entendre sur le premier point, qui est important, quitte à régler le second plus tard.

Ces pourparlers se sont continués une grande
demi-heure; ils auraient pu se prolonger indéfini-
ment sans rien résoudre, si, de guerre lasse, le baron Gros, qui tient, avant toutes choses, à conclure
son traité et à le conclure dans *Yeddo même*,
n'avait cru devoir abandonner aux Japonais le
choix du lieu où il prendait terre : alors a été décidé que la remise des lettres de créance pourrait se faire sans retard dans une *Bonzerie* qui se
trouve située entre *Sina-gaoua* et *Yeddo*. M. de
Contades doit aller examiner le lieu proposé.

Ma conviction personnelle étant plus que jamais que, dans les sociétés telles que celles-ci, une concession même de forme, et quel que soit le but à atteindre, peut avoir des conséquences que l'on ne prévoit pas d'abord, il est on ne peut plus regrettable, tout le monde le sent ici, que la situation étranglée faite au baron Gros par ses instructions ministérielles, en l'obligeant rigoureusement à sacrifier l'accessoire au principal, l'ait mis dans l'impossibilité de résister sur ce point du débarquement; et nous venons après les Anglais, qui, tranchés comme d'habitude dans leurs conditions, ont obtenu tout ce qu'ils avaient demandé; il est vrai qu'ils s'appuyaient, ce que nous nous n'avons pu faire, sur un nombre respectable de bâtiments de guerre, et que surtout ils portaient avec eux l'un des plus puissants moyens d'action chez les peuples orientaux, des présents dignes d'une grande nation, à offrir à un gouvernement avec lequel on traite pour la première fois. Notre situation, je le répète, est des plus regrettables pour les individualités en jeu comme pour le pavillon.

Le *Bougno*, reprenant la question du séjour dans *Yeddo*, a répété « que l'arrivée de l'Ambassade de « France avait surpris le gouvernement et l'avait « empêché de lui préparer un palais convenable; « qu'il ne serait pas possible de lui donner le même

« qu'avait occupé la Mission d'Angleterre, vu
« que ce palais était une pagode qu'on avait ren-
« due aux sacrifices depuis la mort de l'Empereur ;
« enfin que la France venant pour la première fois
« au Japon, et la France étant une des grandes na-
« tions de l'Occident, elle devait être reçue digne-
« ment, et que, dans l'intérieur de *Yeddo*, il n'y
« avait pas d'autres palais disponibles; tandis qu'il
« serait facile d'en trouver un très-convenable hors
« de la ville. »

En dépit de tous ces arguments, le baron Gros
n'a pas varié sur la question de résidence dans la
capitale même, ajoutant que « la France regarderait
« comme une injure, que ses dispositions pacifiques
« ne sauraient justifier, d'être traitée par le Gouver-
« nement japonais autrement que ne l'avaient été les
« Anglais. » A la suite de ce petit débat, le Gouverneur a demandé au baron Gros, avec une assurance
presque risible, quel était le contenu de la lettre qu'il
comptait faire remettre au premier Ministre, en
même temps que ses lettres de créance; la réponse
de l'Ambassadeur se devine : « Le premier Minis-
« tre est seul compétent à le savoir. »

Sur l'offre de vins et de liqueurs faite à
nos visiteurs, ils se sont retranchés pour la
refuser derrière la mort de l'Empereur, qui leur
impose, de plus, l'obligation de rester un cer-

tain laps de temps sans se raser la tête ni la barbe, et de faire abstinence.

L'entrevue, déjà fort longue, paraissait terminée, lorsque le *Bougno* a cru devoir revenir sur les motifs de ses premières résistances à l'endroit de la remise de la lettre de créance et du séjour dans *Yeddo*, cherchant à convaincre le baron Gros que ces mêmes résistances du Gouvernement japonais sur ces deux questions n'avaient d'autre source que la mort de l'Empereur, qui était venue apporter dans toutes les affaires une perturbation profonde.

L'Ambassadeur a paru accepter ces assurances comme bonnes et vraies, puis il a ajouté : « que « les relations entre la France et le Japon n'ont « jamais été aussi bonnes qu'elles le sont aujour- « d'hui ; que si celles avec la Chine sont devenues « un instant mauvaises et ont nécessité une répara- « tion armée, c'est que le cabinet de *Pé-king* avait « apporté dans ses relations politiques avec la « France et l'Angleterre une mauvaise foi indigne « d'un grand Souverain et d'un grand État ; et que, « quant à lui, le représentant de l'Empereur des « Français, s'il a insisté sur la remise immédiate de « ses lettres de créance, sans apparat, au premier « endroit venu du rivage, c'est qu'il a hâte de con- « sacrer, par un traité, les bonnes relations entre « la France et le Japon. »

A cette dernière phrase, l'envoyé japonais n'a répondu que par le silence ; mais, reprenant pour la troisième fois la question de *Yeddo* comme dernier argument, il a déclaré que, « par intérêt « pour les membres de l'Ambassade de France, il « doit les prévenir que le *choléra-morbus* (et le mot « a été très-purement prononcé) est en ce moment « *terrible* dans la ville ; qu'en dix jours il est mort « *trois mille* personnes ; *trois cents* par jour. » Ce à quoi le baron Gros s'est empressé de répondre « que « les Français ne craignent pas le choléra ; que l'on « a même en France d'excellents remèdes pour le « combattre et le guérir ; » et, tenant à justifier son af- firmation, il a fait apporter par le docteur du *La- place* plusieurs formules écrites de traitements par l'opium et par les toniques, que la députation ja- ponaise a acceptées avec un empressement qui n'a- vait rien de simulé ; ce qui nous fait penser que le choléra doit en effet régner à *Yeddo*, quitte à en rabattre des chiffres donnés par les parties intéres- sées. Ces chiffres d'ailleurs, seraient-ils exacts, n'auraient rien de bien alarmant ni d'excessif dans la population d'une ville estimée par les Hollan- dais et les Américains à *deux millions d'habitants*.

Cette première visite des Japonais a duré de midi à trois heures ; elle a été un enseignement pour le baron Gros ; car elle a démasqué une partie des

petits moyens, des *impedimenta* puérils que la politique de *Yeddo* mettra certainement en usage
pour embarrasser et amoindrir la portée des résultats que le Gouvernement français vient chercher
au Japon.

En se séparant, il a été définitivement convenu
que, demain matin, deux officiers viendront prendre
M. de Contades et l'abbé Mermet pour les conduire
au lieu proposé pour la remise des lettres de créance.

Ce soir, l'abbé Mermet me racontait qu'au début
de l'entrevue tous les officiers japonais, le *Bougno*
le premier, affectaient, en parlant de l'Empereur
Napoléon, de ne se servir que de l'expression de
Ho-no, titre inférieur à celui de *Taï-goun*, l'Empereur temporel du Japon, et que, non–seulement
il avait vertement relevé l'expression, mais il avait
établi « qu'à tous égards une égalité parfaite de-
« vait être maintenue entre les deux Empereurs,
« et que, même, si l'on prenait rigoureusement le
« sens vrai du titre et la valeur réelle de la dignité,
« cette égalité pourrait être modifiée à l'avantage du
« Souverain français, qui gouverne un État plus
« considérable, plus peuplé, et surtout mieux armé
« que le Japon. »

Ceci me rappelle que j'ai eu hier soir une longue
et intéressante conversation avec notre abbé, sur
l'autorité impériale au Japon, et que je l'ai trouvé

complétement d'accord avec ce que l'ouvrage de
Siebold et les renseignements récents de deux
hommes compétents, MM. Harrys et Hewskin,
m'avaient déjà appris sur la matière.

Les Japonais ont deux Empereurs : l'un spirituel, l'autre temporel. Le premier, qui porte le
titre de *Mi-ka-do*, est la personnification la plus
ancienne et la plus élevée de la tradition souveraine : il est le chef de la religion, mais reste complétement étranger aux affaires de l'État ; c'est
une individualité mystique, gardée à vue à *Mia-
ko*, l'ancienne capitale de *Nipon*, dans un palais
inviolable, et rendu invisible au peuple, qui, une
seule fois par an, est admis à adorer la plante de
ses pieds, à travers un plafond à claire-voie qui
dérobe le reste de sa personne aux hommages de
ses sujets.

Le second Empereur s'appelle indistinctement
Taï-goun ou *Sio-goun*, selon qu'il est à la tête des
affaires en temps de paix, ou qu'il commande l'armée en temps de guerre : le *Taï-goun*, c'est l'Empereur justicier ; le *Sio-goun*, c'est l'Empereur
guerrier. Cette double dénomination, bien distincte, explique celles diversement données au
même souverain dans tout ce qui a été écrit sur le
Japon par les Portugais, les Hollandais, les Américains et les Russes.

Pendant cette première entrevue, l'interprète japonais, nommé *Mori-ama,* bien que parlant, assure-t-on, très-couramment le hollandais et passa-
blement l'anglais, avait affecté de ne se servir que
du dialecte du pays, dans une intention qui, sous
le rapport de l'exactitude et de l'interprétation, ne
pouvait être à notre avantage ; aussi a-t-il paru
ébahi de la facilité avec laquelle notre intelligent
interprète, qui joue à ravir son rôle de laïque
attaché à la Mission de France, parle le japonais.
C'est ce même *Mori-ama* qui, dans les conférences
du traité anglais, a été opposé à M. Hewskin que,
dans sa pénurie d'interprète, lord Elgin avait obtenu de l'obligeance courtoise du consul général des
États-Unis.

La journée s'est passée sans cas de choléra nouveaux.

———

21 septembre.

Les deux officiers japonais ont été ponctuels.
MM. de Contades et Mermet sont partis, accompa-
gnés du valet de chambre de l'Ambassadeur, portant la copie de ses lettres de créance enveloppées

dans une étoffe de soie et renfermées dans une boîte de confection japonaise.

A une heure, ces messieurs sont rentrés à bord, après être restés une heure à terre ; le trajet du *Laplace* à la côte a été de trois heures. Le canot qui les portait et qui gouvernait forcément sur les indications des deux officiers japonais, n'a pu accoster la terre faute de fond, et l'on a dû se servir d'un bateau plat du pays pour faire aborder nos compatriotes et leurs guides. Il est plus que probable que, dans le but de nous cacher les passes praticables, c'est encore une ruse à la japonaise dont, du reste, s'il était besoin, nos sondes feraient aisément bon marché.

MM. de Contades et Mermet ont débarqué à la gauche des forts que nous avons devant nous, à environ trois milles , à *Sina-gaoua* même. C'est une petite localité maritime sans importance, que les Anglais ne désignent sur leurs cartes que sous le nom de village, et qui, bien que traitée par les Japonais de faubourg de *Yeddo*, en est, en réalité, distante d'un mille et demi. *Sina-gaoua* est l'un des ports ouverts par les Traités américains et anglais, dont le baron Gros doit réclamer également l'ouverture aux navires français.

Le *Bougno* d'hier et l'un de ses nouveaux collègues ont reçu nos deux envoyés dans un local destiné aux étrangers (le *Kon-Kouan* des Chinois, le *Khan* des Arabes). Ils se sont engagés à apporter demain la réponse du conseil des ministres aux lettres de l'Ambassadeur de France, et se sont déclarés autorisés à promettre un palais dans *Yeddo* *même :* c'est un pas important de fait dans la question, dû à la solidité des déclarations de l'Ambassadeur.

M. de Contades a terminé l'entrevue en insistant sur l'intérêt du concert complet de l'alliance anglo-française autant que sur la confiance qu'a le baron Gros d'emporter du Japon d'aussi bons souvenirs que son collègue lord Elgin.

Au total, l'esprit de la journée a été à la conciliation; et, quant à l'attitude de la population que nos Français ont trouvée sur leur passage pendant leur séjour à terre, ils nous affirment qu'elle n'a eu rien d'hostile, qu'elle n'a été que bienveillante et surtout curieuse.

Le *Prégent* nous a signalé un cas de choléra à son bord.

A midi, les Japonais, au nombre de six, portant tous également le titre de *Bougnos*, sont venus rendre à l'Ambassadeur la réponse attendue par lui touchant la résidence à terre. Elle est affirmative quant au principe ; mais une nouvelle question vient à surgir, qui a son importance : les Japonais persistent à affirmer que le local occupé par lord Elgin étant une pagode rendue actuellement au culte, et où, après-demain encore, des sacrifices seront offerts à la mémoire de l'Empereur, le gouvernement se trouve dans l'impossibilité d'offrir à l'Ambassadeur de France d'autre palais que celui occupé dans *Yeddo* par le comte Poutiatine, l'Envoyé de Russie, lequel palais est une *Bonzerie :* malgré cette affirmation, le baron Gros a réservé son acquiescement définitif au nouveau local proposé, qu'il enverra examiner demain ; tout en déclarant d'avance qu'au cas où, comme le lui a dit lord Elgin, il se trouverait en dehors de la ville *officielle*, il y aurait lieu de traiter la question à nouveau.

Je crois le baron Gros tout à fait dans le vrai ; sa fermeté d'hier sur le point principal a déjà, nous

le voyons, porté ses fruits ; il doit, avant tout, rester conséquent, et être assuré que ce qu'il deman-
dera lui sera accordé. Ne devons-nous pas d'ailleurs *vouloir autant que nos alliés ?*

D'après lord Elgin, le palais occupé par la Mission russe serait situé hors de la ville ; selon les
Japonais, il se trouve, au contraire, dans un quartier central de la ville officielle : c'est là un point
de fait à éclaircir.

Celui des *Bougnos* qui depuis deux jours conduit les députations japonaises se nomme *Hori-
beno-kami*. D'après les renseignements de l'abbé
Mermet, il ne primerait ses collègues que par l'an-
tériorité de date de sa nomination aux fonctions
qu'il occupe ; le rang des *Bougnos* qui l'accompagnaient se réglerait de la même façon ; et quant à
l'étendue et à la qualité des fonctions, elles seraient les mêmes chez tous.

Une collation de vins, de liqueurs et de gâteaux,
comme pendant leur première visite, alors refusée
par les Japonais sous le prétexte de la mort de
l'Empereur, a été aujourd'hui acceptée par eux,
uniquement par déférence pour l'Ambassadeur, et
ils ont eu soin de le faire remarquer à plusieurs
reprises, tout en faisant honneur au vin de Champagne en particulier. Les estomacs de ces gens-là
sont aussi politiques que complaisants.

Le baron Gros a repris la conversation, déclarant que rien ne pourra être réglé tant qu'il n'aura pas reçu un titre écrit qui lui donne les noms et qualités des commissaires désignés pour traiter avec lui, et qui indique le lieu où aura lieu l'échange des pouvoirs ; tant qu'enfin toutes les formalités n'auront pas été déterminées autrement que de vive voix : ce à quoi les *Bougnos* se sont empressés de répondre qu'il en sera fait selon ses désirs. Décidément le vent a tourné.

Après quelques minutes passées à examiner la montre à répétition du baron Gros, mécanisme que les Japonais connaissent, du reste, parfaitement, l'entretien a repris sur les affaires de Chine. L'Ambassadeur, indiquant sur une carte les ports ouverts dans cet empire par le dernier traité, ainsi que la portion de la *Mantchourie*, dans le voisinage du fleuve *Amour*, que les Russes ont acquise par une convention toute récente avec la cour de *Pé-king*, l'Ambassadeur a été très-naturellement amené à leur parler du général Mourawief, commandant en chef l'armée des frontières, ainsi que de la façon dont il a entamé l'occupation de cette nouvelle adjonction au territoire russe. Les Japonais ont paru très-surpris du nom de cet officier général, prétendant ne connaître que celui du comte Poutiatine. Puis, passant aux causes premières de la guerre de

l'Angleterre et de la France avec la Russie, et asso-
ciant, dans de certaines limites, les faits accomplis
avec les éventualités de l'avenir, le baron Gros
en est arrivé, par inductions, à essayer de leur
démontrer la nécessité d'un traité entre le Japon
et la France aussi solide et aussi sincère que celui
déjà conclu avec l'Angleterre.

Pendant que l'Ambassadeur parlait, les Japonais
n'ont cessé de donner des marques d'assentiment ;
ils ont surtout paru très-frappés du voisinage de la
nouvelle conquête pacifique de la Russie, « qu'ils ne
« s'imaginaient pas si proche de la Korée et du Ja-
« pon ; » et, quand on leur a montré sur la carte l'é-
troitesse du bras de mer qui sépare la terre russe
de la terre japonaise, en leur faisant le calcul exact
de sa largeur en milles marins, ils sont restés
quelque temps silencieux et réfléchis : « Du reste,
« a ajouté l'un des *Bougnos*, nous savons parfaite-
« ment que les Russes sont forts et patients autant
« qu'ambitieux. » (Textuel.) L'étude des impressions diverses qui se succédaient sur les visages de
ces hommes, nouveaux pour moi, était des plus
intéressantes.

On s'est séparé dans les meilleurs termes : le
baron Gros, très-satisfait d'avoir pu développer
toute sa pensée sur des points politiques importants ; les Japonais, mis à l'aise par leurs instructions,

par conséquent dégagés de toute responsabilité, et heureux aussi d'emporter avec eux, dans l'intérêt de leur conservation personnelle, des remèdes efficaces contre un fléau dont ils paraissent avoir une peur d'enfants. Le choléra est à *Yeddo;* il n'y a plus à en douter.

Pendant toute la visite des *Bougnos*, j'avais près de moi l'interprète *Mori-ama*, qui est bien décidément le plus retors et le plus intelligent d'eux tous. Grande a été ma surprise d'entendre dans quels termes, sans nulle provocation de ma part, pendant que la conversation était générale, et en se penchant à mon oreille de l'air le plus sérieux, il m'a fait observer, cette fois en fort bon anglais, que, pour l'échange des pouvoirs, comme pour la lettre du futur traité, en un mot pour toutes les affaires qui allaient se négocier entre les deux gouvernements, il serait très-important que les traductions fussent exactes, et qu'elles ne donnassent matière à aucune interprétation fausse, à aucune erreur de mots, d'où pourraient découler souvent des conséquences graves. Je l'ai rassuré de mon mieux à cet égard, en ce qui touche du moins l'Ambassade française, lui faisant remarquer qu'il est de l'intérêt des deux parties contractantes qu'il en soit ainsi; et que d'ailleurs la France a toujours pour ses Traités un respect égal à sa loyauté : exemple que ne suivent pas invariablement certaines nations de l'Occident.

———

A une heure de l'après-midi, MM. de Contades et Mermet quittent le bord pour aller s'assurer des véritables conditions matérielles du *palais* (selon l'expression des *Bougnos*) proposé par le gouvernement japonais à l'Ambassade française.

Ces messieurs sont revenus à sept heures, après avoir rempli leur mission.

Ils ont trouvé, prête à nous recevoir, la *Bonzerie* qu'avait occupée le Comte Poutiatine : elle est vaste et très-propre. L'habitation qu'avait choisie lord Elgin est moins grande et serait insuffisante pour loger le personnel de notre Ambassade, dont les Japonais ont eu le soin de nous demander le chiffre exact, qui leur a été donné aussitôt : vingt personnes. Ce dernier local est moins bien disposé et surtout moins propre que le premier ; de plus, il se trouve placé à quelques minutes du débarcadère, dans un quartier sale, ouvert, et non central ; et cette dernière condition a son importance. Il est vrai qu'on y aurait un petit jardin attenant à l'habitation principale, tandis que la maison habitée par la Mission russe n'en a aucun dans ses dépendances ; mais cette considération est avec raison de peu de valeur aux yeux du baron Gros.

En résumé, l'ancienne résidence des Anglais est située près de la mer, dans le quartier le plus populeux de la ville marchande, au milieu du mouvement le plus bruyant du rivage, et loin du centre politique de *Yeddo*.

Celle des Russes, au contraire, se trouve dans une partie plus centrale de la ville, comprise dans une sorte de vaste *square,* fermé par des barrières et réservé, à ce qu'il paraît, aux fonctionnaires se rendant à *Yeddo* ou qui y sont appelés pour affaires de service.

À leur débarquement, nos envoyés ont trouvé sur le rivage une affluence de populaire considérable, s'écartant docilement devant la police japonaise. Cette police, composée de trois ou quatre individus armés de longues tringles de fer, se relayait à chacune des barrières qui se succèdent de cent pas en cent pas dans les rues par lesquelles on arrive à l'habitation qui nous est proposée. La population a continué d'être curieuse sans la moindre nuance d'hostilité, comme à *Sina-gaoua*.

Depuis ce matin, la qualité comme les fonctions véritables des officiers d'administration portant le titre de *Bougnos*, tels que ceux que nous avons vus jusqu'à présent, sont parfaitement définies pour nous.

D'après certaines données de l'Ambassade anglaise, *Bougno* signifiait pour nous une sorte de gouverneur de ville, et l'immense *Yeddo* en aurait eu plusieurs, à en juger par le nombre de nos visiteurs se donnant ce titre; ces fonctions leur constituaient donc, à nos yeux, une position politique élevée: là était notre erreur. Il est bien avéré pour moi aujourd'hui, d'après tous les renseignements recueillis à terre par l'abbé Mermet, aussi bien que par les remarques particulières qu'il a été en mesure de faire sur les formes de respect hiérarchique observées entre les différentes catégories de fonctionnaires avec lesquels il s'est trouvé en rapport toute cette journée, que les Japonais que nous avons reçus à bord sont bien, en effet, des *Bougnos* et des *Sous-Bougnos*; mais que ce titre ne correspond qu'à celui de nos maires et de leurs adjoints, lesquels s'inclinent très-humblement devant des sous-préfets qui, eux-mêmes, relèvent des préfets, mais à une distance, dans la hiérarchie, beaucoup plus grande que celle consacrée par notre système administratif; car, ici, les préfets sont des gouverneurs de province, véritables petits vice-rois, investis de pouvoirs énormes : il y en a quatre-vingts dans l'Empire.

Autre erreur empruntée encore aux Anglais et aux Américains. Le titre de *kami* dont s'étaient décorés les fonctionnaires de *Simoda*, ne signifie pas *prince*, comme nous le croyions. — C'est tout simplement le synonyme de notre particule *de*, n'indiquant que la noblesse d'origine. — Nous faisons des progrès.

La réponse des Ministres à la lettre de l'Ambassadeur, annoncée pour huit heures ce soir, est arrivée exactement. Elle est, nous a dit le baron Gros, conçue dans les termes les plus courtois, et il est convenu que la France aura pour traiter les mêmes Commissaires que l'Angleterre : quant à la résidence dans *Yeddo*, l'Ambassadeur se décide pour la *Bonzerie*. A titre de remarque incidente, il est bon de noter que le local qu'avait choisi lord Elgin, et qu'hier encore les Japonais affirmaient ne pouvoir nous offrir en raison de l'application religieuse qui lui avait été rendue à l'occasion des funérailles de l'Empereur, a été trouvé, par l'abbé Mermet, rempli de Bonzes, plus occupés à fumer, à boire du thé et à causer, qu'à invoquer Boudha en faveur du souverain défunt.

Ce soir, du pont du *Laplace*, nous avons aperçu

au-dessus de la ville une sorte de point lumineux
dont personne d'abord ne se rendait bien compte :
on a reconnu que c'était une comète à sa première période visible.

---

24 septembre.

Journée sans incidents. C'est aujourd'hui, au
dire des Japonais, qu'ont dû se célébrer les funérailles du *Taï-goun*. Des barques chargées de légumes frais, de cailles, de faisans et de poissons, sont
venues approvisionner notre corvette, sous la conduite d'un employé du gouvernement, chargé de
surveiller la livraison et le prix des denrées. Tout
se fait ici avec ordre et méthode, et toujours sous
le contrôle de l'autorité. Chaque marchand, en livrant sa marchandise, remet à notre commissaire
une note déjà vérifiée par l'agent japonais, et qui
lui est payée de la main à la main : manière de
procéder excellente, qui devrait bien exister en
Chine où, pour le moindre achat, il faut lutter de
poumons souvent et de finesses toujours avec le
vendeur. La santé de nos équipages continue à
être bonne.

Ce soir, à cinq heures, est arrivé à bord le *Bou-gno* qui, le premier, s'était présenté à notre arrivée sur la rade de *Yeddo*, et que le baron Gros n'avait pas cru devoir recevoir avant d'être plus informé sur ses titres et qualités. Il paraît que c'est ce personnage qui doit être définitivement attaché à la Mission comme premier intendant, pour toutes les questions matérielles de la vie, pendant notre séjour à terre. Il a été chef du district de *Simoda;* sa figure est ouverte et riante, son œil intelligent; il est escorté d'un second officier, d'après ce principe invariable au Japon, que tout individu chargé de remplir une fonction quelconque a toujours près de lui, à titre de conseil, et, à l'occasion, de contrôle, un second qui, en fait, n'est autre qu'un espion; la vie publique ne repose donc ici que sur un système d'espionnage réciproque organisé. L'abbé Mermet m'avait, du reste, déjà édifié à cet égard. Curieuse société!

Notre Japonais, une fois admis chez l'Ambassadeur, a débuté par donner comme motifs de sa visite les compliments qu'il croyait de son devoir d'apporter *au grand personnage qui allait être*

l'hôte de l'Empereur à Yeddo; puis il a demandé
au baron Gros s'il avait des instructions particulières
à lui donner comme désormais attaché à sa personne, et quelle était l'heure à laquelle il comptait
descendre à terre, afin que tout fût prêt, que
surtout la police fût à son poste pour écarter la
foule, qui serait considérable.

Jusque-là le langage du *Bougno* se renfermait
dans les limites ordinaires indiquées par les convenances et par la situation; mais j'avoue que, d'a-
près mes observations à l'endroit du caractère japonais, depuis que je me trouve en contact avec
lui, il me paraissait bien singulier que le susdit *Bougno* eût, presque à la nuit tombante, fait trois
milles en rade pour apporter des congratulations
banales ou faire des questions sans intérêt pressant.
Je ne me trompais pas.

Sa tirade d'entrée une fois débitée, il a fait demander à l'Ambassadeur, de sa voix la plus douce,
et à titre de prière des autorités de *Yeddo*, de renoncer pour demain, jour arrêté du débarquement, à la salve de dix-neuf coups de canon qu'il
sait devoir être tirés au moment où le représentant
de l'Empereur des Français quittera son bâtiment,
motivant cette prière sur ce que « le bruit de l'artil-
« lerie produirait certainement de l'émotion dans la
« population et viendrait troubler le deuil et le re-

« cueillement où elle est plongée à l'occasion de la
« mort du *Taï-goun;* » étrange raison, à la distance
de terre où nous sommes mouillés, et si l'on compte
surtout avec l'indifférence parfaite qui distingue
les populations de l'extrême Orient en matière d'af-
fection ou d'enthousiasme politique.

Le baron Gros n'en a pas moins eu l'air d'accepter comme du meilleur aloi les motifs de la re-
quête du gouvernement japonais, et il a promis d'y
souscrire : il n'y aura donc, à son départ du *Laplace*, que cinq salves de cris de : « Vive l'Empereur! » poussés par l'équipage rangé sur les
vergues.

Il est convenu, d'autre part, qu'une fois à terre,
l'Ambassadeur sera précédé du pavillon français,
tenu par un matelot du bord depuis le lieu de débarquement jusqu'à la résidence de la Mission, et
que, de sa propre personne, il sera porté, par des
Japonais vêtus de sa livrée officielle de Chine, dans
la chaise qu'il avait lors de la signature du traité
de *Tien-Tsin*.

Ces points une fois arrêtés, on s'est séparé en
apparence satisfait de part et d'autre; je dis en apparence d'un côté du moins, car je suis bien convaincu, et ce n'est pas sans motif que je pense
ainsi, que le baron Gros, pour être conséquent,
sacrifie, à son corps défendant, une forme qui par-

tout a sa valeur, et que certainement il sent, tout
comme moi, que cette nouvelle exigence des Japonais n'est au fond qu'un moyen détourné, tout à
fait dans l'esprit du pays, de lui faire immoler un
usage qui, dans les deux hémisphères, consacre invariablement force et dignité aux yeux des populations; mais, toujours homme de devoir, se renfermant strictement dans la lettre de ses instructions, cette fois encore il n'a pas cru devoir hésiter.

Le vent est aux petites difficultés, difficultés et
morales et matérielles. Pour mon compte, je prévois
ces dernières surtout, avec le chagrin égoïste d'un
curieux avide de tout voir de près, avec la religion
d'un pèlerin qui regretterait les coquilles qu'il
n'aurait pu attacher à son manteau.

Dimanche, 26 septembre.

A onze heures, nous avons quitté le *Laplace*
par un temps gris, presque brumeux, afin de
profiter de la marée avant qu'elle fût trop basse,
et de nous mettre en mesure d'aborder sur une
côte plate et sans fonds.

J'accompagnais le baron Gros dans le canot du commandant avec MM. de Contades et de Kerjégu ; MM. de Moges, de Latour-Maubourg, de Trévise, de Flavigny, et le premier chirurgien de la corvette étaient dans le canot-major.

Selon les stipulations de la veille, les hommes se tenaient sur les vergues, et ont salué le départ de l'Ambassadeur de cinq hourras de « Vive l'Empereur ! » Nous laissons tous ces braves gens en bonne santé ; Dieu veuille que nous les retrouvions tous en nous rembarquant !

Le commandant du *Prégent* nous a ralliés dans sa baleinière. Notre petit convoi se composait donc de trois embarcations ; *les trois premières françaises, qui aient porté sur la terre japonaise une Ambassade de France.*

Nous avions devant nous, entre notre mouillage et la ville, cinq forts qui en défendent les approches. Ces forts, dont la construction, d'inspiration sinon d'origine hollandaise, paraît remonter à plus d'un siècle, sont à six faces du côté de la mer, et à trois du côté de la terre ; ils s'espacent, à distances égales, sur une étendue d'à peu près deux milles. Ce sont bien, ce que nous avaient déjà dit nos longues vues, des ouvrages sur pilotis et à barbettes, mais n'ayant pas de feux rasants uniformes ; du système Vauban bâtard : ils sont en pierres sèches cimentées de mortier.

Derrière cette première ligne de forts, sur la terre ferme, il en existe une seconde de fortins du même mode de construction ; mais la plupart de ceux-ci ont leurs terre-pleins envahis par des habitations et par des jardins, tandis que les forts en mer paraissent maintenus dans un bon état de défense. Leurs talus gazonnés sont bien entretenus et garnis de canons de bronze de petit calibre, sur affûts de rempart du côté de la mer, sur affûts de campagne du côté de la terre ; tous maladroitement placés à découvert.

Au dire des hommes du métier, on aurait aisément raison de ces défenses, qui paraissent peu formidables ; l'obstacle sérieux serait le peu de profondeur d'eau qui ne permettrait qu'à des canonnières du plus petit modèle d'approcher d'assez près pour ouvrir un feu de nature à produire des effets sûrs et prompts : des canons rayés pourraient seuls atteindre ce but.

Nous venions de nous engager entre le quatrième et le cinquième fort, quand nous avons été accostés par une grande barque envoyée pour éclairer notre route et portant deux officiers japonais chargés de nous conduire à terre.

Cette barque, de modèle européen, mais non

mâtée, peinte en rouge et à formes rondes, comme
les embarcations hollandaises, était armée de quatre rameurs japonais; ces hommes, nus, ainsi que
la plupart de ceux que nous avons vus sur les jonques depuis notre arrivée sur les côtes du Japon,
se servent d'avirons énormes qu'ils manient avec
une grande aisance et un ensemble parfait; aussi
obtiennent-ils une vitesse de marche bien supérieure à celle de nos embarcations européennes. Ces
marins japonais sont grands, forts et musclés, et autrement plus alertes que leurs voisins les Chinois,
qui passent cependant pour d'assez bons marins.

De la corvette, nous avons mis trois quarts
d'heure pour atteindre la première ligne des forts,
et déjà, à un demi-mille de la plage, nous touchions
le fond; s'il est égal sur toute la région de la baie,
les atterrages de *Yeddo* doivent être difficiles. Du
reste, il est possible, probable même que les Japonais, fidèles à leur système vis-à-vis des étrangers,
nous ont montré avec intention la partie la moins
abordable de la côte.

Comme point de débarquement, nos guides
avaient choisi l'un des fortins dont j'ai parlé tout à
l'heure; mais l'état de la marée ne permettant pas
d'aborder à sec les talus qui descendent en pente
douce vers la mer, et où, d'ailleurs, ce qui m'a
frappé, il n'existe aucun escalier, seule disposition

matérielle indiquée par les plus simples convenances
pour recevoir l'Ambassade, le baron Gros s'est ré-
signé, afin d'entrer sans retard dans la ville, à escalader, sur une échelle de bambou, l'une des faces
du fort qui s'élève perpendiculairement au-dessus
de l'eau. Je ne craignais qu'une chose, c'est que,
pour combler la mesure, quelque chute dangereuse
ou quelque incident ridicule ne vînt compromettre
nos caractères officiels vis-à-vis de la population
qui couronnait les crêtes des talus. Tout le monde
s'en est heureusement bien tiré derrière l'Ambassadeur, qui nous donnait l'exemple avec l'assurance de pied et l'agilité de la jeunesse.

Un petit mécompte nouveau l'attendait sur le parapet du fort : l'abbé Mermet est venu lui annoncer que les autorités japonaises s'étaient refusées à
laisser pénétrer dans l'intérieur du bastion la chaise
d'apparat qui l'avait précédé à terre. Une fois encore il a fait acte de résignation, on pourrait dire de
modération, afin d'éviter tout débat avec des agents
subalternes, et il a traversé à pied l'enceinte fortifiée.

Bien que l'on eût amené pour tout notre personnel des chaises du pays nommées *No-ri-mons*,
qui, par parenthèse, ne sont que des boîtes en bambou, des plus incommodes, où l'on ne peut se placer
que les jambes repliées sous le corps, à la façon japonaise, d'un commun accord nous avons décidé

que nous accompagnerions l'Ambassadeur à pied, flanquant sa chaise à droite et à gauche, et précédés, selon les conventions d'hier, d'un matelot portant le pavillon français.

C'est ainsi que s'est opéré notre trajet du rivage à la résidence de l'Ambassade, par de longues rues larges et bien percées, aboutissant la plupart à de petits carrefours, tous munis d'un corps de garde, où se tiennent nuit et jour de quatre à six hommes de police. Ces employés sont vêtus d'une sorte de justaucorps mi - parti rouge et noir (sans doute les couleurs de la ville), et armés de longues tringles de fer creux, garnies à leurs extrémités de larges anneaux de fer mobiles, qui, en se choquant l'un contre l'autre, produisent un bruit aigu qui avertit les habitants qu'ils ont à s'écarter : dans une mêlée populaire, c'est une arme qui doit certainement valoir l'épée de nos sergents de ville.

Toutes les maisons de *Yeddo*, bâties réglementairement à un seul étage, sont en bois, sur des assiettes d'un granit gris qui, à en juger par l'emploi général qui en est fait, doit être la matière de construction la plus commune dans cette partie du Japon. Ces maisons n'ont donc qu'un rez - de-chaussée percé sur la rue, de petites ouvertures carrées et garnies de barreaux de bois, à cinq ou six mètres au-dessus du sol ; lesquelles ouvertures sont fermées par des jalousies en bambou tressé, qui masquent complétement la vue de l'intérieur; enfin, le long des murs extérieurs de chaque maison, à droite et à gauche de la chaussée de la rue, de petits fossés maçonnés servent à l'écoulement non interrompu des eaux de la ville, et doivent puissamment contribuer à la propreté de la voie publique.

Ce soir, l'abbé Mermet m'affirmait que toutes les habitations de *Yeddo*, bien qu'assises en apparence sur des fondations de pierre granitique dont les parties supérieures s'élèvent au-dessus du sol, n'en sont pas moins toutes bâties sur pilotis, vu la nature du terrain, qui est d'alluvion.

Il faut convenir qu'extérieurement l'aspect de ces maisons basses peintes uniformément en blanc et en gris, avec des toitures de tuiles d'un ton brun foncé, et n'ayant d'autres larges ouvertures que des portes pleines en bois de cèdre ou de mélèze, garnies de clous de bronze ou de cuivre, selon le rang et la richesse des propriétaires, est singulièrement monotone. On dit cependant qu'à l'intérieur elles rachètent par de beaux jardins, par des galeries ouvertes élégantes, la tristesse de leur enveloppe.

Ainsi, aujourd'hui, 26 *septembre, à deux heures*, l'Ambassade française a pris, dans *Yeddo*, possession de son palais, puisqu'il est admis de conserver au local qui vient de nous recevoir le titre pompeux dont les Japonais le décorent : il est à un quart d'heure du lieu de notre débarquement.

Une heure après notre arrivée dans la ville, se sont présentés les mêmes *Bougnos* qui avaient été dernièrement reçus à bord, et qui définitivement seront les Commissaires des futures Conférences du Traité ; ils en ont apporté l'avis officiel à l'Ambassadeur.

Ils lui ont ensuite déclaré, de la part des autorités, que nous ne devons pas quitter notre résidence, sous peine de grands dangers à courir du fait de la population. C'est donc un emprisonnement de la Mission qu'elles méditent ; mais je doute qu'elle se laisse faire ; et, pour mon compte, je suis bien résolu à ne tenir que peu de compte de ladite défense.

Chacun de nous vient de choisir son logement : les chambres sont étroites et peu fermées ; nous camperons tant bien que mal.

Le temps tourne à la pluie.

Nous avons une *garde d'honneur* d'à peu près vingt-cinq Japonais, c'est-à-dire de vingt-cinq *espions*, qui, sous le prétexte de veiller à notre sûreté, resteront établis en permanence, nuit et jour, dans les deux salles qui précèdent les logements intérieurs : ce sont tous des employés *à deux sabres*.

27 septembre.

La nuit s'est bien passée, grâce à notre literie apportée du bord, et surtout à la fatigue de la journée d'hier.

Après le déjeuner, j'ai proposé à MM. de Kerjégu et d'Osery d'essayer d'entamer, de compagnie, le manteau d'inviolabilité et de mystère dont *Yeddo* semble vouloir s'envelopper pour nous. Notre projet était de marcher à l'inconnu, privés que nous sommes de toute indication topographique, et de pénétrer dans l'une des parties de la ville comprise dans l'une des trois enceintes qui divisent, dit-on, *Yeddo* en trois grands quartiers bien distincts.

En effet, malgré les efforts de notre escorte de Japonais (*Ya-kou-nyns*) qui cherchaient à nous maintenir dans le voisinage de notre palais, nous avons pris précisément, à l'inverse de leurs indications, une direction qui, selon nos prévisions, nous a conduits à l'une des enceintes désirées, où nous nous sommes trouvés en face de grandes douves de 15 à 20 mètres de largeur, ceignant le pied de murailles de 8 à 10 mètres d'élévation, a pans inclinés, et faites de pierres granitiques.

De distance en distance, ces douves sont coupées
par des ponts de bois sur assiettes maçonnées, qui
conduisent à des portes de cèdre colossales bardées
de ferrures de bronze; par ces portes, on pénètre
dans la seconde enceinte.

Enfin nous sommes entrés dans *Yeddo*, dans la
vraie ville, et nous pouvons le dire avec certitude,
comme saint François Xavier, depuis 1549, nous
sommes *les premiers du pays de France*.

L'aspect de ce nouveau quartier est à peu près
le même que celui du quartier que nous habitons;
seulement les maisons y présentent, sur la rue, de
plus grandes surfaces, et leurs portes, plus ornées
de garnitures de fer, sont la plupart surmontées des
écussons blasonnés de familles qui en sont les propriétaires; nous n'y avons pas vu une seule boutique, tandis que, près de notre résidence, nous
avons des rues purement commerçantes et rem-
plies de bazars.

Les Conférences ont commencé ce matin; tous
les Commissaires étaient présents. Conséquents
avec le système général pratiqué envers nous depuis
notre arrivée au Japon, ils ont ouvert cette première séance par une escarmouche non interrompue
de subtilités et de petites ruses qui présagent au
baron Gros un travail qui aura ses longueurs et
ses difficultés.

Mes idées ou plutôt mes conjectures premières sur la topographie de la ville commencent à se régulariser. D'après mes renseignements de ce matin, recueillis à la bonne source, c'est bien la deuxième enceinte de *Yeddo* que nous avons franchie hier, les commandants et moi. Si l'on peut risquer une pareille classification, il existe trois villes dans une seule : l'une, formant noyau, ne se compose que du palais impérial, forteresse véritable d'une immense étendue; l'autre ne renferme que les palais des *Damios* ou princes et des grands personnages ; la troisième, qui est la ville des bourgeois et des marchands, et qui enveloppe les deux villes intérieures d'un large cordon de *seize milles* de tour, n'est habitée que par les fonctionnaires secondaires et par la classe ouvrière.

Notre résidence est donc bien définitivement sur l'extrême limite de cette dernière enceinte, à quelques pas de la seconde.

Ce matin a eu lieu la deuxième conférence. Il paraît qu'elle est de nature à faire pressentir de nombreuses difficultés de détail dans la suite de la discussion des articles.

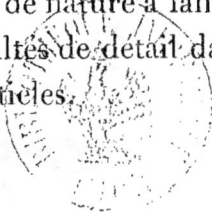

7

Je suis sorti avant le dîner, escorté, comme d'habitude, de nos éternels *Ya-kou-nynns,* qui sont d'un
obsédant et d'un gênant à lasser les plus rudes patien-
ces. Même devant les menaces, ils rient sans se fâcher
jamais, et restent quand même accolés à nos personnes, épiant tous nos gestes, prenant des notes,
contrôlant notre moindre achat chez les marchands :
ces derniers ont, à ce qu'il paraît, défense de nous
livrer quoi que ce soit sans l'autorisation de nos
surveillants, et encore faut-il qu'ils apportent les
acquisitions que nous avons pu faire à notre habitation, où là encore elles passent par un nouveau contrôle. Dans un local ouvert, ressemblant à un bazar,
au milieu d'objets d'usage de toute nature, vieux
et neufs, et soigneusement étiquetés, comme, du
reste, tout objet de vente au Japon, j'ai découvert
de petits ivoires travaillés, anciens, d'un fini char-
mant. L'abbé Mermet suppose que le hasard m'a fait
entrer dans un de ces monts-de-piété organisés sur
le même pied que ceux d'Europe, qui abondent,
m'a-t-il dit, dans les quartiers ouvriers de la ville.

29 septembre.

Nous avons parmi nous quelques malades ; mais rien de grave : chacun paye plus ou moins son tribut à ce climat nouveau.

En dehors de la conférence d'aujourd'hui, les Commissaires sont revenus, avec un étonnement extrême, sur la définition que, dans le cours de la séance, le baron Gros avait appliquée au Japon, en le qualifiant de *pays le plus civilisé de l'extrême Orient;* ils ont paru très-surpris qu'il n'ait pas dit *du monde entier.* C'est beaucoup d'orgueil ou beaucoup d'ignorance ; je croirais plutôt au premier.

Ma promenade d'habitude a été ce soir insignifiante; je m'en suis consolé grâce à la causerie de mon compagnon d'aujourd'hui, M. de Latour-Maubourg, dont l'esprit original et observateur, sous une enveloppe presque constante d'indolence ou d'indifférence, a pour moi beaucoup de charme; de plus, il est très-simple et très-vrai, deux grandes qualités dans la vie commune.

A *Yeddo* les gamins pullulent comme à Paris, et ils y sont aussi curieux, aussi gênants et aussi criards; ils se jettent dans nos jambes, touchent nos vêtements, et ne paraissent nullement dégoûtés de notre contact comme les enfants chinois, remarque que j'avais déjà faite à *Simoda*. Les hommes et les femmes se contentent de nous entourer et de nous dévisager de près, quand encore nos espions le leur permettent; mais leur curiosité est silencieuse et leur air bienveillant. Cette population m'est des plus sympathiques. Au Japon, la crainte de l'autorité donne à toutes les formes extérieures de la population un aspect et des façons qui se ressentent de la main ferme de cette même autorité, et lord Elgin me disait que, pend ant son séjour à *Yeddo*, il n'a vu qu'un exemple d'hostilité envers les étrangers, se réduisant à quelques cailloux inoffensifs, lancés par des enfants qui se sont ensuite enfuis en riant. Tout cela dénote-t-il chez le bas peuple l'esprit d'hostilité sourde, dont les *Bougnos* voulaient nous faire un épouvantail à propos de notre résolution de circuler dans la ville?

Ici, la fécondité des femmes est, assure-t-on, surprenante, favorisée par la promiscuité des sexes dans les classes inférieures principalement, et par certaines latitudes de la loi japonaise en matière d'infidélités conjugales.

Dans les bains publics, où le Japonais, quelle que soit sa condition, passe invariablement sa soirée, quand ce n'est pas sa nuit, à fumer, à prendre du thé, aussi bien qu'à causer de ses affaires, hommes, femmes et enfants se baignent pêle-mêle et sans nuls vêtements.

Une pareille tolérance de l'autorité est bien faite pour choquer nos idées de morale civilisée ; mais ici elle paraît toute simple, car elle est dans les mœurs, et ne présente pas en réalité, pour la moralité publique au Japon, tous les dangers qu'elle pourrait présenter ailleurs : ne serait-ce que par ce fait, commun, du reste, à l'humanité entière, c'est que l'habitude ou la facilité suppriment généralement le désir en éteignant l'imagination.

Ces bains, dont l'entrée est formellement interdite aux étrangers, sous peine des châtiments les plus sévères pour le maître de l'établissement, se composent de vastes salles garnies circulairement de bassins de pierre où chacun, pour faire ses ablutions, vient à son tour puiser, dans des écuelles de fer ou d'étain, l'eau froide et l'eau chaude qui s'y déversent sans interruption.

La vapeur, maintenue dans ces salles à une température très-élevée, constitue, comme dans les étuves de l'Orient, le véritable bain japonais.

30 septembre.

A midi, le baron Gros m'a proposé de l'accompagner dans la première promenade à pied qu'il ait faite, depuis son arrivée, dans la ville qu'il n'a entrevue qu'à travers les stores de sa chaise, du point de débarquement à notre *Bonzerie*. MM. de Moges et de Kerjégu étaient avec nous ; quant à l'abbé Mermet, on comprend qu'il soit toujours, en pareil cas, le compagnon indispensable.

Nous avons pris le chemin de la deuxième enceinte, celle de la ville fermée, le même que j'avais ouvert, le lendemain de notre arrivée à *Yeddo,* avec les commandants. Le baron Gros a paru surpris et enchanté de l'aspect régulier et propre de ce qu'il a vu ; une fois dans la ville, les palais des *Damios* ou autres grands personnages l'ont surtout frappé comme moi. Après avoir dépassé le point extrême de notre première excursion, nous avons contourné à peu près le tiers intérieur de la troisième enceinte, dans laquelle se trouve le Palais impérial.

L'aspect extérieur de ce palais est grandiose et pittoresque ; d'immenses talus de gazon l'entourent et viennent mourir dans des douves d'à peu près

3o mètres de largeur, couronnées par un mur fortifié, au sommet duquel se dressent de vieux cèdres qui forment cordon autour du palais.

Nous avons marché près de deux heures par une
chaleur très-forte, et, à notre retour, nous avons eu
la répétition identique de la petite mésaventure de
lord Elgin : deux cailloux de la grosseur d'une
noisette, partis d'un groupe d'enfants perchés
sur l'étal d'une boutique, sont venus frapper, en
parabole, l'un le parapluie de M. de Moges, l'autre le galon de ma casquette. Cependant, comme
contre-partie, le commandant d'Osery nous racontait qu'hier, se trouvant seul dans le voisinage de
cette même enceinte du palais impérial, mais dans
la partie opposée à celle que nous avons côtoyée aujourd'hui, il était entré dans une rue des plus popu-
leuses d'où étaient partis des invectives et des cris du
fait d'hommes mal vêtus et de mauvaise mine. Pour
nous, *Yeddo* continue ses mystères, et nous par-
tirons, je le crains, sans avoir pu les pénétrer.

Alors que nous revenions à notre habitation, nos
Ya-kou-nynns ont fait reposer le baron Gros dans une
maison de thé, dont les détails intérieurs ne diffè-
rent en rien de celles de Chine ; seulement, ici, ces
détails sont plus propres et plus élégants. A sa sortie de la maison, l'Ambassadeur ayant donné quelques piastres à une vieille femme qui devait être la

maîtresse du logis, notre escorte d'officiers s'est jetée sur elle et lui a arraché sa petite aubaine, en prétendant que le gouvernement ne permet à aucun Japonais de recevoir la moindre pièce d'argent des étrangers, et que, du reste, l'équivalent lui en sera rendu en nature. Serait-ce une manière particulière de percevoir ici l'impôt? elle est, en tout cas, expéditive et brutale.

En somme, le baron Gros a paru enchanté de sa course, qui, si j'en crois ses habitudes sédentaires, sera la première et la dernière qu'il aura faite dans *Yeddo*.

On s'était entendu hier avec les Commissaires pour que nos équipages pussent descendre à terre et s'y rafraîchir ; seulement, il a été demandé par le gouvernement qu'ils ne vinssent dans la ville que pendant le jour et par fournées de quatre à cinq hommes au plus, afin d'éviter que ce nombre de nouveaux débarqués, s'ajoutant à celui du personnel de la Mission, qui est déjà considérable, ne produise dans les rues une émotion que l'autorité municipale semble redouter au premier chef. Justifiée ou non, la mesure a paru prudente au baron Gros et a été acceptée par lui ; et, en effet, nos *bordées* de marins en pays étrangers ont des turbulences gaies et un sans gêne dans leurs mouvements qui pourraient amener ici, dans ce moment, des complications inutiles, la corde n'étant déjà que trop tendue.

1er octobre.

La séance d'aujourd'hui, l'avant-dernière, a eté sans intérêt. Les Commissaires ont discuté pied à pied la rédaction de certains articles sur lesquels on était revenu. Le baron Gros est à juste titre très-fatigué de cette façon de négocier : c'est probablement le 9 que le Traité sera signé.

---

2 octobre.

Les conférences ont abouti ; aujourd'hui a eu lieu la dernière séance. Les Japonais paraissent enchantés d'avoir tiraillé, comme ils l'ont fait, certains chapitres et d'en avoir arraché quelques bribes pour nous sans valeur au fond ; le baron Gros ne l'est pas moins d'avoir exécuté ses instructions à la lettre; surtout d'en avoir fini avec de pareils négo-

ciateurs, tout en emportant, en fait, un traité aussi
honorable que le comportaient et les circonstances
et les conditions matérielles de la mission qui lui
était confiée.

J'allais oublier un autre satisfait, M. de Moges, le
premier attaché du baron Gros, qui va partir pour la
France avec le Traité dès notre retour à *Shang-haï*,
après trois ans d'exil : je l'envierais presque, moi
qui viens à peine d'entamer mon sillon. M. de Moges a, du reste, grand besoin de l'air natal. Il doit
avoir une grande énergie, car toujours il a l'air
faible ou souffrant, et toujours il va et sans se
plaindre. C'est une nature froide, plus âgée que son
âge, essentiellement méthodique et observatrice.

Depuis ce matin je grelotte la fièvre ; M. de Contades est sur la même pente. Les deux chambres
contiguës que nous habitons dominent, d'un mètre
tout au plus, une petite cour-jardin presque entièrement remplie par une mare d'eau croupissante, dont
quelques rocailles et deux ou trois arbustes ne sauraient parvenir à faire un bassin ; le soir cette mare
dégage une humidité malsaine à laquelle nous attri-
buons nos malaises fébriles : c'est en somme une
laide baraque que notre *palais de Yeddo*, qui ne
vaut pas la description détaillée que d'abord je
voulais en faire. Ici, du reste, tous les intérieurs
de maisons sont calqués sur le même patron : des

cours ou des jardins de forme ronde ou carrée,
autour desquels règne un seul étage de galeries
ouvertes, où viennent s'aligner, comme dans un
couvent, les portes de toutes les chambres de l'habitation; pour la nôtre, je devrais dire les cellules,
qui justifient pleinement son origine bonzique.

----

3 octobre.

Ce matin, en partant pour ma course habituelle
dans la ville, j'ai trouvé M. de Trévise qui faisait
une esquisse charmante de notre palais, vu du
dehors, bien entendu, seul aspect sous lequel il
gagne un peu, grâce aux formes bizarres ou dis-
parates de ses toitures et au bariolé des barrières
à claire-voie, peintes en rouge, en noir et en jaune
qui l'enveloppent; M. de Trévise a le talent d'un
véritable artiste.

Je continue ma chasse aux ivoires anciens et aux
vieux bois sculptés, dont, par parenthèse, la Hollande est aussi friande que nous: pour moi, ils sont,
avec les métaux appliqués aux usages de la vie, les
échantillons les plus curieux et les plus intéressants
de l'industrie du Japon. Mes meilleures trouvailles

en ce genre, je les ai faites jusqu'à présent dans les monts-de-piété, et malgré tous mes efforts je n'ai pu obtenir des données un peu certaines sur ces établissements, qu'il serait intéressant de comparer comme constitution et comme réglementation avec ceux analogues en Europe. A *Yeddo*, le nombre multiplié des monts-de-piété a une signification d'utilité publique qui m'a frappé. C'est encore là un des trop nombreux secrets qui nous échapperont ici.

4 octobre.

Malgré la foule qui me pressait de la façon la plus fatigante, jusqu'au moment où, au seul bruit des tringles de fer des hommes de police qui venaient me rejoindre, elle s'est écartée silencieusement et s'est contentée de s'accroupir autour de moi, à distance respectueuse, j'ai pu faire ce matin le croquis d'une *Bonzerie* très-ancienne, et à ce qu'il paraît très-renommée. Je ne note ce détail insignifiant que pour revenir, une fois encore, sur le tempérament facile, discipliné, et, en apparence, du moins, favorable aux étrangers, de la po-

pulation japonaise. Dieu veuille que les futurs contacts de nos civilisations ne modifient pas chez elle
des qualités qui en font, à mes yeux, dans le présent, une population unique au monde ! ce qui me
conduit à dire que quiconque aura vu d'un peu
près ici, comprendra comme moi la légitimité des
résistances que le gouvernement japonais oppose
aux envahissements de l'Occident : à sa place,
n'en ferions-nous pas tout autant, nous sachant
les ressources intérieures qu'il se sent posséder
réellement ?

M. de Contades a été assez souffrant, mais sans
que cela soit grave. De notre mouillage, à part deux
cas de choléra qui sont venus frapper deux pauvres enfants, des mousses, et qui ne se sont heureusement pas renouvelés, les nouvelles sont bonnes .

5 octobre.

Contre mes prévisions de l'autre jour, le baron
Gros m'a proposé une seconde promenade avec les
deux commandants ; mais, en dépit de mes propositions, il a voulu suivre le même chemin que la
première fois, afin de revoir les abords du palais

impérial, qui, à vrai dire, sont ce que dans *Yeddo*
nous aurons vu, je crois, de plus imposant. Pendant que nous nous reposions en face de l'un des
ponts qui conduisent dans l'intérieur de cette vaste
enceinte, qui a près d'un mille et demi de circonférence, un *Damio*, en grand apparat, se rendait,
avec toute sa suite, probablement chez le jeune
empereur ou chez les ministres. Cette suite se composait de plus de cent individus richement vêtus,
portant des lances, des pavillons multicolores, des
parasols bigarrés, et, sous les rayons du soleil, des
plus brillants aujourd'hui, ce spectacle nous a intéressés au dernier point. A n'en juger que par les
dehors, ces nobles Japonais doivent être de vrais et
grands seigneurs.

On nous a apporté ce soir d'assez belles armes
à choisir, toujours avec l'*autorisation du gouvernement*. J'ai acheté quatre sabres, grands et petits,
ces indispensables appendices de la ceinture de tout
fonctionnaire japonais. L'inégalité comme longueur
de ces armes doubles s'explique par l'ancien usage,
consacré au Japon, du plus petit des deux, lequel
usage consistait à s'ouvrir le ventre dès que l'honneur du nom se trouvait compromis d'une façon
quelconque; et cet usage n'était pas une fiction. Il y
a quelques années encore, il était, dit-on, en pleine
vigueur; mais aujourd'hui l'esprit chevaleresque,

ou plutôt le point d'honneur japonais, par le passé
si pointilleux, a singulièrement fléchi, et, à part un
récent et éclatant exemple, celui du *Taï-goun*, dont
nous avons appris la mort subite à notre départ de
Chine, mort qui nous a été confirmée à *Simoda*,
les faits de ce genre sont devenus très-rares, quoi
qu'en puissent dire certains orgueils indigènes ou
certains auteurs modernes, plus soucieux de l'extraordinaire que de la vérité; aussi, à l'heure qu'il
est, le Japonais se contente d'arborer à sa ceinture,
à titre de tradition inoffensive, sa chevalerie des
anciens jours.

A propos de cette fin tragique et mystérieuse du
dernier *Taï-goun*, voici quelques détails, et je les
crois exacts, que j'ai pu recueillir. A la suite du
traité anglais, le *Taï-goun* avait été vivement
blâmé par le conseil des ministres, sorte de conseil des Dix qui, en fait, gouverne actuellement
le Japon et les deux Empereurs, d'avoir, par une
trop grande précipitation à accueillir les conditions de lord Elgin, renoncé à disputer, comme il
aurait pu le faire, plusieurs concessions contrai-
res à l'esprit de la politique de *Yeddo;* en un
mot, d'avoir signé avec l'Angleterre, contrairement
aux véritables instructions des conseillers de la
Couronne, un traité que de plus longs détails et

une plus longue discussion des articles auraient pu rendre plus avantageux pour le Japon.

Le *Taï-goun* a considéré ce blâme comme une tache pour l'honneur de son nom, pour son titre de souverain ; et, après avoir réuni sa famille, il lui a fait part des reproches sévères et, selon lui, peu mérités, que lui avaient attirés des circonstances contre lesquelles il s'était senti impuissant à lutter ; puis, fidèle à l'antique coutume, il s'est ouvert le ventre avec l'aide d'un de ses plus proches parents.

Des détails si dramatiques, si éloignés surtout des mœurs universelles du dix-neuvième siècle, donnent à la société japonaise une couleur qui, pour moi, en complète l'intérêt : aussi ai-je tenu à les consigner tels qu'ils m'avaient été donnés.

Le duel, usage séculaire au Japon, y est encore très-fréquent, et presque toujours mortel, en raison de la forme des sabres longs, effilés et tranchants, qui sont, dans toute rencontre, l'arme consacrée : l'escrime entre, d'ailleurs, dans l'éducation de tout Japonais d'une classe un peu élevée.

Quant à l'armée de l'empire, elle est très-réduite comme effectif actif : tout Japonais d'un certain âge étant, en cas de guerre, appelé à prendre les armes, son chiffre peut s'élever à deux ou trois mille hommes tout au plus, pour toute la superficie du territoire ; elle fait le service de notre gendarmerie.

Il y a peu d'années encore elle n'était armée que de lances, d'arcs et d'une sorte de hallebarde assez semblable à la pertuisane du moyen âge ; mais aujourd'hui que, par le canal de la Hollande, elle a pu faire en Europe d'importants achats d'armes à feu, une partie des troupes actives est munie de carabines et même de carabines à balles coniques, dont, d'après ce qu'on nous a dit, elle se sert avec une adresse égale à celle de nos troupes européennes.

Le peuple japonais est admirablement doué ; il est ami du progrès ; il le recherche au lieu de le dédaigner par stupide orgueil comme les Chinois ; et déjà, sous le rapport industriel entre autres, il pourrait donner à nos civilisations cependant plus avancées les plus utiles enseignements.

Nous avons eu ce soir une petite émeute d'intérieur. Notre bande d'espions ne se trouvant sans doute pas suffisamment renseignée sur nos faits et gestes intimes, de la salle d'entrée où elle avait établi son campement permanent, s'était avisée d'envahir une des galeries attenantes à nos chambres ; nous lui avons fait regagner, au plus vite, son ancienne installation, avec ordre aux douze marins qui forment notre seule garde à terre de les y maintenir quand même : c'est une terrible engeance que ces *Ya-kou-nynns* !

----

6 octobre.

Je suis allé seul aujourd'hui dans la ville marchande et j'y ai fait des emplettes auxquelles, avec celle de mes ivoires anciens, j'attache le plus de prix ; j'ai arraché, dans toute la vérité du mot, et presque en luttant avec l'un de mes officiers japonais, de l'étalage d'une boutique, une liasse d'estampes coloriées, de gravures et de cartes, qui sont des plus intéressantes comme spécimens de l'art typographique et des notions géographiques du Japon. Pour les cartes spécialement, dans la crainte que les étrangers n'y puisent des indications *dangereuses pour l'intégrité de l'empire*, l'autorité a donné des instructions de la dernière sévérité en ce qui nous concerne ; mais le hasard a voulu que, dans mon butin de ce matin, j'aie en ma possession, et rien ne saurait m'en faire dessaisir, un plan à vol d'oiseau de la ville même d'*Yeddo*, plan qui, d'après mes propres investigations des lieux, est, dans sa naïveté, aussi fidèle que possible ; si, de retour en France, je publie mes notes de voyage, ce plan y trouvera certainement sa place.

J'ai pu également, cette fois, avec toute facilité du fait de mon escorte officielle, me faire une collection assez complète de manuels des sciences, des arts, des métiers au Japon ; même de recueils de caricatures. Ces petits livres, imprimés ou gravés sur bois, je ne sais encore, avec le plus grand soin, bien mieux incontestablement que les manuels semblables en usage en France, servent à l'éducation du peuple ; ils sont du plus bas prix, de la valeur de 25 à 30 centimes de notre monnaie, par conséquent à la portée de tous. Les planches y dominent sur le texte, d'après le principe adopté au Japon dans l'instruction des classes inférieures de parler aux yeux plutôt que d'occuper l'esprit ; quant aux caricatures, le gouvernement a non-seulement une tolérance sans limite, mais il leur donne même un essor qui, sous ses inspirations et entre ses mains, devient un des moyens utiles de sa politique intérieure ; à la condition toutefois de ne s'attaquer qu'à ses fonctionnaires, de quelque rang qu'ils soient, sans jamais oser monter jusqu'au souverain. Comme peinture et comme signes, l'écriture japonaise est la même que l'écriture chinoise ; pour l'alphabet japonais, je n'oserais affirmer qu'il ait les *quatre-vingt mille* caractères de l'alphabet chinois ; mais ce que je sais, c'est que le Japon, afin de simplifier ses rapports parlés et écrits, a composé un alphabet réduit qui en rend l'usage raisonnablement pratique.

D'après le peu que j'ai pu en voir, et faisant bien entendu la différence des mœurs comme des constitutions sociales ; faisant également celle de leur moralité que, du côté du Japon, je ne prétends pas plus patroner sous le rapport des principes que sous celui des moyens, la politique intérieure de ce petit empire est pleine de ressources habiles.

Une autre de mes remarques, mais celle-là complétement admirative, c'est le degré qu'ont atteint ici les arts et certaines branches de l'industrie.

L'artiste japonais non-seulement est merveilleux à reproduire la forme, don qu'il partage, il faut le reconnaître, avec l'artiste chinois, mais il lui est infiniment supérieur sous une autre face, que je définis ainsi : c'est que *l'un dessine la pensée sans jamais négliger la forme*, et que l'autre *ne dessine que la forme; encore ne la prend-il le plus souvent que sous ses aspects ou disgracieux ou grotesques,* La comparaison entre les deux ne peut se soutenir qu'en fait de fleurs ou d'animaux : aussi, dans la plupart des compositions japonaises, dans celles surtout qui reproduisent des légendes ou des sou-

venirs historiques, il règne un sentiment de mysti-
cisme et d'élégance élevée qui rendent indiscutable
sa supériorité sur les compositions chinoises en général.

Comme applications ou comme incrustations des
métaux purs, tels que l'or, l'argent, le platine, ou de
leurs alliages, le Japonais fait sur la laque et sur le
bois un usage dont la clef est encore introuvée en
Europe, et qui ferait le désespoir de nos plus habiles ouvriers, jusqu'à ce que, par l'étude et l'analyse,
cette clef eût été trouvée ; mais, pour arriver à cette
étude et à cette analyse, il leur faudrait avant
tout des spécimens que j'appellerai *sérieux ;* et,
jusqu'à ce jour, quelle qu'ait été la vogue qu'au
siècle dernier, aux beaux jours de l'ancienne Compagnie des Indes, aient eue les produits japonais, il
faut venir au Japon pour se convaincre qu'en grande
généralité, les objets qui en ont été importés en Europe ne sont que des objets d'usage ordinaire, et,
au point de vue de l'art, d'un ordre secondaire ; tels
que des porcelaines, des potiches, des coffrets, ou
de petits riens sans noms, plutôt que des objets
d'art, remarquables comme composition, comme
matière ou comme proportions ; capables, autrement dit, de donner de l'art japonais, envisagé dans
sa sphère élevée, la haute opinion qu'il mérite. Je
le répète, il faut venir au Japon pour se rendre un

compte exact et vrai des choses belles, artistiques et utiles à la fois, aussi bien que des procédés simples et ingénieux que cette civilisation égoïste a réussi, depuis des siècles, à dérober à l'Occident. Jusqu'à présent, nous n'en avons eu pour ainsi dire que des échantillons inférieurs.

Les bronzes niellés d'or et d'argent, comme les ivoires, comme les bois sculptés anciens, avaient atteint, dans le passé, une perfection que ne peut égaler l'art japonais moderne ; mais encore, dans ses conditions actuelles, il est bien supérieur à l'art chinois de la même époque ; pour les bronzes spécialement, sous le rapport de la composition de la matière, de sa finesse et de son éclat.

Enfin, descendez l'échelle, et vous trouvez, chez l'ouvrier du métier le plus modeste, le plus usuel, une conscience et un fini de travail qui est le côté véritablement faible de l'industrie secondaire en Europe.

6 octobre.

Triste et longue journée : la pluie n'a cessé de tomber à torrents, et chez moi le moral subit direc-tement l'influence du ciel.

J'ai eu cependant tantôt une conversation amu-sante avec un Japonais, un lettré ou plutôt un poëte que j'ai trouvé discourant littérature ancienne avec l'abbé Mermet, l'infatigable travailleur de tous les moments du jour et même de la nuit : c'est, du reste, avec de pareils hommes que nos Missions catholiques arrivent aux résultats qu'elles obtien-nent. Je m'étonnais, avec notre interprète, en raison de la communauté de souche, qui n'est pas contestable, de l'antipathie et même du dégoût que les Japonais affectent pour les Chinois, sen-timents qui se traduisent jusque dans leurs rap-ports commerciaux, et j'en cherchais les motifs, lors-que son visiteur, s'étant fait traduire notre con-versation qui lui paraissait animée, s'est chargé de me répondre par le petit récit suivant, tout par-fumé de senteur orientale :

« C'est vrai, les Chinois sont nos frères, car nous « sommes les fils de la même mère ; mais ce ne sont « que des bâtards, et voici pourquoi :

« Il y a plusieurs siècles, vivait, sur les fron-
« tières du Thibet, une femme très-jeune, très-
« belle, mais très-dissolue de mœurs ; si disso-
« lue, que de ses désordres, qui avaient duré nom-
« bre d'années, elle avait eu de nombreux en-
« fants, tous ou paresseux ou cruels ; puis, un jour,
« inspirée d'en haut et honteuse de ses fautes, elle
« s'était repentie, avait contracté un mariage légi-
« time, et, de cette union, étaient issus d'autres
« enfants non moins nombreux ; mais ceux-ci,
« comme récompense divine, tous laborieux et
« doux.

« Plus tard, tous ces enfants, les mauvais comme
« les bons, sont allés chercher fortune hors du sol
« natal. Les fils de la courtisane se sont établis dans
« un pays voisin nommé *Tien-Hia :* ce sont les Chi-
« nois ; les fils de la femme légitime ont passé la mer
« et ont abordé dans une île grande et riche nom-
« mée *Nipon,* où ils ont prospéré : ce sont les Ja-
« ponais.

« Et, depuis lors, a ajouté le poëte, nous les
« repoussons de notre famille, comme nous les re-
« poussons de nos côtes. »

En effet, mais, bien entendu, par d'autres motifs
d'un ordre plus positif, cette fiction a des points frappants de réalité pratique : ainsi, le Japon se refuse à
tout commerce avec la Chine, et c'est sous le coup des

prohibitions les plus sévères, dans les conditions de livraison les plus restreintes, et sur un point unique du littoral, qu'il permet, une fois par an, à un nombre limité de jonques chinoises, de venir acheter l'excédant de ses cuivres et de ses étains; l'esprit de monopole et d'isolement repoussant invariablement tout ce qui est étranger.

C'est la réponse que je cherchais chez notre abbé; j'aurais dû la trouver plus tôt.

Ce soir, à sept heures, le temps s'est éclairci, et nous avons pu, du belvédère qui surmonte toute habitation japonaise, observer et admirer à notre aise la superbe comète que nous avions reconnue du mouillage de *Yeddo;* elle est dans tout son éclat, et sa queue décrit une courbe qui va rejoindre celle formée par les trois étoiles de la queue de la Grande Ourse. Au calme de la ville, on voit bien que nous ne sommes pas en Chine, où, au moindre phénomène céleste, la population, stupidement effrayée, remplit l'air de ses cris et des éclats discordants du *tam-tam,* afin de chasser le *mauvais génie qui ose se montrer.* Ici, nous avons affaire à des gens de bon sens, et surtout à des gens instruits, dont la première éducation astronomique, continuée par les Hollandais, remonte aux jésuites portugais.

Le mieux se soutient chez M. de Contades; il est

très-changé ; mais il est jeune et il sera vite rétabli.

Notre interprète travaille à force aux traductions des chapitres du Traité ; le Japonais *Mori-ama* en fait autant.

---

8 octobre.

Le temps m'a permis de sortir aujourd'hui, et j'ai pris, toujours contre l'avis de mes *Ya-kou-nynns*, une direction opposée à celle de mes promenades habituelles, ce qui m'a conduit, et comme observation je m'en applaudis, à un quartier voisin de la mer, que je ne crois pas avoir encore abordé, bien qu'il soit peu éloigné de notre habitation. Je finirais peut-être par me ranger à l'avis du commandant d'Osery, et à douter, malgré mon optimisme, de la bienveillance égale et générale du peuple japonais à l'endroit des étrangers, si je la jugeais sur l'échantillon de ce matin ; il est vrai que j'ai dû donner dans une populace de portefaix et de marins qui encombraient des maisons de thé ; mais, en fait, toute cette populace avait fort méchante mine, l'air très-provoquant, très-insolent, et, après l'avoir re-

gardée assez pour la peser ce qu'elle valait, je m'en
suis dégagé, avec assez de peine, protégé contre ses
insultes par les gens de police qui doublaient mes
espions ordinaires; voire même par ma canne,
la seule arme qu'au Japon j'aie jamais portée; car
je ne suis pas en Chine.

Après des pourparlers sans fin entre l'abbé Mermet et nos officiers de garde, j'ai pu obtenir des
échantillons des différentes monnaies d'or et d'argent du Japon ; elles sont belles de matière
et jolies de formes. La monnaie d'or, de forme
ovale allongée, se nomme *Ko-ban*, et vaut quatre
Itzi-bous; l'*Itzi-bou,* petite monnaie, carré long,
existe en or et en argent, et vaut à peu près le tiers
d'une piastre mexicaine, laquelle représente à peu
près elle-même la valeur de cinq francs de France :
c'est du moins à ce taux que les Japonais l'éva-
luent. La gravure de cette monnaie n'a pas grand
relief, mais elle est fine et d'un cachet tout artisti-
que. Les *Kobans,* dont le moindre comme valeur
représente le chiffre de 8o francs de notre monnaie, et il y en a qui valent jusqu'à 8oo francs,
n'entrent jamais dans la circulation commerciale;
la possession en est même défendue, sous les peines les plus graves, à toute autre classe qu'à celles
des nobles ou des fonctionnaires, et encore parmi
ces pièces d'or, les plus élevées de valeur ne sor-

tent jamais des mains des *Damios* qui les gardent
comme monnaies à thésauriser ou à échanger entre
pairs, dans des circonstances solennelles, telles que
des mariages, etc. Il y a aussi des pièces de cuivre
dont l'usage est limité à la basse classe : du monopole, encore et toujours du monopole !

---

9 octobre.

Toutes les traductions étant terminées cet après-
midi, le Traité a été signé entre les parties contractantes, sans nul apparat, dans la chambre du baron Gros : il s'appellera *Traité de Yeddo*.

Ce soir, l'Ambassadeur a réuni à dîner les deux
commandants et leurs états-majors. C'est, depuis
son entrée dans la carrière diplomatique, le huitième Traité qu'il signe. C'est une carrière bien
remplie.

Le *Taï-goun* a fait envoyer par les Commissaires
au Plénipotentiaire français, à titre de présents, des
rouleaux de damas brochés de fabrique indigène
de divers tons, assez brillants de couleur, mais
en somme inférieurs à nos tissus de Lyon. Tout
modeste que soit ce cadeau de la part du Japon,

ne vaut-il pas, de la part de la France, celui de *douze carabines Minié,* que le baron Gros a dû enlever à la salle d'armes du *Laplace,* afin de pouvoir répondre d'une façon quelconque à la gracieuseté impériale? Nous continuons, on le voit, à pâtir de ce que je ne crains pas d'appeler, dans ce cas-ci, un déplorable oubli des bureaux du ministère.

Les ordres sont donnés ; nous partons demain.

---

11 octobre.

A onze heures nous avons quitté la *Bonzerie ;* mais auparavant le baron Gros avait reçu de tous les employés japonais attachés à sa personne pendant son séjour à *Yeddo,* les prosternations d'usage. Notre drapeau, descendu du mât de pavillon où il n'avait cessé de flotter à la porte du palais depuis notre entrée dans la ville, a repris le chemin du *Laplace,* porté, comme à notre débarquement, par un matelot que flanquaient deux officiers japonais devant le baron Gros cette fois à pied, accompagné de tout son personnel.

Un flot de population nous suivait; mais les mesures avaient été prises par les autorités, et ce flot était plutôt un groupe nombreux nous escortant depuis notre résidence, qu'une foule grossissant sur notre route ; toutes les barrières des rues donnant sur celles que nous prenions avaient été fermées. Derrière ces barrières se pressait silencieuse la foule des différents quartiers que nous traversions ; pas le moindre cri, pas le moindre signe d'approbation ou de désapprobation ; une discipline de silence parfaite.

A une heure, nous avons repris possession de notre corvette, dont les hommes, rangés sur les vergues comme au départ de l'ambassadeur, l'ont également salué à son retour de cinq salves de *Vive l'Empereur!*

Aujourd'hui, le Traité de la France avec le Japon est conclu ; il a été négocié et signé dans *Yeddo;* il est calqué sur celui de l'Angleterre, partant, il obtient les mêmes avantages que cette puissance. Le baron Gros a donc complétement rempli les instructions qu'il avait reçues, et nous allons, avant de revoir les côtes de Chine, faire notre dernière étape japonaise à *Nagha-saki.*

12 octobre.

A six heures du matin nous avons levé l'ancre par un temps beau mais brumeux ; hier soir il pleuvait à verse, et nous courions grand risque de ne pouvoir partir ce matin. Au départ, nous avons marché doucement, car la sortie du golfe est étroite et encore trop peu connue pour qu'il ne soit pas besoin d'un temps clair afin de bien gouverner. — Encore deux hommes très-malades à bord, tous les deux du choléra; le docteur les regarde comme perdus : pauvres gens, ils ne reverront pas la France !

13 octobre.

Nous marchons bien; mais la mer devient très-forte; impossible d'écrire. L'un des malades est mort cette nuit. La brume nous a empêchés tout le jour de voir les côtes; ce soir nous serons en pleine mer.

Nous avons eu un triste réveil : un homme a été jeté à la mer par un coup de roulis ; on l'a entendu crier quand déjà il était à l'arrière du navire, qui filait dix nœuds, grande vitesse ; il était bien difficile de *stopper ;* nous marchions sous vapeur et sous voiles et la mer était des plus grosses ; encore un homme de perdu ! Il avait vingt et un ans et était l'un des meilleurs matelots du bord ; je venais de lui parler quelques moments avant sa chute, et il me causait gaiement Bretagne ; c'était un de *mes pays.* Cette mort si imprévue m'a fait du mal; en pareil cas, d'ordinaire, un matelot laisse peu de regrets sur son navire ; on parle un instant de sa mort comme d'une chose malheureuse, mais à prévoir ; sur le nôtre j'ai entendu appuyer surtout sur ce que *l'Amour,* c'était son nom, était un *très-bon ma- telot, et qu'à bord ils sont rares ;* ç'a été toute son oraison funèbre. Quelque durifiée que devienne à la longue ma sensibilité nerveuse devant certains faits, j'avoue que je ne saurai jamais me faire à de pareilles mœurs et à de pareilles façons de sentir; ce qui du reste double aussi à mes yeux les mérites et les sacrifices de la vie de mer.

15 octobre.

Le second des hommes si malades est mort; on l'a jeté à la mer: c'est le troisième depuis *Yeddo*. Cette nuit nous devons doubler le cap *Van-Diemen*, d'où nous ne serons plus qu'à soixante lieues de *Nagha-saki*. Je suis très-souffrant ce soir.

Nous avons franchi le détroit; le temps s'est refait beau, *by the head*, comme disent les Anglais; mais la mer se ressent encore du vent qui la secoue depuis quarante heures. — Demain matin nous devons être à *Nagha-saki*.

NAGHA-SAKI.

Nous avons mouillé ce matin, à six heures, dans le fond du golfe de *Nagha·saki*, à deux encablures du quai de *Désima*, la concession hollandaise.

Le baron Gros a reçu la visite presque immédiate du consul de la station navale des Paÿs-Bas, M. de Kattendycke, capitaine de frégate, momentanément attaché, pour les affaires politiques, à M. Duncker-Curtius, commissaire néerlandais à *Nagha-saki* près la factorerie hollandaise : titre nouveau accordé à ce dernier comme récompense des services qu'il a rendus depuis quelques années. En effet, c'est lui qui récemment a traité avec la cour de *Yeddo*, et lui a fait accepter dans son ancien Traité avec le Japon un article additionnel de premier intérêt pour la Hollande.

Peu d'instants après l'arrivée de M. de Kattendycke, M. Duncker-Curtius s'est présenté chez le baron Gros, venant lui offrir ses services et mettre à sa disposition son habitation de *Désima*, offre déclinée par l'Ambassadeur, que ses habitudes de travail rendent essentiellement sédentaire.

Je reviens sur notre entrée dans le goulet du golfe de *Nagha-saki*. Cette entrée avait été accompagnée d'une circonstance particulière assez curieuse. D'après l'ancienne coutume et les règlements du port de *Nagha-saki*, il était défendu à tout navire d'arrivage d'Europe d'entrer dans le canal conduisant à ce port sans en avoir obtenu la permission préalable écrite et revêtue du cachet des autorités de la ville ; les termes de cette défense sont aussi impératifs qu'inacceptables, aujourd'hui surtout que les traités ont ouvert des relations faciles avec le Japon. C'est l'avis de se conformer aux prescriptions anciennes, que, dès notre apparition dans le canal, un officier subalterne en canot a apporté, piqué au bout d'une lance, au commandant du *Laplace*, et sans autre explication il a regagné la terre : le baron Gros a naturellement donné l'ordre de ne répondre qu'en passant outre.

Ce canal de *Nagha-saki* a deux milles de profondeur ; il est abrité de tous côtés par de hautes montagnes qui lui donnent la forme d'un long entonnoir. Ces montagnes, couvertes de bois, de villages, de cultures, et séparées l'une de l'autre par des vallées qui descendent vers le canal, forment un des panoramas les plus magnifiques que l'on puisse voir : c'est *Simoda* plus grandiose.

A deux heures, j'ai accompagné l'Ambassadeur dans la visite qu'il a rendue à M. Duncker-Curtius, Hollandais de forme dans toute l'acception du mot; il est d'un abord obligeant, et parle assez facilement le français.

J'ai retrouvé chez lui M. de Kattendycke, et nous nous sommes mutuellement reconnus pour nous être déjà vus à Paris : c'est un homme du monde par excellence, fort instruit, fort aimable et, dit-on, très-capable dans son arme. Pour mon compte, au bout de quelques instants de commune causerie, je l'ai trouvé d'une cordialité qui m'a vite gagné ; aussi n'ai-je pas hésité à accepter de partager, pendant une partie de notre court séjour à *Nagha-saki*, sa petite maison, où, avec ses habitudes et ses idées d'Europe, il vit solitaire et, m'a-t-il dit, fort ennuyé de son exil au Japon. Je me suis rappelé l'avoir laissé, il y a six ans, à Paris, jeune et brun de cheveux, et, aujourd'hui, je le retrouve les cheveux presque complétement gris et suffisamment vieilli : c'est le sort, à ce qu'il paraît, réservé aux *déportés libres* soit en Chine, soit au Japon.

A côté de *Yeddo*, à en juger par ce que je puis en voir du pont du *Laplace*, *Nagha-saki* me fait l'effet d'un gros bourg en amphithéâtre sur le versant d'une montagne labourée de cultures de toutes sortes. Ce gros bourg a cependant, dit-on, *soixante mille habitants.*

Demain, je profiterai des offres de M. de Kattendycke; je descendrai à terre, avec l'espoir d'avoir ici mes mouvements libres de tout *Ya-kounynn.*

---

17 octobre.

Nous avons, mouillées à nos côtés, trois frégates, deux américaines et une russe; il ne manque qu'un navire anglais pour que les quatre grandes puissances du monde soient représentées dans la rade de *Nagha-saki.* La station hollandaise ne se compose que d'un brick; car je ne compte pas un second brick sorti des chantiers de la Hollande, offert par le roi Guillaume à l'empereur du Japon, et sur lequel M. de Kattendycke a établi une école de marine pour de jeunes Japonais. Il est très-content de ses élèves, dont l'aptitude pour les sciences exactes est, à ce qu'il paraît, surprenante.

M. Duncker-Curtius, comme, du reste, toute la colonie hollandaise de *Nagha-saki,* habite l'îlot de *Désima,* îlot en forme d'éventail, séparé de la terre ferme, c'est-à-dire de la ville, par un fossé maçonné de quelques mètres de largeur, sur lequel est jeté un pont unique pour communiquer avec la ville.

C'est sur cet îlot, qui, il y a quelques années encore, ne contenait qu'une vingtaine de maisons, et qui, aujourd'hui, en contient tout au plus le double, que, depuis 1616, depuis la dernière persécution et le massacre des chrétiens au Japon, la Hollande, représentée par un chef de factorerie et par quelques commis de Rotterdam ou de Dordrecht, s'est condamnée à rester on peut dire parquée sous des verrous qui, le soir et le matin, étaient rigoureusement tirés par les gouverneurs de *Nagha-saki*. Ce n'est que depuis trois ans que ces verrous se sont ouverts sous l'influence de traités nouveaux. Réduits à vivre ainsi séparés de leurs femmes et de leurs enfants, auxquels le gouvernement japonais interdisait l'entrée de l'empire, même à *Désima*, les Hollandais, colons patients, marchands habiles et tenaces, ont tout accepté par le passé, sacrifices moraux, sacrifices matériels, plutôt que d'abandonner un terrain qu'ils avaient semé et qui déjà leur avait donné de riches et abondantes récoltes.

Tout en servant leurs propres intérêts, et tout en enrichissant la mère-patrie, ils ont donc bien mérité de l'Occident, puisqu'en fait, par leur persistance autant que par la continuité de leurs bonnes relations avec le Japon, ils ont su lui en garder la clef. Aussi l'Amérique, malgré son initiative audacieuse et son esprit d'occupation ordinaires, serait, à mon avis, fort mal venue, comme elle en a la prétention, à réclamer moralement la première place dans les succès que l'Europe vient d'obtenir à *Yeddo ;* car c'est à la Hollande seule, je le répète, et je ne m'appuie que sur des faits, qu'appartient, selon moi, l'honneur des véritables éléments de ces mêmes succès.

Depuis ce matin je suis descendu à terre, chez M. de Kattendycke, afin de pouvoir, guidé par son obligeance, visiter la ville dans ses détails ; bien qu'après *Yeddo*, je compte sur très-peu de nouveau en fait de choses extérieures.

M. Duncker-Curtius, chez qui j'ai passé la soirée, et qui m'a présenté trois négociants hollandais habitant le Japon depuis plusieurs années, m'a déjà donné sur *Nagha-saki*, comme police, comme rapports avec les autorités et les habitants, des notions qui s'écartent peu de celles déjà recueillies à *Simoda* et à *Yeddo*. C'est, en effet, un pays trop généralement bien discipliné et réglementé pour qu'il en soit autrement.

D'après la conversation que j'ai eue hier chez le résident hollandais avec des hommes froids et sérieux qui connaissent tous les replis d'un terrain qu'ils pratiquent depuis des années, la prostitution au Japon a, sous certains rapports, un caractère essentiellement social : et si, d'une part, conséquence naturelle de la différence des religions, des mœurs et des institutions, ce caractère vient porter atteinte, au premier chef, aux principes élémentaires de notre code de morale civilisée, de l'autre il offre, avec les sociétés antiques, des points de rapprochement frappants : j'entre dans quelques détails.

Au Japon, par tout l'Empire, les prostituées forment une catégorie sociale, nombreuse, imposante et distincte, sur laquelle la société japonaise ne fait rien peser du mépris de nos sociétés européennes. Dès l'âge de six à huit ans, une fille est susceptible d'être vendue ou plutôt d'être louée, en vertu d'un contrat reconnu par la loi, à la condition, toutefois, que cette fille servira une rente à sa famille pendant la durée de l'engagement que cette

dernière a contracté pour elle, et qui, en se dissol-
vant de plein droit, à vingt-cinq ans, la fait, à cet
âge, redevenir maîtresse d'elle-même. Les prix de
cette singulière rente sont cotés et strictement ob-
servés de part et d'autre.

Une fois entrée dans la maison, dont, par contrat, elle devient pour ainsi dire la chose, *res pro-
pria*, et dès qu'elle dénote une certaine intelligence, cette fille y reçoit une éducation aussi soi-
gnée que celle que pourrait recevoir dans sa propre
famille la fille d'un riche particulier, et cette éducation ne s'étend pas seulement à l'histoire et à la
littérature du pays, mais elle va souvent jusqu'aux
sciences les plus abstraites, telles que les mathé-
matiques et même l'astronomie, qui, de tout temps,
a été fort prisée au Japon.

Depuis le marchand jusqu'au *Damio*, les Japonais fréquentent journellement les maisons de la
nature de celles que je viens de citer, où, nouveaux
Athéniens, ils se complaisent à causer de leurs affaires ou à disserter sur la politique et sur les lettres, pour lesquelles ils sont passionnés. Par la force
des choses, ils ont donc des contacts continuels
avec les femmes qu'ils y rencontrent, dont une des
attributions est de réciter des poésies ou de racon-
ter des légendes historiques, en s'accompagnant sur
des instruments de musique ; le mode ionien des

temps antiques. Ainsi viennent souvent à se révé-
ler chez certaines d'entre elles un charme ou des
qualités intellectuelles, qui font que, de maîtresses
qu'elles pouvaient être de leurs visiteurs de tous
les jours, elles en deviennent, à un moment donné,
les femmes légitimes ; fait qui aujourd'hui se re-
nouvelle fréquemment au Japon, surtout de la part
de la bourgeoisie ou des marchands, bien que, par
le passé, on ait vu même des *Damios* contracter de
pareils mariages.

Dès que leur union est légitimée par la loi et
qu'elles sont entrées dans leurs nouvelles familles,
ces femmes prennent dans la société, qui les reçoit
toujours et sans murmure, une position si nette et
si respectable, que jamais la pensée ne viendra à
qui que ce soit de leur faire le moindre reproche
de leur passé, d'y faire même la moindre allusion ;
en un mot, le mariage les purifie à tout jamais, et
l'on cite, en les nommant dans les récits populaires , nombre de ces femmes qui ont offert les
exemples d'une haute distinction d'esprit ou d'un
rare courage, et qui ont joué un rôle important,
non-seulement dans leurs familles, mais même dans
les destinées de leur pays.

Tous ces détails, je puis les garantir authenti-
ques, et j'en ajouterai un dernier, qui ne saurait

que les confirmer : celui-là est tout contemporain, et, à *Nagha-saki*, de notoriété publique.

De 1808 à 1810, c'est-à-dire à l'époque où les Pays-Bas étaient devenus, sous le roi Louis, une annexe de l'empire français, les colonies hollandaises, Java en première ligne, durent nécessairement suivre le sort politique de la métropole. Avis de reconnaître le nouvel ordre de choses fut envoyé de *Batavia* à *Désima* qui en relevait comme ressources aussi bien que comme administration; mais M. H. Doef, patriote ardent, le chef de ce comptoir, se refusa à cette reconnaissance pour lui et les quelques individus composant alors la colonie hollandaise au Japon ; et pendant toute la durée du régime français dans les Pays-Bas, cette résistance ne fléchit pas un seul instant, quoique le comptoir de *Désima* fût absolument privé de tous secours, soit en vivres, soit en argent.

C'est dans ces circonstances qu'une des maisons publiques de *Nagha-saki*, par sympathie pour ces voisins étrangers, si paisibles, si bonnes gens et si malheureux, prit la résolution de leur venir en aide ; et elle le fit assez largement pour que, pendant plusieurs mois, *Désima* lui dût en grande partie ses moyens de subsistance. Mais une fois le comptoir rendu à son ancienne aisance, grâce au port de Batavia redevenu lui-même port hollandais, l'em-

pereur du Japon, afin de reconnaître publiquement
les services que la maison de *Nagha-saki* avait
rendus à ses *vieux alliés*, lui concéda : d'abord le
titre d'*habitation noble*, c'est-à-dire le droit d'avoir
sur sa porte d'entrée des clous de bronze doré ;
de plus, il lui donna *en toute propriété et à per-
pétuité* le terrain sur lequel elle se trouvait bâtie
et qui, jusque-là, n'avait été qu'un terrain loué.
Cette maison existe encore et a conservé, sous ses
dehors nobiliaires, son application première.

Ne sont-ce pas des mœurs uniques et bien dignes
d'étude que celles d'un peuple qui, à côté de l'espionnage érigé dans toutes ses classes à l'état de
moyen politique et de devoir récompensé ; à côté
de la prostitution non-seulement tolérée, mais acceptée et utilisée au profit de la société et de la
famille, semble avoir, d'après ce que nous avons
pu en deviner, des institutions pleines de sagesse
et de moralité, ayant un caractère marqué d'assistance ou d'utilité publique ; telles que des maisons
d'asile pour les infirmes et pour les pauvres ; telles
que des monts-de-piété, détails principaux de l'édi-
lité japonaise ? Un avenir que je crois encore éloigné
pourra seul nous dévoiler, à côté de ses défauts,
les vraies qualités de cette société si étrange et encore si inexpliquée.

20 octobre.

Hier M. de Kattendycke a bien voulu me montrer la ville dans tous ses détails. C'est la même
ordonnance qu'à *Yeddo*, comme rues, comme hy-
giène publique, comme police municipale, avec
cette différence toutefois qu'ici le *Ya-kou-nynn ap-
parent* est supprimé et que l'étranger, serait-il,
comme je fais l'honneur au gouvernement japonais
de le supposer, toujours surveillé par l'autorité, il
l'est d'une façon occulte, d'une façon décente;
qu'ici du moins il a la satisfaction de se croire
entièrement libre de ses mouvements, et qu'il peut
circuler partout sans entraves.

Comme je l'ai déjà noté, *Nagha-saki* est bâtie au
pied de deux montagnes juxtaposées, couvertes
non-seulement de jardins et de cultures, mais aussi
de vastes cimetières dont les tombes, symétri-
quement alignées comme les rizières qui les avoi-
sinent, représentent une longue suite de généra-
tions éteintes; c'est une nécropole immense domi-
nant la cité des vivants et l'enveloppant tout entière,
comme pour lui rappeler qu'elle ne saurait lui
échapper. On dit l'intérieur du pays aussi boisé et
aussi riche qu'à *Simoda*.

J'ai accompagné le baron Gros dans la visite
qu'il a faite au *Bougno* gouverneur de la ville.
L'accueil a été des plus gracieux : on voit bien que
nous quittons le Japon. Le *Bougno* nous a offert
un goûter très-élégant, tout parfumé de fleurs,
tout sucré des gâteaux les plus variés. Le palais où
nous avons été reçus n'a rien de remarquable : en
bois toujours, et sans nulle ornementation extérieure ; seulement, ici, un corps de garde d'une
vingtaine d'hommes en défend l'entrée principale,
et tous les hommes sont armés de carabines rayées,
des mieux entretenues ; sans doute un échantillon
déjà arrivé des *dix mille fusils* que le gouvernement hollandais s'est chargé de commander en
Europe pour son allié d'outre-mer.

Dans l'intérieur de la ville, je suis entré dans
plusieurs temples boudhiques ; dans un, entre autres, très-vénéré, le plus curieux et le plus pom-
peusement construit que j'aie encore vu, même à
Yeddo.

A propos d'édifices religieux, et à l'appui, du
reste, de tout ce qui déjà a été écrit par les auteurs
hollandais, la meilleure des autorités pour moi,
j'ai trouvé sur les lieux la confirmation de ce que
j'avais déjà lu chez ces mêmes auteurs, c'est que le
Sintoïsme et le *Boudhisme* sont les deux cultes do-
minants au Japon. La dénomination du premier

vient du mot japonais *Sin* qui signifie *héros*. C'est
la religion de l'État; elle reconnaît un être suprême et une foule de génies qui dirigent les choses et les astres. Comme en Chine, il n'existe ici
aucune ferveur religieuse chez la population en
général, population essentiellement positive, ou politique, ou industrielle, et se préoccupant beaucoup
plus d'intérêts matériels que d'intérêts religieux.
Quant aux prêtres, aux *Bonzes,* plus qu'en Chine
encore peut-être, ils forment, dans la société japonaise, une catégorie qui, d'une part, étant complétement écartée des affaires publiques, et, de l'autre, ne trouvant aucun point d'appui sur l'esprit
des masses, n'inspire que peu de vénération et n'a en
mains aucune autorité : aussi se réfugient-ils, les
uns, dit-on, dans l'étude et la science; les autres,
et c'est la grande généralité, dans des habitudes de
paresse et d'incurie morale qui en font des personnalités peu respectables.

Autrement dit, au Japon, dans les conditions
actuelles de son tempérament social, les idées religieuses, depuis l'expulsion des jésuites, sont-elles
étouffées complétement, ou ne font-elles que som-
meiller sous le poids de la politique du gouvernement et des instincts positifs et satisfaits de la population? c'est là une question à laquelle, quant à
présent, nul ne serait en mesure de répondre d'une

façon certaine ; mais mon opinion personnelle est que, gouverné, conseillé et réglementé comme il l'est, à la complète satisfaction de tous ses besoins matériels ; n'ayant d'ailleurs encore ressenti aucun des appétits nouveaux que vont nécessairement éveiller chez lui ses futurs contacts avec des civilisations plus avancées que la sienne, et, peut-être, à ce titre, pour lui, plus dangereuses, le peuple japonais n'éprouve, dans le présent, aucune tendance aux nouveautés, qu'elles s'appellent politique ou qu'elles s'appellent religion. Sous ce dernier rapport principalement, il resterait certainement froid aujourd'hui, si même, soldat discipliné de ses gouvernants, il ne devenait pas, à un moment donné, en face des innovations, agressif et militant.

Le temps n'est donc pas encore venu, dans l'intérêt du Christianisme, de tenter de réveiller un ordre d'idées que près de deux siècles d'isolement et d'indifférence semblent avoir sinon compromis à tout jamais, du moins temporairement effacé ; et il est sage à nos derniers Traités de l'avoir compris.

21 octobre.

J'ai fait aujourd'hui mes adieux à la colonie de *Désima :* jamais je n'oublierai le cordial accueil que j'y ai reçu ; ces adieux, je les fais aussi au Japon, et demain, à huit heures, nous reprenons la route de la Chine ; je voudrais déjà pouvoir dire, de la France.

Je n'ai pas voulu consigner dans ce journal les quelques notions que, pendant mon séjour à *Yeddo* et à *Nagha-saki*, j'ai pu recueillir aussi bien sur l'autorité souveraine, envisagée dans ses attributions et dans son exercice, que sur les rouages du mécanisme politique et administratif du Japon ; car ces notions sont ou si volontairement confuses, ou si entièrement conformes à celles des auteurs hollandais anciens et modernes, que, si j'avais pris un autre parti, il aurait fallu me jeter dans l'hypothèse, ou me borner au rôle de simple compilateur.

10

En effet, la politique du Japon nous a fait et tâchera de nous faire encore, aussi longtemps que cela sera en son pouvoir, un secret de ses ressorts, de ses moyens et de ses ressources véritables : aussi, pour ma part, je suis convaincu que, jusqu'à présent, nous n'avons pu en saisir que quelques rares formules, quelques rares applications extérieures ; et que ce n'est que par des inductions, fondées autant sur les révélations d'un passé moins fermé que le présent, que sur le caractère d'immobilité inhérent aux sociétés orientales, qu'il nous est permis de supposer, mais non d'affirmer, que le Japon est aujourd'hui ce qu'il était il y a un siècle, sous le rapport de ses institutions comme sous celui de ses mœurs politiques.

FIN.

DOCUMENTS OFFICIELS.

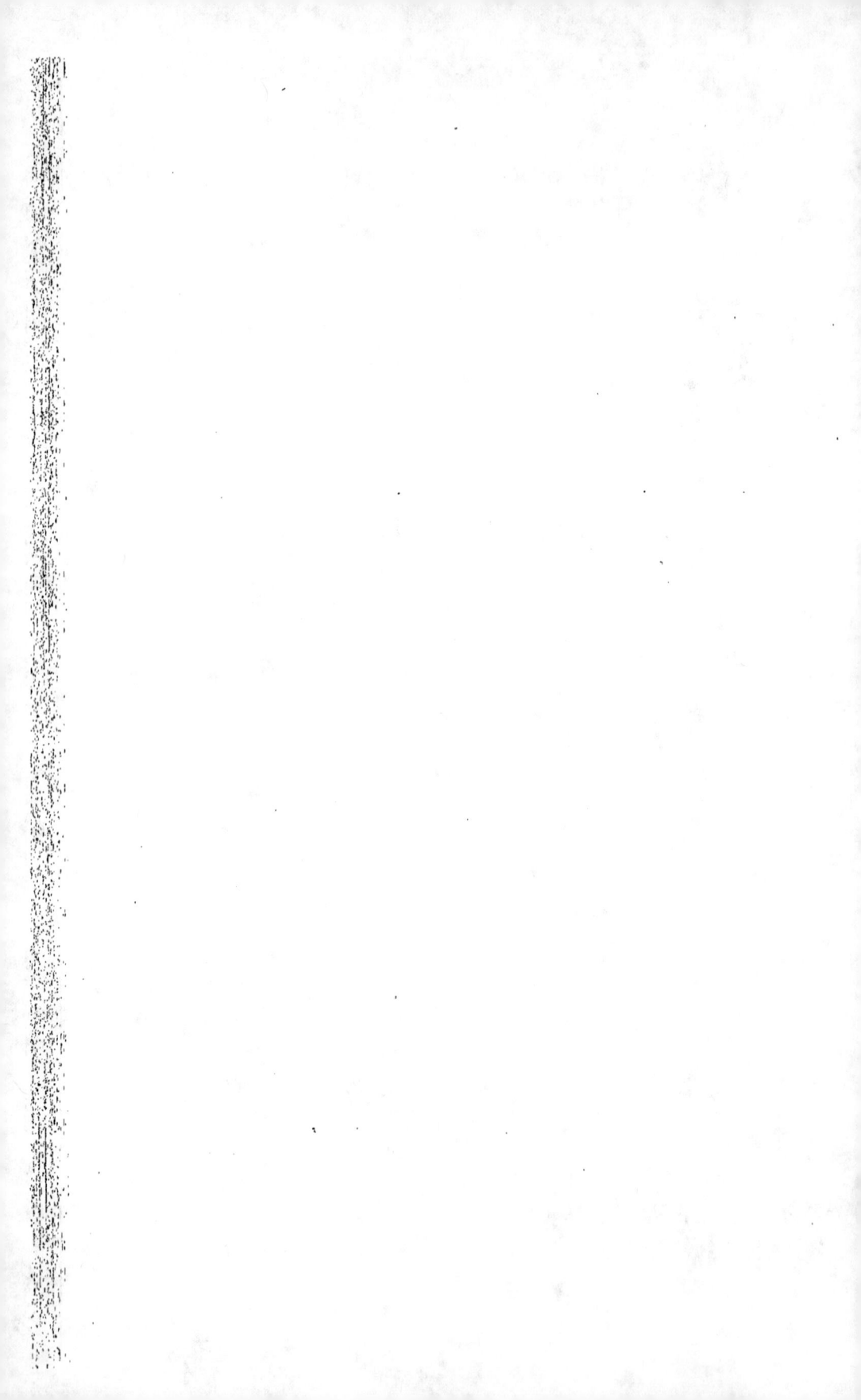

CONFÉRENCES DE YEDDO.

PREMIÈRE SÉANCE.

27 septembre.

A deux heures, ouverture de la première séance dans la *Bonzerie* occupée par la Mission française.

Dans la salle sont présents :

Le baron *Gros,* etc., etc.

Le marquis *de Moges,* faisant fonctions de secrétaire

M. Eugène *Mermet,* interprète.

COMMISSAIRES JAPONAIS.

Midzouno-Ikigouno-Kami.
Nagaï-Hguembano-Kami.
Ynouïé-Schinanono-Kami.
Hori-Oribeno-Kami.
Iouaché-Fingouno-Kami.
Kamaï-Sakio-Kami.

Ce dernier n'est arrivé qu'à deux heures et demie. Plusieurs secrétaires japonais, parmi lesquels :

Mori-Ama Ya-Noski, interprète.

Le premier commissaire revient sur la question du droit de sortie, contesté au personnel de la Mission avant la conclusion du Traité.

Mêmes arguments que la veille pendant la première visite des commissaires.

Prétentions ridicules.

Le baron Gros répond vivement qu'il n'entend pas être plus prisonnier que son personnel, qu'il préférerait mille fois quitter *Yeddo* et rendre compte à son Gouvernement de ce qui se serait passé, que de subir de pareilles exigences : Si les Japonais ne veulent pas d'un traité avec la France, qu'ils le disent; mais qu'ils n'opposent pas des procédés désagréables et ayant la prétention d'être humiliants à la bienveillance du Représentant de la France! Qu'il a cédé déjà à plusieurs de leurs demandes. Pourquoi cette différence d'accueil avec celui fait à lord Elgin, au comte Poutiatine et à M. Harris qui, dès le premier jour de leur débarquement, sont sortis, sans obstacles, dans la ville? — Le deuil du *Taïgoun* est l'unique cause de la petite difficulté. — Mais ce deuil doit durer trente-six jours, dit le baron Gros, vous nous opposerez donc les mêmes arguments après la signature du Traité? — Le deuil subsistera aussi, il est vrai, mais son terme sera plus rapproché.

Hier, quand nous avons touché le même point et demandé que l'on ne sortît pas dans la ville avant la signature du Traité, le baron Gros nous a répondu que cette demande lui était pénible; mais nous avons compris qu'il y accédait, et nous en avons fait part au Gouvernement.

Cependant, aussitôt après notre visite, les secrétaires et officiers se sont promenés en grand nombre dans la ville sans en prévenir l'autorité. — Le baron Gros proteste contre une pareille insinuation : il n'a jamais pu lui venir dans l'esprit qu'il serait défendu à des étrangers, venant avec confiance chez un peuple ami pour y établir les relations les plus amicales, de sortir de chez eux, et qu'ils seraient condamnés à rester enfermés dans leur habitation, comme des gens d'un contact à redouter. Une pareille pensée eût été injurieuse pour le caractère japonais, et il l'eût repoussée comme telle si on avait pu la lui suggérer. — Telle n'a jamais été notre intention; mais la mort de l'Empereur fait à l'Ambassade française à *Yeddo* une position exceptionnelle. — Le baron Gros répond, à son tour, qu'il n'est pas moins extraordinaire ni moins exceptionnel de voir le Représentant de la France arriver amicalement à *Yeddo* pour y négocier un traité de paix et de commerce, et que l'on devrait y avoir égard; d'ailleurs, les Japonais ne sortent-ils pas pendant le deuil? — Il est vrai qu'ils sortent, mais ce sont des *Japonais*, non *des étrangers*. — Eh bien, ajoute le baron Gros, pourquoi nous opposer avec tant d'insistance une objection sans fondement? Si le Gouvernement japonais ne veut pas traiter avec nous, il en a le droit; mais qu'il se prononce franchement, et *je me rembarquerai immédiatement*. La situation de la France vis-à-vis du Japon est toute pacifique; je ne viens pas ici comme en Chine, par nécessité, pour punir une insulte et imposer un traité à coups de canons; ici, je viens en ami faire un traité de paix et de commerce au nom de l'Empereur des Français; si le Gouvernement japonais ne comprend pas cette différence, comme la loyauté des intentions de la France, je quitterai aussitôt le pays, me réservant de rendre compte à ma Cour de l'accueil que j'y ai reçu. — Le premier commissaire se récrie contre cette pensée et cette intention du baron, mais le deuxième commissaire lui passe une note qu'il venait de rédiger au crayon, qui résume la politique du Gouvernement japonais à l'égard de la Mission de France et de l'étendue des concessions qu'il veut lui faire. Elle est ainsi conçue : L'Am-

bassadeur aura toujours le droit de libre circulation dans
la ville, mais il devra prévenir les autorités dès la veille.
Quant aux secrétaires et aux officiers, ils ne peuvent sortir
de la *Bonzerie* qu'après la signature du traité. Le deuil
est encore une question d'étiquette et de cérémonie.
Cependant, par condescendance pour les personnes de
la Mission, on leur permettra de sortir *pour affaires,
mais en aucun cas par pure curiosité.* — Le baron Gros
demande à garder cette note qui formule des prétentions
si étranges ; il déclare vouloir la faire parvenir au
premier Ministre, avec une dépêche renfermant ses
observations sur son contenu, afin qu'elles soient mises
immédiatement sous les yeux du *Taï-goun*. — Cette intention du baron Gros émeut vivement les commissaires ;
une conversation animée s'engage entre eux : les uns
sont pour le droit de sortie, les autres insistent pour
maintenir l'avis donné la veille aux autorités. — Le baron
Gros revient sur l'étrangeté et l'inconvenance de tels procédés, et il répète qu'il partira plutôt que de se soumettre aux humiliations que, sans en comprendre probablement la portée, on semblerait vouloir lui faire subir.

La France considère le Japon comme la nation la plus
civilisée de l'extrême Orient ; les Français ont beaucoup
d'estime et de sympathie pour les Japonais. C'est en raison
de ce sentiment, plus que par tout autre mobile, que, lui,
le baron Gros a été envoyé à *Yeddo* par l'empereur Napoléon pour traiter avec le Japon. Mais ce dernier ne peut
se dissimuler que de mauvais procédés altéreraient sensiblement cette sympathie, et tendraient à effacer les sentiments bienveillants de la France, s'ils devaient se conti-
nuer. — A bout d'arguments, les commissaires déclarent
tout accorder, se bornant à quelques difficultés de détails

sans valeur : ne pas sortir en trop grand nombre, ne pas se séparer dans la ville, ne pas envoyer au dehors les domestiques ; on leur fait ces concessions, qu'ils reçoivent avec une satisfaction marquée.

Alors le baron Gros promet de ne point entretenir son Gouvernement de ce *pénible* et long incident, et consent à rendre la note au crayon qui avait été remise pour le premier Ministre. — Le sixième commissaire une fois rassuré, le point essentiel est enfin posé. Auparavant, le deuxième commissaire demande à présenter encore une observation, et se plaint d'avoir été réprimandé, lui et ses collègues, au sujet de la livrée des porteurs de la chaise du baron Gros le jour du débarquement, aussi bien que de l'usage de cette chaise, contraire aux coutumes japonaises. — Le baron Gros répond qu'il n'y tient nullement ; que s'il a agi ainsi, ç'a été pour donner au Gouvernement japonais une marque de déférence en arrivant le plus dignement possible ; il s'engage à ne plus en faire usage.

On procède ensuite à l'échange des pleins pouvoirs. Le baron Gros, ayant déjà envoyé au premier Ministre une copie des siens, n'a rien à produire. Les six commissaires présentent une copie des leurs. Le baron Gros leur montre l'original des siens et la signature même de l'empereur Napoléon. Les commissaires déroulent leurs documents et font remarquer le cachet rouge du nouveau *Taï-goun,* il a la forme carrée et est couvert de caractères. Le baron Gros fait remettre son projet de traité traduit en japonais, afin de faciliter les négociations. Les commissaires devront l'examiner et présenter leurs objections, peu importantes sans doute, presque toutes les stipulations comprises dans ce Traité existant dans les deux Traités anglais et américain, à de légères différences près.

La clause concernant l'opium est passée sous silence dans le Traité français, ce commerce étant complétement étranger à la France. Cependant, si les Japonais le désirent, l'Ambassadeur leur assure qu'il n'a aucune difficulté à l'insérer également dans le Traité français. Les plénipotentiaires déclarent y tenir : le point est accordé.

Le baron Gros avait d'abord annoncé trois traductions, française, japonaise et hollandaise pour le Traité français ; il déclare avoir changé d'avis, vu l'absence d'un interprète hollandais qu'il pensait trouver à *Yeddo*. Il serait long d'envoyer à *Simoda* chercher l'interprète hollandais du consulat général des États-Unis (M. Hewskin). Il est plus simple que le Traité soit en français et en japonais ; il en résultera sans doute que, pour les Japonais, le texte japonais sera l'original, comme pour nous le texte français, et que, dans ce texte, l'empereur Napoléon III et son ambassadeur seront nommés les premiers, comme le *Taï-goun* et les commissaires dans le texte japonais. Il y aura deux exemplaires pour chaque Gouvernement.

On est d'accord.

La conférence est fixée au lendemain.

La séance est levée à trois heures et demie. Les plénipotentiaires respectifs se sont séparés en se donnant réciproquement des marques de cordialité et en se félicitant de l'heureux résultat de cette première conférence.

Le fait est que l'ensemble des rapports a été froid et peu facile du côté des Japonais. Le baron Gros a dû user de réciprocité.

Tous les membres qui composent la conférence sont
réunis :

A deux heures et demie, ouverture de la séance. Les
commissaires japonais s'excusent de ne pas être arrivés
à l'heure convenue. Le temps , et l'étude attentive du
projet de traité, sont les seuls motifs de leur retard. Ils
assurent avoir tout examiné, tout compris ; ils demandent à présenter leurs observations pendant la conférence. Le préambule et les trois premiers articles sont
acceptés, comme dans les Traités anglais et américain.
Mais à propos de l'art. 3, les plénipotentiaires japonais
font remarquer que l'ouverture des ports et villes de
Yeddo et d'*O-saka*, ne doit pas être considérée comme aussi
entière et aussi absolue que celle des autres villes et
ports nommés dans le Traité ; sans aucun doute , les
étrangers pourront résider dans ces deux villes , mais
seulement pour y faire le commerce ; laissant ainsi à
entendre que, lorsqu'ils auront cessé leur négoce, ils devront quitter ces villes sans pouvoir s'y établir. Ils in-
voquent les deux textes des Traités anglais et américain,
traduits en hollandais, où le caractère dont on s'est servi
en japonais pour désigner la résidence des étrangers à
Yeddo et à *O-saka*, n'est pas le même que celui qui a été
employé pour *Nagha-saki*, *Hako-dadi* et les autres villes
nommées dans le Traité. Les textes consultés ayant con-
firmé l'assertion des plénipotentiaires, et cette question,
purement théorique, ne devant pas trouver place dans
l'application, puisque l'étranger sera toujours libre de
faire le commerce, et par conséquent de rester dans le

pays, le baron Gros a consenti à laisser insérer le caractère, *résidence*, au lieu du caractère, *résidence fixe,* ainsi qu'il se trouve dans les deux Traités anglais et américain.

La discussion roule ensuite uniquement sur des questions de forme et de style. Les plénipotentiaires ont trouvé tel caractère trop énergique, tel autre trop faible. Ils ont cherché surtout la clarté jusqu'à l'exagération, et ils n'ont pas craint de reproduire inutilement la même idée sous plusieurs formes différentes; d'autres fois ils se sont attachés à des délicatesses de langage, dont la portée a échappé au plénipotentiaire français : ainsi, ils demandent que le commerce général avec le Japon soit désigné par une expression particulière; celui de telle ou telle ville aussi par une autre *moins noble.* Le plénipotentiaire français s'est rendu à ces observations si fortement empreintes du caractère japonais, et sans importance réelle pour le fond même du Traité ; elles étaient d'ailleurs conformes au texte japonais du Traité avec l'Angleterre, qui était sur la table des conférences et que l'on a souvent consulté.

Les commissaires japonais demandent si, le Traité une fois conclu, leur Gouvernement sera obligé d'envoyer des agents diplomatiques à Paris.

Le baron Gros a répondu que le Japon aurait la faculté de le faire, ce qui, nécessairement, serait très-agréable au Gouvernement français, mais que l'Empereur du Japon demeurerait parfaitement libre de ne pas user de son droit.

Les commissaires se sont informés alors du motif qui avait fait choisir la date du 15 août, pour le jour de la mise à exécution du Traité français, tandis que le Traité anglais devait être en vigueur à partir du 1er juillet 1859.

et le Traité américain à partir du 4 du même mois de la même année.

Le plénipotentiaire français a répondu que la date fixée par lord Elgin était sans importance, et n'avait été choisie que pour ne pas mentionner une date qui pourrait rappeler une époque pénible pour l'Angleterre, mais que le 4 juillet est, dans l'histoire des Américains, l'anniversaire du jour où ils se sont affranchis de la domination anglaise dont ils étaient autrefois une des colonies. Le baron Gros ajoute qu'il a demandé de reculer de quelques jours la date de la mise à exécution du Traité conclu avec la France, afin de la faire coïncider avec la fête de S. M. l'Empereur Napoléon III.

Les plénipotentiaires japonais déclarent comprendre fort bien ce motif et n'avoir aucune objection à y faire.

Après quelques nouvelles difficultés de détail et l'heure avancée ne permettant pas d'aborder l'art. 4 dont l'examen a été remis à la séance suivante, on est convenu de se réunir, demain 29, pour poursuivre de concert l'examen des articles qui n'ont pas encore été adoptés.

TROISIÈME SÉANCE.

29 septembre.

La séance commence à deux heures, tous les commissaires réunis. On examine successivement tous les articles du projet de traité, depuis le quatrième jusqu'à l'article 20 inclusivement. Les plénipotentiaires japonais ont fait porter exclusivement la discussion sur la partie purement matérielle du Traité, cherchant à tout bien préciser, à pousser la clarté jusqu'à l'évidence, et, pour arriver à ce résultat, ils n'ont pas craint de tomber dans des pléonasmes continuels ; il semblait qu'une secrète pensée les agitait, et derrière chaque expression, dans chaque terme, ils paraissaient chercher si une embûche ou un piége ne leur était pas tendu par les puissances européennes, piéges dont ils s'efforçaient de conjurer le péril.

Les plénipotentiaires du *Taï-goun* ont paru encore troublés par une autre préoccupation, celle de voir les Japonais, à la faveur du Traité, sortir de leur pays et visiter les royaumes étrangers. Ainsi dans l'article 8, où il est dit que les Français résidant au Japon pourront prendre à leur service des sujets japonais, ils ont demandé qu'à la place de l'expression *prendre à leur service* qu'ils trouvaient trop vague, on mît le terme *louer*, qui pour eux n'impliquerait pas la faculté donnée aux Français quittant le pays, d'emmener avec eux leurs serviteurs japonais. Quant aux pilotes, ils ont reconnu parfaitement aux navires étrangers le droit d'en prendre un pour guider en dehors du port ; mais ils ont demandé qu'il n'allât pas *trop loin* et qu'il s'arrêtât à la sortie des passes, dans la crainte que tel individu, se trouvant en dehors de l'action de la police japonaise, n'en profitât pour se soustraire à l'action directe du gouvernement de l'Empereur.

La clause concernant l'abolition, par le Gouvernement japonais, de l'odieuse coutume qui consistait à fouler aux pieds l'emblème du christianisme a été également pour eux le sujet de quelques observations. Ils ont déclaré que cette pratique ayant cessé d'exister au Japon, il était parfaitement inutile d'en demander l'abolition ; mais ils ne se sont pas opposés à le constater dans le Traité et à y insérer le paragraphe suivant à la fin de l'article 4 : « Le Gouvernement japonais a déjà aboli dans l'empire

« l'usage des pratiques injurieuses au christianisme. »
Cette clause, omise dans le Traité anglais, se trouvait
déjà dans le Traité américain.

Les commissaires japonais, dans la discussion de ce
même article 4, ont demandé que le cimetière des Français fût établi dans l'enceinte du cimetière japonais.
Aucune décision n'a été prise à ce sujet. Quant aux
églises et autres édifices du culte, ils n'ont point élevé
de difficulté ; mais ils ont demandé qu'il fût bien spécifié
que ce serait seulement dans l'emplacement fixé pour la
résidence des étrangers que les édifices seraient construits.

A cinq heures la séance est levée : il est d'abord convenu que l'on se réunira le lendemain 30 septembre, à
deux heures ; mais, au moment de quitter la séance, les
commissaires japonais font demander au baron Gros,
sans lui en faire connaître le motif, de vouloir bien remettre la séance au surlendemain, 1er octobre. On a su
dans la soirée du 30 que le nouveau *Taï-goun* sortirait
demain pour la première fois depuis la mort de son père
et irait, accompagné de tous les dignitaires de *Yeddo*,
offrir des sacrifices dans un temple situé à quelque distance de la ville (deux milles, dit-on).

QUATRIÈME SÉANCE.

1er octobre.

Les commissaires sont tous réunis : la séance est ouverte à une heure ; les Japonais adoptent sans difficulté
l'article 21 du projet de traité ; mais sur l'article 22 une
longue discussion s'engage. Ils ont apporté à la conférence une rédaction de cet article modifié par eux, dans

lequel ils ne s'écartent point du projet français, quant à la signature du Traité et à l'échange des ratifications, mais où ils posent nettement en principe qu'en cas de dissidence le texte japonais fera foi pour les deux parties.

Le baron Gros déclare cette condition *inacceptable;* il ajoute qu'il a l'ordre formel de son Gouvernement de demander au contraire que ce soit le texte français qui soit l'original; il a même fait adopter cette clause dans son traité avec la Chine; mais, en vertu de ses pouvoirs discrétionnaires, il croit devoir prendre sur lui de ne pas exiger la même chose du Japon, à la condition toutefois que cette clause sera passée sous silence. Alors, par le seul fait des choses, ce serait le texte français qui ferait foi pour les Français, et le texte japonais pour les Japo‑nais, et en cas de contestation l'agent diplomatique français et le Gouvernement japonais résoudraient à l'amiable la difficulté en prenant pour arbitres à ce sujet les textes hollandais, qui ont été reconnus par l'Angleterre et les États-Unis d'Amérique comme les textes originaux des Traités anglais et américain. Les commissaires japonais ont répondu que la partie n'était pas égale entre eux et le plénipotentiaire français, puisque ce dernier avait un interprète très-habile, et qu'il pouvait en conséquence contrôler le texte japonais, tandis qu'ils n'avaient aucun moyen de contrôler le texte français. Ils ont proposé de faire traduire le plus exactement possible et à mot, par leur secrétaire Mori-Ama Ya-noski, le texte japonais du traité en hollandais; cette version hollandaise ferait foi en cas de dissidence. A son tour le baron Gros a fait remarquer que lui non plus n'avait aucun moyen de contrôle et se trouverait ainsi entièrement à leur discrétion, puisqu'il n'avait personne auprès de lui qui sût le hollandais; il a proposé une autre solution : le Traité français étant presque identique au Traité anglais, on s'en référera, en cas de discussion, d'une manière pleine et entière, à la version hollandaise du Traité anglais.

Cette proposition n'a pas été agréée par les plénipotentiaires du *Taï-goun*. Cette version hollandaise, ont-ils dit, n'a pas été faite pour la France ; elle se rapporte à un Traité qui n'est pas celui de cette puissance ; d'ailleurs, s'il n'y a point de différences essentielles, il y en a dans l'ordre des articles, et ils ont repoussé cette proposition du commissaire français.

Le baron Gros a demandé alors de nouveau d'éluder la difficulté en passant cette clause sous silence.

Les commissaires japonais ont insisté et ont déclaré que le Traité, sans une clause spéciale à ce sujet, ne serait pas complet pour eux.

Le plénipotentiaire a dit alors qu'il ne voyait pas d'autre manière de sortir de cette difficulté que d'envoyer l'un de ses bâtiments à *Simoda* pour chercher l'interprète hollandais du consul américain dont on lui avait offert les services, mais que cela occasionnerait évidemment un assez long retard dans la négociation.

Les commissaires japonais et le plénipotentiaire français ne pouvant pas s'entendre à ce sujet, il a été convenu que l'on remettrait la discussion définitive de cet article au lendemain, et l'on a procédé à l'examen des règlements commerciaux qui doivent être annexés au Traité.

Les plénipotentiaires japonais ayant commencé à appliquer à cette partie purement technique du Traité leur esprit de défiance et de ponctualité minutieuse, le baron Gros leur a déclaré que, pour activer les négociations, il consentait à adopter entièrement le texte japonais du Traité anglais : tous les règlements de douane, d'entrée

11

et de sortie des bâtiments, de saisie et de confiscation, a-t-il dit, ont déjà été acceptés par le Japon dans les deux Traités qu'il a signés avec l'Angleterre et l'Amérique. Il demande identiquement la même chose ; dès lors à quoi bon une discussion nouvelle et inutile ?

Après quelques moments d'hésitation, les commissaires japonais ont déclaré condescendre aux désirs de l'Ambassadeur français.

Le baron Gros leur a fait alors connaître qu'il acceptait également le tarif adopté par M. Harris et par lord Elgin ; il demandait seulement que les vins de France ne fussent pas compris dans les liqueurs enivrantes soumises au droit prohibitif de 35 pour 100. Il leur a fait observer que les Anglais, les Américains et les Russes n'avaient pas fait mention des vins dans leur Traité, parce que leurs contrées n'en produisaient pas ; tandis que la France était le pays producteur de vin par excellence et en fournissait à toutes les autres nations ; que d'ailleurs il était évident que par « liqueurs enivrantes » on avait voulu seulement parler des alcools et autres produits analogues, dangereux pour la santé, et nullement des vins, qui ne peuvent être nuisibles que pris en trop grande quantité.

Le baron Gros a demandé aux plénipotentiaires de combler cette lacune, en insérant une clause qui placerait les vins de France dans la quatrième classe des marchandises qui payent un droit de 20/100.

Les plénipotentiaires japonais ont fait observer que c'était la première fois qu'ils entendaient dire que l'Angleterre, l'Amérique et la Russie ne produisaient pas de vins, et que, quoique ne doutant pas de la parfaite exactitude du fait, ils désireraient en avoir la confirmation de la bouche même d'une personne appartenant à l'un de ces États.

Le baron Gros a demandé alors de quelle source provenait cette clause, et si c'était à la demande de M. Harris, membre probablement de quelque société de tempérance, ou à celle du Gouvernement japonais, que ce droit prohibitif de 35/100 avait été imposé sur les liqueurs enivrantes.

Les commissaires ont répondu que c'était, en effet, sur l'initiative du plénipotentiaire américain que cette clause avait été insérée : « Eh bien! a répondu le baron « Gros, c'est là la meilleure preuve que l'Amérique ne « produit pas de vins, tout autre témoignage est inutile. » Le baron Gros a ajouté que le droit de 35/100 étant complétement prohibitif, les Japonais boiraient probablement plus de vin de Champagne que de vin de Bordeaux, lorsqu'ils recevraient la visite des bâtiments de guerre européens.

Cette observation a un instant donné lieu à réfléchir aux plénipotentiaires japonais, et immédiatement ils ont sacrifié le vin de Bordeaux; mais à propos du vin de Champagne, une conversation amicale a eu lieu entre eux, en souvenir sans doute de la récente hospitalité du *Laplace*. Puis, le premier commissaire, prenant la parole au nom de ses collègues, a déclaré nettement et d'une manière assez sèche qu'il ne voyait aucun motif pour rien changer au tarif déjà adopté par l'Amérique, l'Angleterre et la Russie; qu'il n'était pas suffisamment édifié sur la question, et que si le besoin des vins français se faisait sentir au Japon, il serait temps de changer le tarif au bout de cinq ans, quand viendrait le moment où le Gouvernement japonais aurait le droit d'apporter à ce même tarif projeté telles modifications que l'expérience lui aurait fait juger nécessaires; il a ajouté que le Japon se suffisait parfaitement à lui-même, qu'il avait ses vins, et que, quand bien même il ne lui viendrait pas de vins étrangers, il ne s'en trouverait pas plus mal.

Le baron Gros a rappelé alors que l'on avait accordé à lord Elgin une faveur toute spéciale, en ne faisant porter qu'un droit de 5/100 sur les produits anglais manufacturés de laine et de coton, clause qui pourrait être fort nuisible à l'industrie japonaise, tandis qu'on lui refusait un abaissement de droits peu considérable sur les vins de France qui ne seraient jamais qu'un objet de luxe, accessible seulement à l'aristocratie japonaise et incapable de porter préjudice à la production nationale; il a ajouté qu'un droit de 20/100 était un droit presque prohibitif, et que cependant il s'en déclarerait satisfait. Tous les arguments sont venus se heurter contre l'aveugle opiniâtreté des commissaires japonais, décidés à ne plus faire la moindre concession aux puissances européennes, en dehors des points déjà accordés.

Le plénipotentiaire français a alors levé la séance à cinq heures du soir; l'on est convenu de se réunir le lendemain, 2 octobre, dans l'après-midi, pour se concerter sur la nouvelle rédaction à donner à l'art. 22. Ce sera probablement la dernière séance.

CINQUIÈME SÉANCE.

2 octobre.

Tous les commissaires sont présents; on est revenu sur la discussion de l'art. 22, il a été maintenu conforme à la première rédaction; il a été décidé que le Traité serait signé le 9, limite de temps indispensable pour faire les traductions.

TRAITÉ DE YEDO.

(Copie officielle.)

Sa Majesté l'Empereur des Français et S. M. l'Empereur du Japon, voulant établir entre les deux empires les rapports les plus intimes et les plus bienveillants, et faciliter les relations commerciales entre les deux sujets respectifs, ont résolu, pour régulariser l'existence de ces relations, pour en favoriser le développement et en perpétuer la durée, de conclure un Traité de paix, d'amitié et de commerce, basé sur l'intérêt réciproque des deux pays, et ont, en conséquence, nommé pour leurs plénipotentiaires, savoir :

Sa Majesté l'Empereur des Français, le sieur *Jean-Baptiste-Louis* baron *Gros*, grand officier de l'ordre impérial de la Légion d'honneur, etc., etc., etc. ;

Et Sa Majesté l'Empereur du Japon, *Midzouno Ikigougono Kami, Nagaï Hguembano Kami, Ynouïé Schinanono Kami, Hori Oribeno Kami, Jouaché Fingouno Kami*, et *Kamaï Sakio Kami;*

Lesquels, après s'être communiqué leurs pleins pouvoirs, trouvés en bonne et due forme, sont convenus des articles suivants :

ART. 1er. Il y aura paix perpétuelle et amitié constante entre Sa Majesté l'Empereur des Français, ses héritiers et successeurs, et Sa Majesté l'Empereur du Japon, comme aussi entre les deux Empires, sans exception de personnes ni de lieux. Leurs sujets jouiront tous également, dans les États respectifs des Hautes Parties contractantes, d'une pleine et entière protection pour leurs personnes et leurs propriétés.

ART. 2. Sa Majesté l'Empereur des Français pourra nommer un agent diplomatique qui résidera dans la ville d'*Yedo*, et des consuls ou agents consulaires qui résideront dans les ports du Japon qui, en vertu du présent Traité, sont ouverts au commerce français.

L'agent diplomatique et le consul général de France au Japon auront le droit de voyager librement dans toutes les parties de l'Empire.

Sa Majesté l'Empereur du Japon pourra, de son côté, envoyer un agent diplomatique qui résidera à Paris, et des consuls ou des agents consulaires qui résideront dans les ports de l'Empire français.

L'agent diplomatique et le consul général du Japon en France auront le droit de voyager librement dans toutes les parties de l'Empire français.

ART. 3. Les villes et ports de *Hacodadi, Kanagaouà* et *Nagasaki* seront ouverts au commerce et aux sujets français à dater du 15 août 1859, et les villes et ports dont les noms suivent le seront aux époques déterminées ci-après :

Néé-é-gata, ou, si cette ville n'a pas un port d'un accès convenable, un autre port situé sur la côte ouest de Nipon, sera ouvert à dater du 1ᵉʳ janvier 1860, et *Hiogo*, à partir du 1ᵉʳ janvier 1863.

Dans toutes ces villes et dans leurs ports, les sujets français pourront résider en permanence dans l'emplacement déterminé à cet effet; ils auront le droit d'y affermer des terrains et d'y acheter des maisons, et ils pourront y bâtir des habitations et des magasins ; mais aucune fortification ou place forte militaire n'y sera élevée sous prétexte de construction de hangars ou d'habitations, et, pour s'assurer que cette clause est fidèlement exécutée, les autorités japonaises compétentes auront le droit d'inspecter, de temps à autre, les travaux de toute construction qui serait élevée, changée ou réparée dans ces lieux.

L'emplacement que les sujets français occuperont, et dans lequel ils pourront construire leurs habitations, sera déterminé par le consul français, de concert avec les autorités japonaises compétentes de chaque lieu ; et si le consul et les autorités locales ne parviennent pas à s'entendre à ce sujet, la question sera soumise à l'agent diplomatique français et aux autorités japonaises, qui la termineront de commun accord.

Autour des lieux où résideront les sujets français, il ne sera élevé ni placé, par les autorités japonaises, ni mur, ni barrière, ni clôture, ni tout autre obstacle qui pourrait entraver la libre sortie ou la libre entrée de ces lieux.

Les sujets français seront libres de se rendre où bon leur semblera dans l'enceinte formée par les limites désignées ci-après :

De *Kanagaoua*, ils pourront se rendre jusqu'à la rivière *Locoo*, qui se jette dans la baie de *Yedo*, entre *Kouasaki* et *Sinagava*, et, dans toute autre direction, jusqu'à une distance de dix ris.

D'*Hacodadi*, ils pourront aller, à une distance de dix ris, dans toutes les directions.

De *Hiogo*, à dix ris, aussi dans toutes les directions, excepté vers *Kioto*, ville dont on ne pourra s'approcher qu'à une distance de dix ris. Les équipages des bâtiments français qui se rendront à *Hiogo* ne pourront pas traverser la rivière *Inagara*, qui se jette dans la baie de *Cett's*, entre *Hiogo* et *Osaca*.

Ces distances seront mesurées par terre, à partir du Goyosso ou Yacousio, de chacun des ports susnommés, le ri équivalant à trois mille neuf cent dix mètres.

A *Nagasaki*, les sujets français pourront se rendre partout dans le domaine impérial du voisinage.

Les limites de *Néé-é-gata*, ou du port qui pourrait lui être substitué, seront déterminées par l'agent diplomatique français, de concert avec les autorités compétentes du Japon.

A partir du 1er janvier 1862, les sujets français seront autorisés à résider dans la ville de *Yedo*, et, à dater du 1er janvier 1863, dans la ville d'*Osaca*, mais seulement pour y faire le commerce. Dans chacune de ces deux villes, un emplacement convenable, dans lequel les Français pourront affermer des maisons, sera déterminé par l'agent diplomatique français, d'accord avec le gouvernement japonais, et ils conviendront aussi des limites que les Français ne devront pas franchir autour de ces villes.

ART. 4. Les sujets français au Japon auront le droit d'exercer librement leur religion, et, à cet effet, ils pourront y élever, dans le terrain destiné à leur résidence, les édifices convenables à leur culte, comme églises, chapelles, cimetières, etc., etc.

Le Gouvernement japonais a déjà aboli dans l'empire l'usage des pratiques injurieuses au christianisme.

ART. 5. Tous différends qui pourraient s'élever entre Français au sujet de leurs droits, de leurs propriétés ou de leur personne, dans les domaines de Sa Majesté l'Empereur du Japon, seront soumis à la juridiction des autorités françaises constituées dans le pays.

ART. 6. Tout Japonais qui se rendrait coupable de

quelque acte criminel envers un sujet français, serait arrêté et puni par les autorités japonaises compétentes, conformément aux lois du Japon.

Les sujets français qui se rendraient coupables de quelque crime contre les Japonais, ou contre des individus
appartenant à d'autres nations, seront traduits devant le
consul français et punis conformément aux lois de l'Empire français.

La justice sera équitablement et impartialement admi-
nistrée de part et d'autre.

Art. 7. Tout sujet français qui aurait à se plaindre
d'un Japonais devra se rendre au consulat de France et
y exposer sa réclamation.

Le consul examinera ce qu'elle aura de fondé, et cherchera à arranger l'affaire à l'amiable. De même, si un
Japonais avait à se plaindre d'un sujet français, le consul de France l'écoutera avec intérêt et cherchera à arranger l'affaire à l'amiable.

Si des difficultés surviennent qui ne puissent pas être
aplanies ainsi par le consul, ce dernier aura recours à
l'assistance des autorités japonaises compétentes, afin
que, de concert avec elles, il puisse examiner sérieusement l'affaire et lui donner une solution équitable.

Art. 8. Dans tous les ports du Japon ouverts au commerce, les sujets français seront libres d'importer, de leur
propre pays ou des ports étrangers, et d'y vendre, d'y
acheter et d'en exporter pour leurs propres ports, ou
pour ceux d'autres pays, toutes espèces de marchandises qui ne seraient pas de contrebande, en payant les
droits stipulés dans le tarif annexé au présent Traité, et
sans avoir à supporter d'autre charge.

A l'exception des munitions de guerre, qui ne pourront être vendues qu'au Gouvernement japonais et aux

étrangers, les Français pourront librement acheter des Japonais et leur vendre tous les articles qu'ils auraient à vendre ou à acheter, et cela sans l'intervention d'aucun employé japonais, soit dans cette vente ou dans cet achat, soit aussi en effectuant ou en recevant le payement de ces transactions.

Tout Japonais pourra acheter, vendre, garder et faire usage de tout article qui lui serait vendu par des sujets français.

Le Gouvernement japonais n'apportera aucun obstacle à ce que les Français résidant au Japon puissent prendre à leur service des sujets japonais et les employer à toute occupation que les lois ne prohibent pas.

Art. 9. Les articles réglementaires de commerce annexés au présent Traité seront considérés comme en faisant partie intégrante, et ils seront également obligatoires pour les deux Hautes Parties contractantes qui l'ont signé.

L'agent diplomatique français au Japon, de concert avec les fonctionnaires qui pourraient être désignés à cet effet par le Gouvernement japonais, aura le pouvoir d'établir, dans tous les ports ouverts au commerce, les règlements qui seraient nécessaires pour mettre à exécution les stipulations des articles réglementaires de commerce ci-annexés.

Art. 10. Les autorités japonaises, dans chaque port, adopteront telles mesures qui leur paraîtront le plus convenables pour prévenir la fraude et la contrebande.

Toutes les amendes et les confiscations imposées par suite d'infractions au présent Traité et aux règlements commerciaux qui y sont annexés appartiendront au Gouvernement de Sa Majesté l'Empereur du Japon.

Art. 11. Tout bâtiment marchand français arrivant

devant l'un des ports ouverts du Japon sera libre de prendre un pilote pour entrer dans le port, et, de même, lorsqu'il aura acquitté toutes les charges et tous les droits qui lui auraient été légalement imposés et qu'il sera prêt à partir, il sera libre de prendre un pilote pour sortir du port.

ART. 12. Tout négociant français qui aurait importé des marchandises dans l'un des ports ouverts du Japon, et payé les droits exigés, pourrait obtenir des chefs de la douane japonaise un certificat constatant que ce payement a eu lieu, et il lui serait permis alors d'exporter un chargement dans l'un des autres ports ouverts du Japon, sans avoir à payer de droit additionnel d'aucune espèce.

ART. 13. Toutes les marchandises importées dans les ports ouverts du Japon par des sujets français, et qui auraient payé les droits fixés par ce Traité, pourront être transportées par les Japonais dans toutes les parties de l'empire, sans avoir à payer aucune taxe, ni aucun droit de transit, de régie ou de toute autre nature.

ART. 14. Toute monnaie étrangère aura cours au Japon, et passera pour la valeur de son poids, comparé à celui de la monnaie japonaise analogue.

Les sujets français et japonais pourront librement faire usage des monnaies japonaises ou étrangères dans tous les payements qu'ils auraient à se faire réciproquement.

Comme il s'écoulera quelque temps jusqu'au moment où le Gouvernement japonais connaîtra exactement la valeur des monnaies étrangères, les autorités japonaises compétentes fourniront aux sujets français, pendant l'année qui suivra l'ouverture de chaque port, de la monnaie japonaise en échange, à poids égal et de même nature que celle qu'ils leur donneront, et sans avoir à payer de prime pour le nouveau monnayage.

Les monnaies japonaises de toute espèce, à l'exception de celle de cuivre, pourront être exportées du Japon, aussi bien que l'or et l'argent étrangers non monnayés.

Art. 15. Si les chefs de la douane japonaise n'étaient pas satisfaits de l'évaluation donnée par les négociants à quelques-unes de leurs marchandises, ces fonctionnaires pourraient en estimer le prix, et offrir de les acheter au taux ainsi fixé. Si le propriétaire refusait d'accepter l'offre qui lui aurait été faite, il aurait à payer aux autorités supérieures de la douane les droits proportionnels à cette estimation. Si au contraire l'offre était acceptée, la valeur offerte serait immédiatement payée au négociant sans escompte ni rabais.

Art. 16. Si un bâtiment français venait à naufrager ou à être jeté sur les côtes de l'empire du Japon, ou s'il était forcé de chercher un refuge dans quelque port des domaines de Sa Majesté l'Empereur du Japon, les autorités japonaises compétentes, ayant connaissance du fait, donneraient immédiatement à ce bâtiment toute l'assistance possible. Les personnes du bord seraient traitées avec bienveillance, et on leur fournirait, si cela était nécessaire, les moyens de se rendre au consulat français le plus voisin.

Art. 17. Des fournitures à l'usage des bâtiments de guerre français pourront être débarquées à *Kangaoua*, à *Hacodadi* et à *Nagasaki*, et placées en magasins à terre, sous la garde d'un employé du Gouvernement français, sans avoir à payer de droits; mais si ces fournitures étaient vendues à des Japonais ou à des étrangers, l'acquéreur payerait, aux autorités japonaises compétentes, la valeur des droits qui y seraient applicables.

Art. 18. Si quelque Japonais venait à ne pas payer ce qu'il doit à des sujets français, ou s'il se cachait frauduleusement, les autorités japonaises compétentes feraient tout ce qui dépendrait d'elles pour le traduire en justice et pour obtenir de lui le payement de sa dette; et si quelque sujet français se cachait frauduleusement, ou manquait à payer ses dettes à un Japonais, les autorités françaises feraient de même tout ce qui dépendraient d'elles pour amener le délinquant en justice et le forcer à payer ce qu'il devrait.

Ni les autorités françaises ni les autorités japonaises ne seront responsables du payement de dettes contractées par des sujets français ou japonais.

Art. 19. Il est expressément stipulé que le Gouverne-ment français et ses sujets jouiront librement, à dater du jour où le présent Traité sera mis en vigueur, de tous les priviléges, immunités et avantages qui ont été ou qui seraient garantis à l'avenir, par Sa Majesté l'Empereur du Japon, au Gouvernement ou aux sujets de toute autre nation.

Art. 20. Il est également convenu que chacune des deux Hautes Parties contractantes pourra, après en avoir prévenu l'autre une année d'avance, à dater du 15 août 1872, ou après cette époque, demander la ré-vision du présent Traité pour y faire les modifications ou y insérer les amendements que l'expérience aurait dé-montrés nécessaires.

Art. 21. Toute communication officielle adressée par l'agent diplomatique de Sa Majesté l'Empereur des Français aux autorités japonaises sera dorénavant écrite en français. Cependant, pour faciliter la prompte expé-dition des affaires, ces communications, ainsi que celles des consuls de France au Japon, seront, pendant une période de cinq années, à dater de la signature du présent Traité, accompagnées d'une traduction japonaise.

Art. 22 et dernier. Le présent Traité de paix, d'amitié et de commerce sera ratifié par Sa Majesté l'Empereur des Français et par Sa Majesté l'Empereur du Japon, et l'échange de ces ratifications aura lieu à *Yedo*, dans l'année qui suivra le jour de la signature.

Il est convenu entre les Hautes Parties contractantes qu'au moment où le Traité sera signé, le plénipotentiaire français remettra aux plénipotentiaires japonais deux textes en français du présent Traité, comme, de leur côté, les plénipotentiaires japonais en remettront au plénipotentiaire de France deux textes en japonais. Ces quatre documents ont le même sens et la même portée ; mais, pour plus de précision, il a été convenu qu'il serait annexé à chacun d'eux une version en langue hollandaise, qui en serait la traduction exacte, attendu que, de part et d'autre, cette langue peut être facilement comprise, et il est également convenu que, dans le cas où une interprétation différente serait donnée au même article français et japonais, ce serait alors la version hollandaise qui ferait foi.

Il est aussi convenu que la version hollandaise ne différera, en aucune manière, quant au fond, des textes hollandais qui font partie des Traités conclus récemment par le Japon avec les États-Unis d'Amérique, l'Angleterre et la Russie.

Dans le cas où l'échange des ratifications n'aurait pas eu lieu avant le 15 août 1859, le présent Traité n'en serait pas moins mis à exécution à dater de ce jour-là.

En foi de quoi, les plénipotentiaires respectifs ont signé le présent Traité et y ont apposé leurs cachets.

Fait à *Yedo*, le 9 octobre 1858, correspondant au troisième jour du neuvième mois de la cinquième année du *Nengo-Anchei*, dite *l'année du Cheval*.

(L. S.) *Signé* : Baron GROS.

(Les signatures des six plénipotentiaires japonais.)

RÈGLEMENTS COMMERCIAUX.

PREMIER RÈGLEMENT.

Dans les quarante-huit heures qui suivront l'arrivée d'un bâtiment français dans l'un des ports japonais ouverts au commerce français, le capitaine ou le commandant de ce bâtiment remettra à la douane japonaise le reçu du consul de France, qui prouvera qu'on a déposé chez lui tous les papiers du bord, les connaissements, etc., et le capitaine ou le commandant annoncera alors l'entrée de son navire en douane, en remettant une déclaration écrite qui fera connaître le nom du navire et celui du port d'où il provient, son tonnage, le nom de son capitaine ou commandant, le nom des passagers, s'il y en a, et le nombre de personnes qui composent son équipage. Cette déclaration sera certifiée véritable par le capitaine ou le commandant, et sera signée par lui. Il déposera en même temps un manifeste de son chargement, indiquant le nombre et la marque des colis qui le composent, leur contenu tel qu'il est détaillé dans les connaissements, avec le nom de la personne ou des personnes auxquelles ces colis sont adressés. Une liste des provisions du bord sera jointe au manifeste. Le capitaine ou le commandant certifiera que ce manifeste contient la description exacte de toute la cargaison et des provisions du bâtiment, et le signera de son nom.

Si une erreur est reconnue comme ayant été commise dans le manifeste, elle pourra être corrigée dans les vingt-quatre heures (dimanches exceptés), sans qu'elle puisse donner lieu au payement d'aucune amende ; mais si une altération ou une déclaration tardive dans le manifeste était faite après ce laps de temps, une amende de quatre-vingt-un francs serait imposée au délinquant.

Toutes les marchandises non déclarées dans le manifeste payeront un double droit au moment de leur débarquement.

Tout capitaine ou commandant de bâtiment marchand français qui négligerait de déclarer l'entrée de son navire en douane japonaise dans le temps prescrit par ce règlement payera une amende de trois cent vingt-quatre francs par chaque jour de retard apporté à la déclaration à faire.

DEUXIÈME RÈGLEMENT.

La douane japonaise aura le droit de placer ses employés à bord de tout bâtiment entré dans le port (les navires de guerre exceptés).

Tous ces employés de la douane seront traités avec égard, et toutes les facilités qu'on pourra leur accorder leur seront données.

Aucune marchandise ne sera débarquée avant le lever du soleil, ni après son coucher, sans une permission spéciale des autorités de la douane, et la cale et les autres issues du bâtiment qui mènent au lieu où se trouve ren-

fermée la cargaison seront gardées par les officiers japonais pendant les heures comprises entre le coucher et le
lever du soleil, au moyen de scellés, de serrures ou d'autres fermetures ; et si, sans en avoir la permission, quelque individu ouvrait l'une de ces issues qui auraient été
fermées, ou brisait les scellés, les serrures ou les autres
fermetures apposées par les employés de la douane japonaise, il serait passible d'une amende de trois cent vingt-
quatre francs pour chaque infraction.

Toutes les marchandises qui seraient débarquées d'un
bâtiment sans avoir été légalement déclarées à la douane
japonaise, ainsi qu'il est dit ci-dessus, seraient confisquées après enquête et preuve acquise.

Les colis de marchandises disposées avec l'intention de
frauder le revenu du Japon, en cachant des articles de
valeur qui ne seraient pas déclarés dans le manifeste
d'entrée, seront confisqués.

Si quelque bâtiment français faisait la contrebande ou
cherchait à introduire des marchandises dans les ports
du Japon qui sont encore fermés, ces marchandises seraient confisquées au profit du Gouvernement japonais,
et le bâtiment serait imposé à une amende de cinq mille
quatre cents francs pour chaque contravention.

Les bâtiments qui auraient besoin de réparations pourront, à cet effet, débarquer leur cargaison sans avoir à
payer aucun droit. Toutes les marchandises ainsi débarquées seraient placées sous la garde des autorités japonaises, et toutes les dépenses à faire pour magasinage,
travaux et surveillance seraient payées. Mais si une partie de cette cargaison était vendue, les droits légaux devraient être payés pour la partie dont on aurait disposé.

Les cargaisons pourront être transbordées dans un
autre bâtiment mouillé dans le même port sans avoir à

12

payer aucun droit ; mais tout transbordement devra être fait sous la surveillance des employés japonais, et après que les autorités de la douane auront acquis la preuve de la bonne foi de la transaction, et lorsque ces autorités auront aussi donné la permission d'opérer le transbordement.

L'importation de l'opium étant prohibée, tout bâtiment français arrivant au Japon pour y faire le commerce, et ayant plus de trois catties d'opium à bord, pourra voir le surplus de cette quantité confisqué et détruit par les autorités japonaises, et tout individu faisant ou essayant de la contrebande d'opium sera passible d'une amende de quatre-vingt-un francs pour chaque cattie d'opium entré ainsi en contrebande.

TROISIÈME RÈGLEMENT.

Le propriétaire ou le consignataire de marchandises qui voudrait les débarquer en fera la déclaration à la douane japonaise. Cette déclaration sera écrite et contiendra le nom de la personne qui fera l'introduction et celui du bâtiment où se trouvent les marchandises, ainsi que le nombre et la marque des colis. Le contenu et la valeur de chaque colis seront constatés séparément sur la même feuille, et à la fin de la déclaration on additionnera la valeur de toutes les marchandises qui composeront l'entrée en douane. Sur chaque déclaration, le propriétaire ou le consignataire certifiera par écrit qu'elle contient la valeur actuelle des marchandises, et que rien n'a été dissimulé pour nuire à la douane japonaise. Le propriétaire ou le consignataire signera ce certificat.

La facture ou les factures des marchandises ainsi introduites seront présentées aux autorités de la douane, et resteront entre leurs mains jusqu'à ce que ces autorités aient examiné les marchandises mentionnées dans la déclaration. Les employés japonais pourront vérifier un ou plusieurs de ces colis ainsi déclarés, et à cet effet ils les feront transporter à la douane, s'ils le veulent ; mais cette visite ne devra causer aucune dépense à l'introducteur, ni porter préjudice aux marchandises, et après leur examen les Japonais replaceront ces marchandises dans les colis, et autant que possible dans l'état où elles se trouvaient primitivement. Cette visite devra être faite sans perte de temps.

Si quelque propriétaire ou introducteur de marchandises s'apercevait qu'elles ont été avariées pendant le voyage d'importation, avant qu'elles lui aient été délivrées, il pourra notifier aux autorités de la douane les avaries survenues, et ces marchandises avariées seront évaluées par deux ou par plusieurs personnes compétentes et désintéressées, qui, après mûr examen, délivreront un certificat faisant connaître le montant à tant pour cent des avaries éprouvées dans chaque colis séparément, en le décrivant par ses marques et numéros. Ce certificat sera signé par les experts en présence des employés de la douane, et l'introducteur annexera ce certificat à son manifeste en y faisant les réductions convenables ; mais ce fait n'empêchera pas les employés de la douane de s'approprier ces marchandises selon les formes indiquées dans l'article 15 du présent Traité, auquel ces règlements sont annexés.

Lorsque les droits auront été payés, le propriétaire recevra l'autorisation de reprendre ses marchandises, soit qu'elles se trouvent à la douane, soit qu'elles n'aient pas quitté le bord.

Toutes les marchandises destinées à être exportées passeront par les douanes japonaises avant d'être transportées à bord. La déclaration d'entrée sera faite par écrit et contiendra le nom du bâtiment sur lequel elles devront être exportées, avec le nombre des colis, leur marque et la déclaration de la valeur de leur contenu. La personne qui exportera ces marchandises certifiera par écrit que sa déclaration est un exposé sincère de toutes les marchandises dont elle fait mention, et elle la signera.

Toutes les marchandises qui seraient embarquées à bord d'un bâtiment pour être exportées avant d'avoir passé par la douane, et tous les colis qui contiendraient des articles prohibés, seront saisis par le Gouvernement japonais.

Il ne sera pas nécessaire de faire passer en douane les provisions destinées à l'usage des bâtiments français, de leurs équipages et de leurs passagers, ni les effets d'habillement des passagers.

QUATRIÈME RÈGLEMENT.

Les bâtiments français qui voudront être expédiés par la douane la préviendront vingt-quatre heures d'avance, et, à l'expiration de ce terme, ils auront le droit de recevoir leurs expéditions; mais si elles leur étaient refusées par la douane, les employés de cette administration devraient immédiatement en informer le capitaine ou le consignataire du bâtiment, et lui faire connaître les raisons de ce refus; ils feront la même déclaration au consul.

Les navires de guerre français pourront librement entrer dans le port et en sortir sans avoir à présenter de manifeste. Les employés de la douane et de la police n'auront pas le droit de visiter ces bâtiments. Quant aux navires français qui porteraient les malles, ils devront entrer en douane et y être expédiés le même jour, et ils n'auront à présenter de manifeste que pour les passagers et les marchandises qu'ils auraient à débarquer.

Les baleiniers français relâchant pour avoir des provisions, et les bâtiments français en détresse, ne seront pas tenus de fournir un manifeste de leur cargaison; mais, s'ils veulent plus tard faire le commerce, ils auront à en donner un en observant les formalités prescrites par le premier règlement.

Le mot bâtiment, quelle que soit la place qu'il occupe dans ce Traité et dans son annexe, signifiera toujours navire, trois-mâts, barque, brick, goëlette, sloop ou bâtiment à vapeur.

CINQUIÈME RÈGLEMENT.

Tout individu qui signerait une fausse déclaration ou un faux certificat dans l'intention de frauder le revenu du Japon payera une amende de six cent soixante et quinze francs pour chacune des infractions qu'il aurait commises.

SIXIÈME RÈGLEMENT.

Aucun droit de tonnage ne sera perçu sur les bâtiments français dans les ports du Japon; mais les taxes suivantes seront payées par eux à la douane japonaise :

Pour l'entrée d'un bâtiment, quatre-vingt-un francs ;

Pour l'expédition d'un bâtiment, trente-sept francs quatre-vingts centimes ;

Pour chaque permis délivré, pour chaque bulletin de santé, pour tout autre document, huit francs dix centimes.

SEPTIÈME RÈGLEMENT.

Les droits à payer au Gouvernement japonais sur toutes les marchandises débarquées dans le pays le seront conformément au tarif suivant :

Première classe.

Tous les articles contenus dans cette classe seront libres de droits :

L'or et l'argent monnayés ou non, les vêtements de toute sorte en usage dans le moment, les ustensiles de ménage et les livres imprimés non destinés à être vendus, mais étant la propriété de personnes venant résider au Japon.

Deuxième classe.

Un droit de cinq pour cent sera payé sur les articles suivants :

Tous les matériaux employés à la construction, au gréement, aux réparations ou à l'équipement des bâtiments;

Les apparaux de toute espèce pour la pêche de la baleine, les provisions salées de toute sorte, le pain et ses analogues, les animaux vivants de toute espèce, le charbon, les bois de construction pour maisons, le riz, le millet, les machines à vapeur, le zinc, le plomb, l'étain, la soie écrue, les étoffes de coton et de laine.

Troisième classe.

Un droit de trente-cinq pour cent sera payé sur toutes les liqueurs enivrantes, soit qu'elles aient été préparées par distillation, par fermentation ou de toute autre manière.

Quatrième classe.

Toutes les marchandises non comprises dans les classes précédentes payeront un droit de vingt pour cent.

Tous les articles de production japonaise qui seront exportés comme chargement, payeront un droit de cinq pour cent, à l'exception de l'or et de l'argent monnayés et du cuivre en barre.

Le riz et le blé récoltés au Japon ne seront pas exportés comme chargement; mais tous les sujets français résidant au Japon, et les bâtiments français pour leurs équipages et pour leurs passagers, pourront recevoir une provision suffisante de ces denrées.

Les grains étrangers apportés dans l'un des ports ouverts du Japon par un bâtiment français, pourront être exportés sans obstacle, s'ils n'ont pas été en partie débarqués.

Le Gouvernement japonais vendra de temps à autre aux enchères publiques une certaine quantité de cuivre formant l'excédant de ses exploitations.

Cinq années après l'ouverture du port de *Kanagaoua*, les droits d'importation et d'exportation pourront être modifiés, si l'un ou l'autre des deux Gouvernements de France et du Japon le désire.

Fait à *Yedo*, en quatre expéditions, le 9 octobre 1858, correspondant au troisième jour du neuvième mois de la cinquième année de *Nengo Anchei*, dite *l'année du Cheval*.

(L. S.) *Signé* : Baron Gros.

(Signature des six plénipotentiaires japonais.)

SPÉCIMENS

DES

MANUELS POPULAIRES

DU JAPON.

—

(FAC-SIMILE.)

CHINE.

PREMIÈRE AFFAIRE

DU PEÏ-HO.

TRAITÉ DE TIEN·TSIN.

1858

AU Vᵀᴱ DE LA GUÉRONNIÈRE.

Vous vous intéressez à la Chine, je le sais; aussi viens-je en causer avec vous.

Nous sortons de graves événements, la *Chine est ouverte*, dit-on; mais comme il se peut que les journaux ne vous aient pas donné certains détails que j'ai saisis sur les lieux en y arrivant, je vous les envoie, revenant même sur la prise des forts de *Ta-kou*, bien que, depuis quelques jours déjà, elle soit connue en France.

A mon arrivée à *Hong-kong*, au milieu de juin, les événements avaient marché plus rapidement qu'on ne le pensait à Paris, à mon départ. Les flottes alliées avaient quitté *Shang-haï*, elles étaient au nord de la mer Jaune, dans le golfe du *Pé-tchi-li;*

les Ambassadeurs à *Tien-tsin*, dans l'intérieur, à quelques lieues de *Pe-king* (53 milles); j'y ai couru, et mon étoile heureuse m'y a conduit avant la ratification, par l'Empereur de la Chine, du Traité signé *le 27 juin*.

J'ai trouvé les deux flottes au complet comme gros bâtiments, mais dépourvues de leurs canonnières qui, après avoir porté les Ambassadeurs à *Tien-tsin*, les y gardaient en pleine sécurité, au milieu d'une population de 700,000 âmes.

La rade du *Pe-tchi-li* est mauvaise, parce qu'elle n'a d'abris d'aucunes sortes; c'est une mer ouverte plutôt qu'un golfe où le mouillage est des plus incertains, et il est vraiment heureux que, jusqu'à présent, les Marines combinées n'y aient pas laissé des plumes de leurs ailes.

Alors que les escadres ont paru devant l'embouchure du *Peï-ho*, l'entrée de la rivière était assez habilement défendue par des forts en terre et en briques, bien construits et armés d'une grosse artillerie en bon état. La généralité des pièces était de bronze et de cuivre; les plus beaux échantillons sont, du reste, envoyés en France. Il y avait entre autres, dans l'un des forts, une pièce de l'an VII de la république française qui, par parenthèse, a été constatée avoir fermé le feu ennemi; ténacité qui peut s'expliquer par la confiance superstitieuse que

les Chinois avaient mise dans l'origine étrangère
de ce canon. La plupart des pièces, au nombre de
cent quarante à peu près, prises à *Ta-kou*, avaient
été expédiées en toute hâte de *Pe-king*, à la première
nouvelle du départ des flottes alliées pour le Nord.

Les forts de *Ta-kou* avaient, dans une barre de
sable qui couvre entièrement l'entrée du *Peï-ho*,
une défense naturelle autrement formidable que
leur artillerie et leur garnison de six mille hommes,
choisis cependant dans l'élite des troupes Sino-
Tartares. Aussi, avant l'action, la confiance des
Chinois était-elle aussi entière que leur jactance
était grotesque, et s'indignèrent-ils « de l'*audace
des Barbares*, » lorsqu'ils « *osèrent* » leur demander un passage pacifique entre les forts du goulet,
afin que les Ambassadeurs pussent aller traiter de
la paix à *Tien-tsin* : « *Quel châtiment serait assez*
« *grand pour punir une aussi insolente prétention,*
« *et en foudroyer les auteurs ; et combien facile se-*
« *rait le châtiment !* » Pauvres Chinois ! deux heures de feu, mais de feu français et anglais, il est
vrai, et *Ta-kou* était à nous ! Et cependant, quoi
qu'on en ait dit, quoi qu'on en puisse dire, ils ont
une bravoure à laquelle il ne manque que de l'intelligence, de l'initiative et des chefs, ces Chinois,
qui s'habillent ridiculement de peaux de tigre, qui
animent leurs boucliers d'osier de faces de mons-

tres aux yeux sanglants, ou masquent l'avant de
leurs jonques, véritables nefs du moyen âge, de
dragons effroyables, *faits pour inspirer la terreur
aux plus vaillants;* oui, ils sont braves, et de leur
bravoure ils ont des témoins que personne ne s'a-
visera jamais de récuser : nos marins et nos soldats.
Du reste, voici des faits. Un mandarin militaire,
un Tartare, ayant rang de colonel, se voyant dé-
sarmé et sur le point d'être pris par nos marins
qui, avec leur élan habituel, avaient fait irruption
dans les forts, arrache des mains de ses soldats une
sorte de serpe tranchante en usage dans l'armée
chinoise, et se coupe résolûment la gorge : nos matelots tuent, sur une seule pièce, huit artilleurs se
défendant vigoureusement, et préférant la mort à
la fuite : enfin, plusieurs troupes isolées se sont re-
tirées en bon ordre, sous le feu de nos hommes, et
n'ont regagné la campagne qu'après avoir emporté
leurs morts ; bien entendu leur retraite n'a pas été
inquiétée : les Chinois ont donc de la bravoure ;
tout le monde, du reste, en a eu à *Ta-kou.*

Vous connaissèz officiellement les audaces de nos
canonnières et les services qu'elles ont rendus ;
aussi ne vous en dirai-je rien ; je me bornerai à
vous citer la *Mitraille,* qui a reçu *vingt-sept boulets ou projectiles* dans sa coque, et à vous rappeler
que c'est grâce à la navigation aussi hardie que

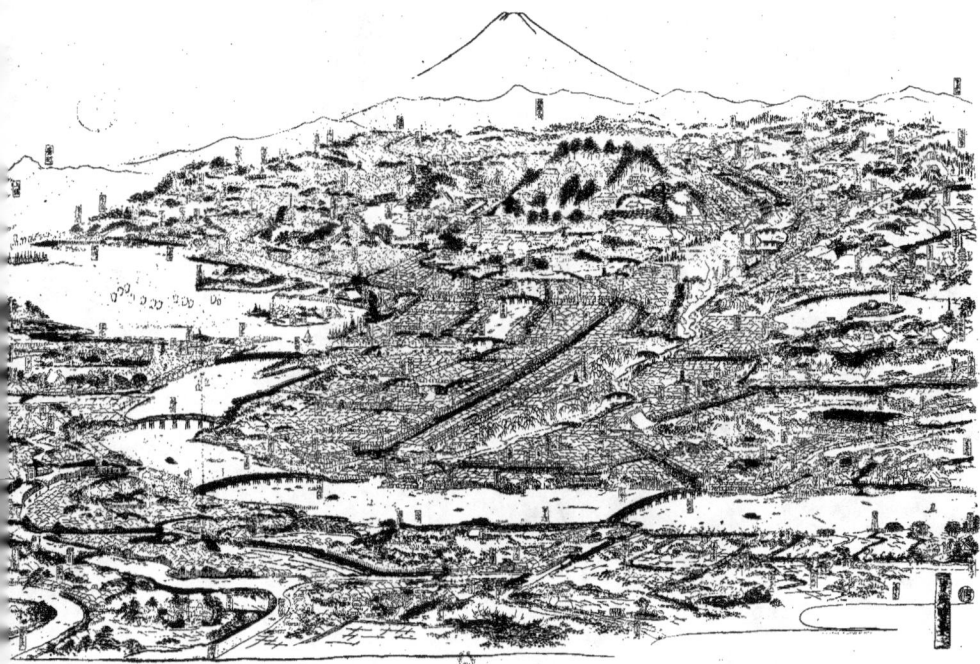

PLAN JAPONAIS DE LA VILLE DE YEDDO
(Le Tokio)

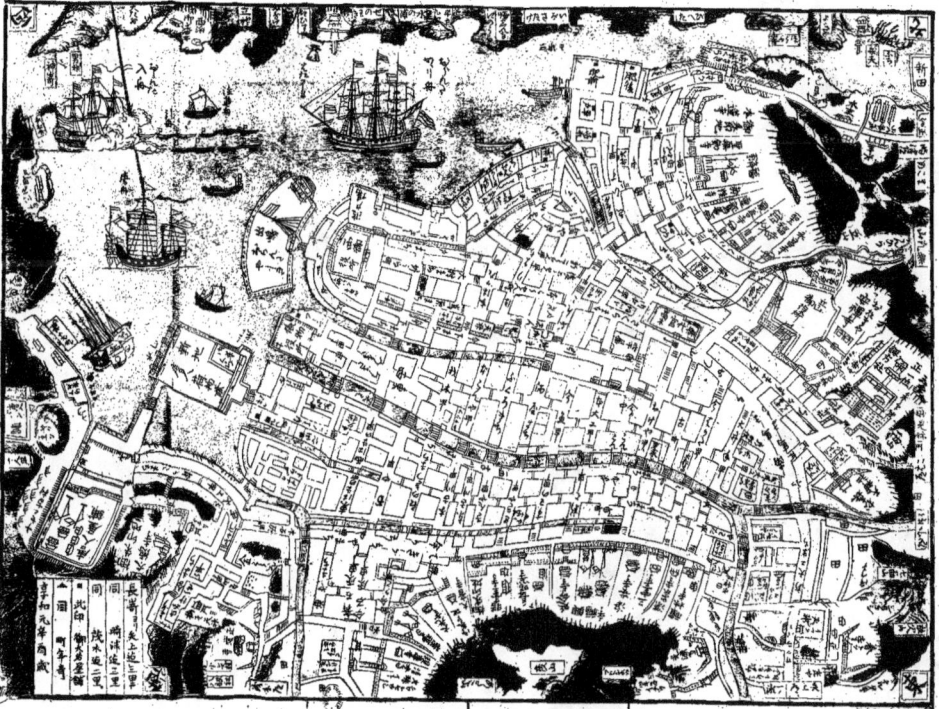

PLAN JAPONAIS DE LA VILLE DE NAGHA-SAKI.

(Fac-Similé).

Imp. Coillet, r. Jacob 45.

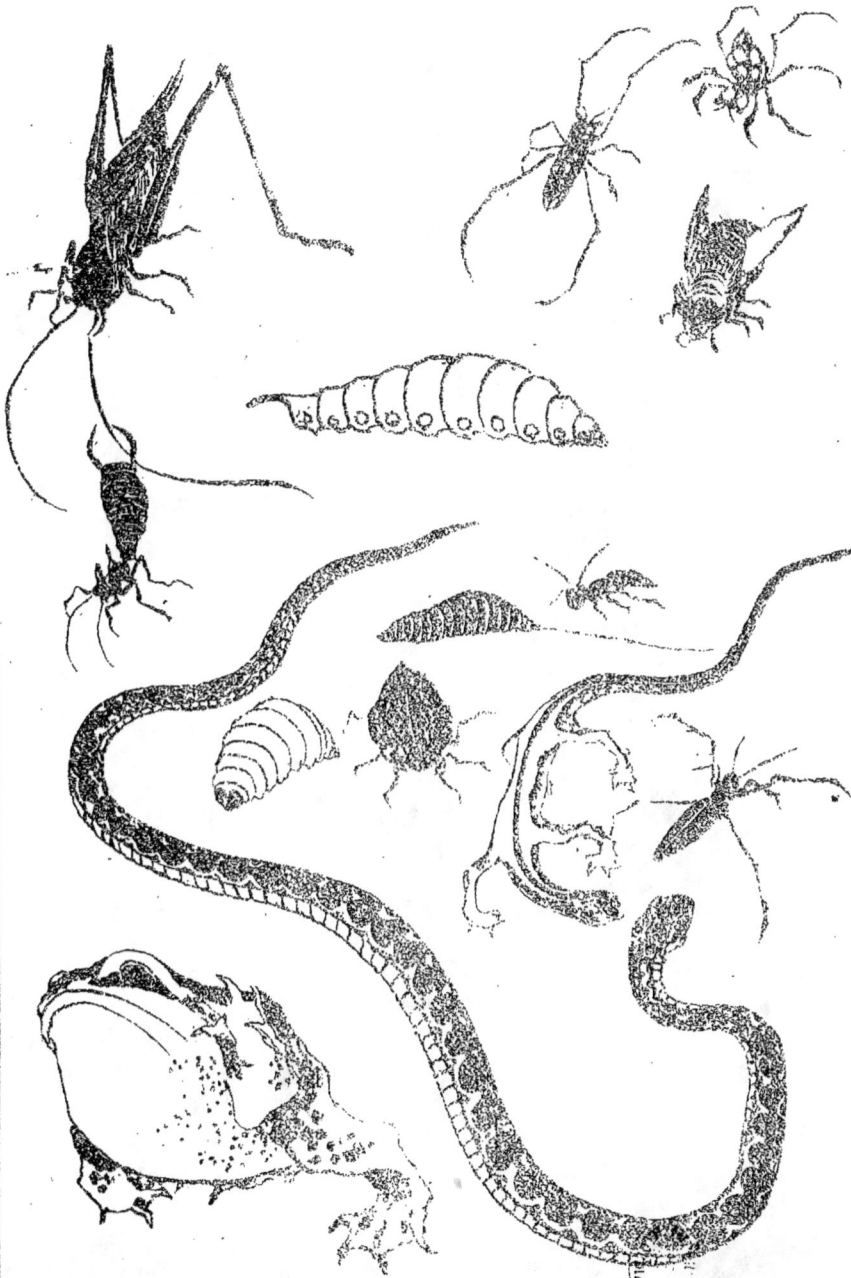

Imp Walter, r. Jacob 45.

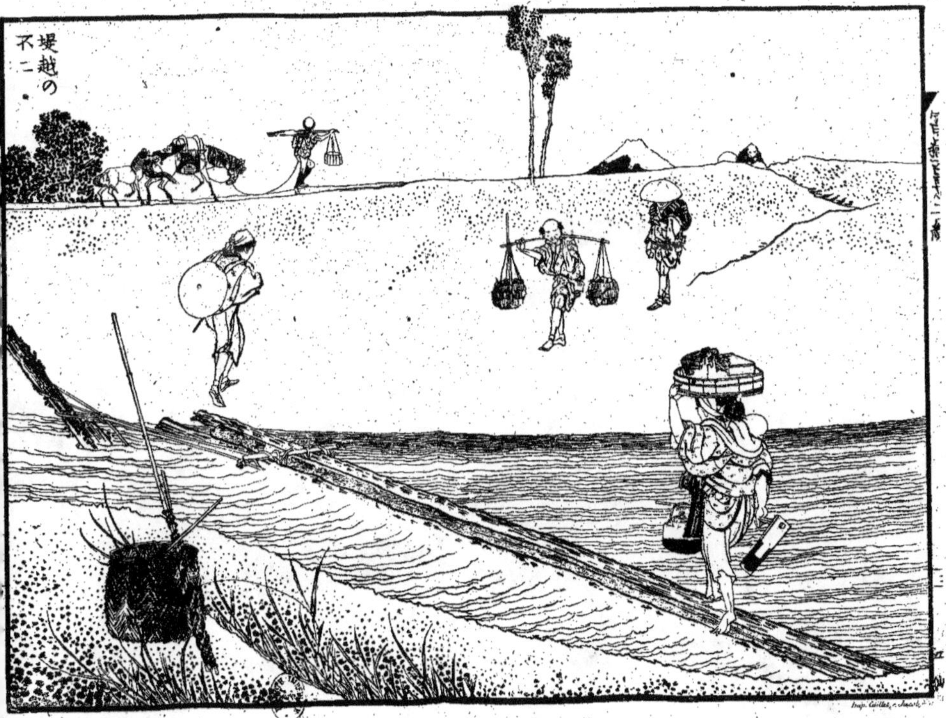
堤越の不二

Imp. Caillot r. Jacob. 43.

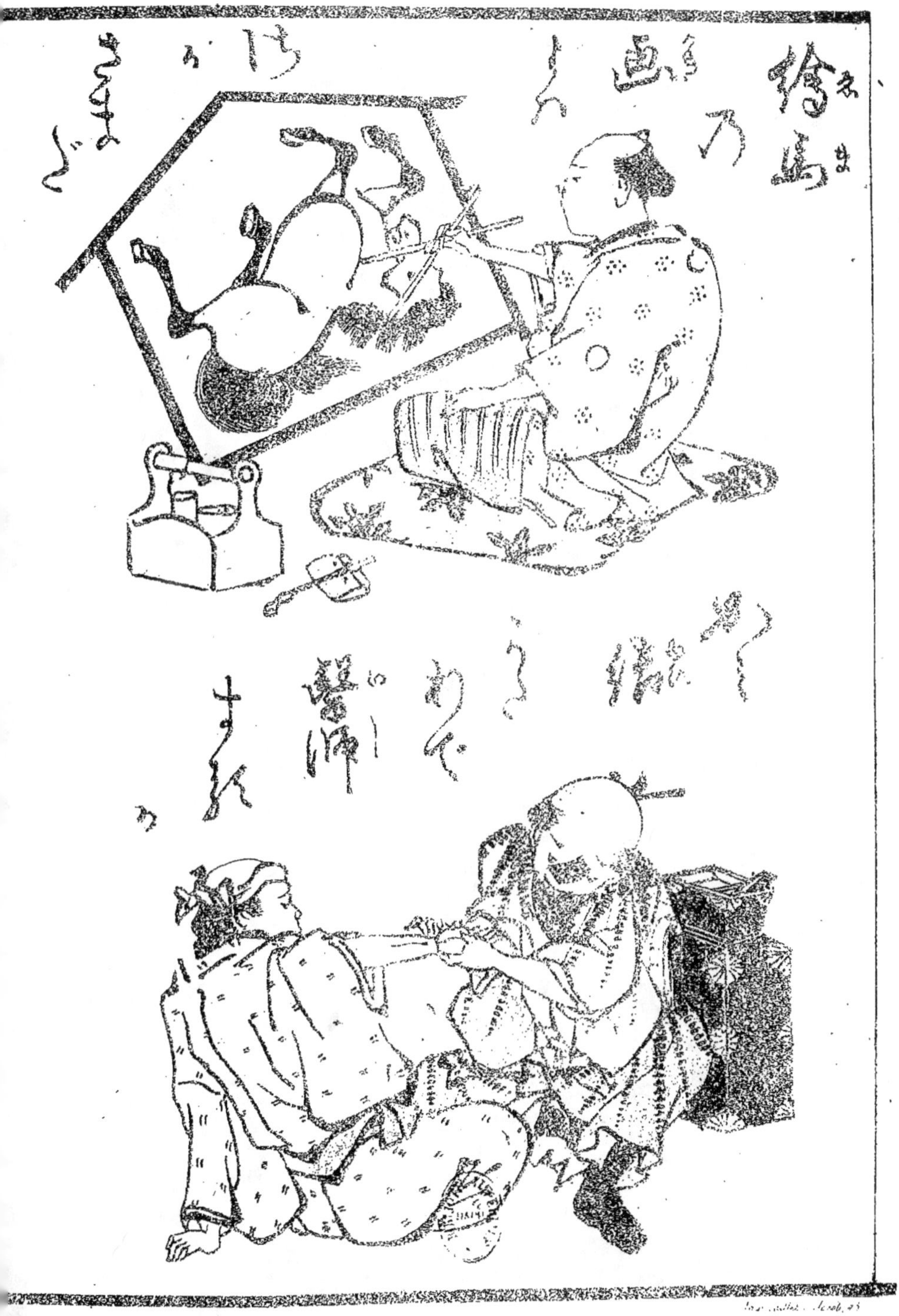

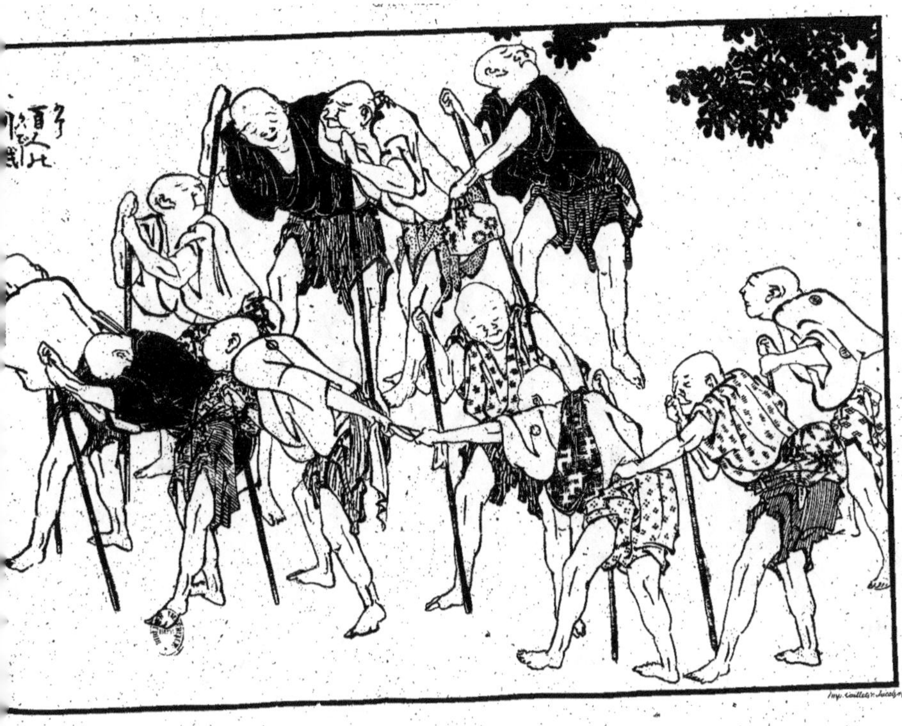

Imp. Caillet & Jacob, sp.

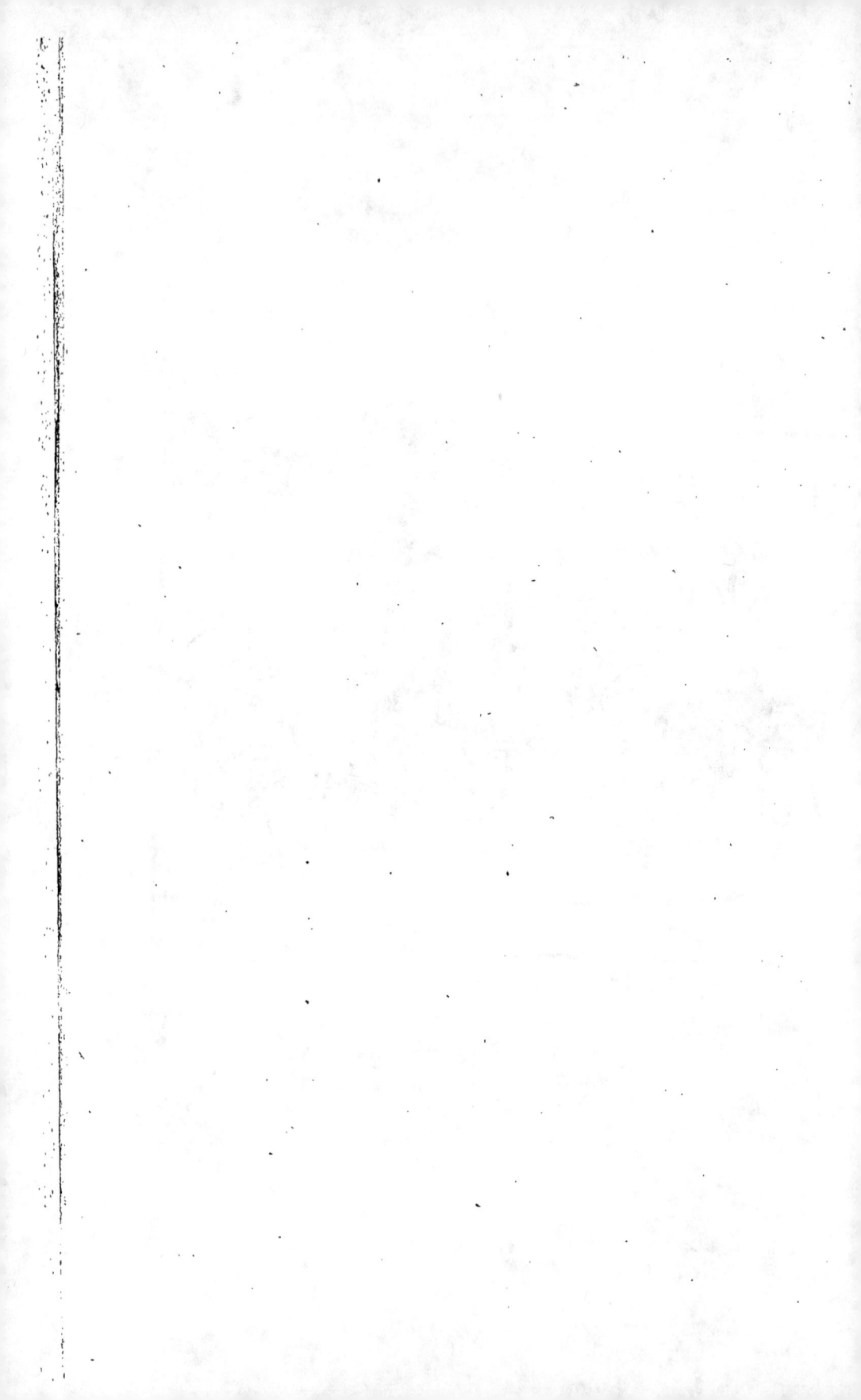

heureuse de ces mêmes canonnières sur le *Peï-ho*,
rivière encore inconnue, que nos Ambassadeurs
ont pu, en quelques heures, aller traiter aux portes de *Pé-king*. Quant à nos pertes, elles ont été
cruelles : quatre officiers français ont été tués ; les
Anglais, plus heureux bien qu'aussi engagés, n'ont
pas perdu un seul officier.

Un service régulier établi entre *Ta-kou* et *Tien·
Tsin* était fait par les canonnières anglaises, plus
légères et plus courtes que les nôtres, partant
ayant un moins grand tirant d'eau ; plus maniables,
en un mot, dans les nombreux et brusques tour-
nants de la rivière : le trajet est de *huit heures*
(48 *milles*).

Les rives du *Peï-ho* sont plates, et, près de la
mer, la campagne est couverte de marais salants
agencés à peu près comme ceux de France. Les
plaines, semées de monceaux de sel qui affectent
une forme conique et couvertes de nattes de jonc,
ressemblent de loin à des camps immenses, aux
tentes jaunes et serrées. En avançant sur le *Peï-ho*
l'effet se continue ; les tentes ont gardé leurs formes, mais elles ont changé de couleur ; c'est de la
terre aux teintes sombres recouvrant des morts ;
ce sont des tombeaux, et les tombeaux, dans le
Pe-tchi-li comme dans toute la Chine, sont innombrables, jetés sans ordre au milieu des cul-

tures, et leur volant, on peut le dire sans aucune exagération, un *vingtième* du sol : pour
ma part, j'en ai compté jusqu'à vingt-huit, de
grandeurs différentes, sur une surface équivalant tout au plus à notre arpent de France; et à
ce propos, quelqu'un disait spirituellement que
« la Chine lui faisait l'effet d'un vaste cimetière
cultivé. » Près des villes, ces tombeaux perdent
de leur modestie, ils sont de marbre ou de
pierre, selon la position sociale ou la fortune du
mort.

En Chine, du reste, le culte aux ancêtres, à
la famille, est sacré, dans les formules du moins;
et vous trouvez, bien que s'affaiblissant, dans les
villes comme dans les villages, la tradition d'arcs
monumentaux en pierre ou en bois, élevés à de
grandes ou bonnes actions; à des citoyens il-
lustres; même à des veuves ayant gardé fidèlement un long veuvage : vous le voyez, nos idées
et nos habitudes d'Europe courent risque de venir se heurter souvent ici contre l'étrange ou l'in-
solite.

A mesure que l'on remonte le *Peï-ho*, le pays
devient riant, admirablement cultivé, et les villages
se succèdent à des distances si rapprochées que l'Ar-
chimandrite de la Mission russe, à *Pé-king*, dit en
avoir compté *soixante et douze* de *Ta-kou* à *Tien-Tsin*.

Quant aux habitants riverains, jamais ils ne nous ont été hostiles dans les actes; un seul fait exceptionnel et malheureux a eu lieu, fait tout local, et il a été sévèrement puni. Au début, ces populations du nord ont été effrayées, au delà de toute mesure, de nos bateaux à vapeur, pour elles, *agents inexplicables et obéissants des Barbares, ces êtres surnaturels mais inférieurs, à la puissance malfaisante, qu'ils regardent comme des vagabonds sans famille et sans patrie, poussés sur les mers par les instincts les plus mauvais et les plus cupides.* Puis, bientôt, elles se sont rassurées; sont devenues curieuses; et si la vapeur est restée pour elles à l'état de moyen inconnu et redoutable, il n'en a pas été de même, je vous l'assure, des piastres de nos équipages qui, vainqueurs généreux, ont toujours et partout largement payé, au grand étonnement des vaincus.

Chaque village a sa flottille de jonques grandes et petites qui, à une époque fixe de l'année, avant celle des *typhons,* ce fléau des Mers de Chine, vont dans le Sud, à *Shang-haï* principalement, prendre des chargements de riz et reviennent ensuite alimenter le *Pe-tchi-li.* Pour mettre ces jonques à l'abri du courant des rivières, les Chinois ont un mode de procéder aussi simple que général dans tout l'Empire; ils pratiquent dans le sol des rives qui est de vase et d'argile, par conséquent facile à creuser, des saignées assez larges pour livrer passage aux barques, lesquelles saignées se relient elles-mêmes aux canaux d'irrigation qui couvrent la surface de la Chine ; aussi est-il vraiment singulier de voir jaillir de la terre ferme les mâts de ces jonques aux pavillons de toutes couleurs, se cachant derrière des bouquets d'arbres ou des touffes de bambous ; mirage lointain de la Hollande ou des bords de la Charente.

Pendant leur séjour à *Tien-Tsin*, les Ambassadeurs de France et d'Angleterre habitaient un vaste palais en bois, comme tous les palais en Chine, que l'on appelle *yamoun* : je les y ai trouvés. Ils se l'étaient partagé, gardant autour d'eux, plutôt campés que logés, leurs personnels respectifs, disséminés dans les nombreux kiosques qui forment la distribution intérieure de toute grande habitation chinoise. Une partie de la Mission anglaise s'était logée dans une pagode annexe du *yamoun* principal, et dont la cour, plantée d'arbres séculaires, était couverte d'un *velum* qui en faisait un lieu toujours frais. L'effet de ce vieux temple de *Bouddha*, qui avait gardé ses idoles, ses monstres impossibles, ses inscriptions aux couleurs criardes, envahi par la jeune Europe, avec ses insouciances et ses

coutumes, était des plus extraordinaires et des plus
pittoresques. Notre Mission habitait, au milieu des
arbres et des rochers artificiels, les kiosques d'un
jardin qui avait dû être soigné à l'époque où l'empereur *Kien-Long* reçut, dans ce même *yamoun*,
lord Amherst, l'envoyé anglais, qui se refusa dignement à des exigences d'étiquette humiliantes, au
Ko-tou, cet éternel obstacle de nos relations diplomatiques avec la personne même de l'empereur de
la Chine. Que nous importaient, du reste, les détails
matériels ? Grâce à nos pavillons à claire-voie, nous
avions de la fraîcheur par une chaleur moyenne et
constante de 3o Réaumur ; chacun de nous avait le
moral haut, intéressé à la grave question en voie de
solution ; et cette solution, d'une façon ou d'une
autre, ne pouvait être que triomphante ; aussi était-
on presque fier de certaines privations qui, à quelques milles de *Pé-king* et des frontières de Tartarie,
pouvaient, à la rigueur, s'appeler campagnes et
compter double. Puis nous avions près de nous,
prêchant d'exemple et gardien fidèle du pavillon,
l'amiral Rigault de Genouilly, commandant en
chef de l'escadre d'Indo-Chine. Il a toujours mo-
destement partagé la cabine du capitaine de l'*Ava-
lanche*, l'une des trois canonnières qui n'ont cessé
de rester mouillées en face de notre *yamoun* jusqu'au moment où nous avons quitté *Tien-Tsin* :

il n'en est parti qu'après les Russes, qu'après les Anglais, qu'après les Américains, et, grâce à lui, sur le *Peï-ho*, le dernier sillage de l'Europe civilisée a été celui d'un bâtiment français. Connaissez-vous le contre-amiral Rigault? C'est un officier de grande résolution : il était en Crimée, où il s'est fait, aux Batteries de la Marine, devant Sébastopol, une réputation qu'il continue en Chine.

Les conférences ouvertes à *Tien-Tsin* entre nos Ambassadeurs et les deux commissaires chinois, *Kouei-Liang* et *Houa-cha-na*, ont été difficiles et bien menées. Je n'ai pas le droit, quant à présent, d'entrer, à cet égard, dans de plus amples détails, même avec vous; mais, ce que je puis vous affirmer très-haut, c'est que tout y a été résolu à l'honneur du rôle de la France en Chine et à la satisfaction de sa politique protectrice. Un pareil résultat semblait, du reste, prévu, en raison du choix des plénipotentiaires européens : le baron Gros est un caractère droit avant tout, esclave de ses instructions, un esprit froid, instruit et sûr, fait pour élucider les questions difficiles et en rendre le succès durable; puis il est heureux, et son bonheur l'a toujours suivi dans sa longue carrière. Lord Elgin, son collègue d'Angleterre, de la vieille souche royale des Bruces d'Ecosse, a la même droiture de

caractère unie à une finesse pleine d'élégance ; et
chez lui, la finesse n'est que de l'observation bienveillante ou de l'expérience acquise dans les hautes
fonctions politiques qu'il n'a cessé d'occuper dès sa
jeunesse.

Tien-Tsin est une ville chinoise d'un ordre secondaire, commerçante, sans monuments ; importante il y a un siècle, au dire contemporain des
Missionnaires et des Hollandais ; réduite aujour-
d'hui au rôle effacé, mais utile, de grenier de
Pé-king et du *Pe-tchi-li*. Les sels et les riz s'y
concentrent dans des proportions considérables :
on dit la ville riche ; elle est, en tous cas, de ces
riches modestes qui ne laissent rien voir de leurs
trésors. Bâtie au confluent du *Peï-ho* et du
Grand Canal Impérial, elle se divise en trois parties bien distinctes. Le *yamoun* de nos deux Missions se trouvait dans la partie est, sur la route
de *Pé-king*. Les Russes et les Américains habitaient la partie sud adossée à la ville ancienne
qu'entourent des murailles de briques assez bien
conservées.

Je vous disais, en parlant de l'esprit qui animait à
notre égard les villages riverains du *Peï-ho*, que jamais, selon moi, il n'avait été hostile, mais qu'il
était surtout étonné et curieux ; je vous en dirai
autant de celui des habitants de *Tien-Tsin*. Je les

ai vus d'assez près, pendant notre séjour au milieu
d'eux ; j'ai beaucoup regardé, j'ai beaucoup cherché, et je n'ai rien trouvé chez eux qui ressemblât
même à de l'agression en intention. Tout au contraire, à mon sens toujours, le contact quotidien de
nos marins, libéraux et gais en Chine comme ils le
sont partout ; les marchés, avantageux aux vendeurs, passés par nos Amiraux pour les approvisionnements des flottes, avaient produit des résultats plus heureux et surtout plus rapides que nous
n'étions en droit de l'attendre. La population à
Tien-Tsin est, il est vrai, commerçante et mercantile ; mais, pour la première fois, elle approchait
ces *Barbares* que, dans un intérêt absorbant et monopolisateur aisé à comprendre pour qui vient en
Chine, la classe mandarine a toujours affublé et,
longtemps encore cherchera à affubler des instincts
les plus redoutables et les plus ridiculement perni-
cieux. Un instant peut-être, pendant le cours des
Conférences, aurait-on pu remarquer, dans l'aspect
général des masses, une nuance à nous moins favorable, des rapports moins faciles, même des visages
ironiques et parfois malveillants. Pourquoi cette
nuance ? C'est que la politique de *Pé-king* avait cru
pouvoir risquer, vis-à-vis de nous, un essai d'intimi-
dation de nature à peser sur les Conférences, en pro-
voquant, dans la classe inférieure de la population,

une irritation artificielle que l'état vrai des choses
n'a pas permis de prolonger.

D'autre part, lorsque la ratification du traité
nouveau est revenue de *Pé-king*, et que les Alliés ont quitté *Tien-Tsin*, pourquoi ces mêmes
habitants, qui cependant trouvaient, à notre
séjour au milieu d'eux, des avantages matériels
incontestables, ne nous ont-ils pas caché la joie
que leur causait notre départ? La raison en est
encore bien simple et d'un ordre tout positif;
n'allons donc pas la chercher dans une verdeur
de patriotisme que, par le peu que j'en sais
et que j'en ai encore vu, je ne saurais faire aux
Chinois l'honneur de leur accorder : c'est qu'en
prenant *Ta-kou* et en occupant *Peï-ho*, à la saison
même où toutes les jonques reviennent du Sud
avec leurs chargements de riz, nous leur avions
fermé la rivière; qu'ainsi, la ville de *Tien-Tsin*
s'étant trouvée privée de ses approvisionnements
annuels, d'un prix très-bas, et beaucoup, du reste,
par le fait de la spéculation, le riz était monté à un
prix exorbitant. La conclusion de la paix venant
rendre aux barques le droit de remonter le *Peï-ho*,
elles y affluaient déjà quand nous l'avons descendu : on avait donc, à *Tien-Tsin*, de bonnes
raisons de se réjouir de notre départ; mais ces
raisons, je le répète, sont d'un ordre tout positif,

et n'ont rien à faire avec ce que l'on voudrait appeler le patriotisme chinois. Le riz, en Chine, c'est le pain en Europe; et, à titre de rapprochement éloigné, bien éloigné surtout en raison des conséquences, nous savons, en France, par une triste expérience, le parti funeste que l'on peut tirer du mot *pain,* jeté comme appât ou comme prétexte aux appétits plus ou moins réels des classes inférieures.

En somme, je crois qu'en Chine les masses n'ont aucune haine contre nous, parce que le sens national leur fait et leur fera toujours défaut, et qu'elles nous redoutent parce qu'en toutes circonstances, jusqu'à présent, nous leur avons montré que nous étions les plus forts. Pris individuellement, le Chinois est sobre, robuste, laborieux; chez lui le don de l'imitation industrielle existe surtout à un degré surprenant; et quant à ses aptitudes comme cultivateur ou comme fabricant, elles sont d'autant plus remarquables, d'autant plus à étudier et à imiter, que les moyens ou les procédés mis par lui en usage pour arriver à des résultats complets, sont, avant tout, essentiellement simples; enfin le Chinois est brave, vous vous le rappelez. N'y aurait-il pas, sous le rapport industriel, un grand parti à tirer d'un pareil peuple? Mais en même temps, que de conseils, que d'exemples, que de leçons peut-être à donner encore, dans un avenir plus ou moins lointain, à ceux qui le gouvernent aujourd'hui !

Au revoir ; je vous reviendrai dès que je le pourrai avec de nouvelles notes, et je désire que, malgré leur sécheresse, elles conservent toujours quelque intérêt pour vous.

FIN.

DOCUMENTS OFFICIELS.

TRAITÉ DE TIEN-TSIN.

NAPOLÉON,

Par la grâce de Dieu et la volonté nationale, Empereur des Français,

A tous présents et à venir, salut :

Sa Majesté l'Empereur des Français et Sa Majesté l'Empereur de la Chine, animés l'un et l'autre du désir de mettre un terme aux différends qui se sont élevés entre les deux Empires, et voulant rétablir et améliorer les relations d'amitié, de commerce et de navigation qui ont existé entre les deux Puissances, comme aussi en régulariser l'existence, en favoriser le développement et en perpétuer la durée, ont résolu de conclure un nouveau Traité, basé sur l'intérêt commun des deux pays, et ont, en conséquence, nommé pour leurs plénipotentiaires, savoir :

Sa Majesté l'Empereur des Français, le sieur *Jean-Baptiste-Louis*, baron *Gros*, grand officier de la Légion d'honneur, grand-croix de l'ordre du Sauveur de Grèce, commandeur de l'ordre de la Conception de Portugal, etc., etc., etc.;

Et Sa Majesté l'Empereur de la Chine, *Kouéï-Liang*, haut commissaire impérial de la dynastie *Ta-Tsing*, grand ministre du Palais-Oriental, directeur général des affaires du conseil de justice, etc., etc., etc.; et *Hoûa-*

Cha-na, haut commissaire impérial de la dynastie *Ta-Tsing,* président du conseil des finances, général de l'armée Sino-Tartare de la Bannière bordée d'azur, etc., etc., etc.;

Lesquels, après avoir échangé leurs pleins pouvoirs, qu'ils ont trouvés en bonne et due forme, sont convenus des articles suivants :

ART. 1er. Il y aura paix constante et amitié perpétuelle entre Sa Majesté l'Empereur des Français et Sa Majesté l'Empereur de la Chine, ainsi qu'entre les sujets des deux Empires, sans exception de personnes ni de lieux.

Ils jouiront tous également, dans les États respectifs des Hautes Parties contractantes, d'une pleine et entière protection pour leurs personnes et leurs propriétés.

ART. 2. Pour maintenir la paix si heureusement rétablie entre les deux Empires, il a été convenu entre les Hautes Parties contractantes, qu'à l'exemple de ce qui se pratique chez les nations de l'Occident, les agents diplomatiques dûment accrédités par Sa Majesté l'Empereur des Français auprès de Sa Majesté l'Empereur de la Chine pourront se rendre éventuellement dans la capitale de l'Empire, lorsque des affaires importantes les y appelleront.

Il est convenu entre les Hautes Parties contractantes que, si l'une des puissances qui ont un traité avec la Chine obtenait, pour ses agents diplomatiques, le droit de résider, à poste fixe, à Pékin, la France jouirait immédiatement du même droit.

Les agents diplomatiques jouiront réciproquement, dans le lieu de leur résidence, des priviléges et immunités que leur accorde le droit des gens, c'est-à-dire que leurs personnes, leur famille, leur maison et leur corres-

pondance seront inviolables; qu'ils pourront prendre à
.leur service les employés, courriers, interprètes, serviteurs, etc., etc., qui leur seront nécessaires.

Les dépenses de toute espèce qu'occasionneront les
missions diplomatiques de France en Chine seront sup-
portées par le Gouvernement français. Les agents diplomatiques qu'il plaira à Sa Majesté l'Empereur de la
Chine d'accréditer auprès de Sa Majesté l'Empereur des
Français seront reçus en France avec tous les honneurs
et toutes les prérogatives dont jouissent, à rang égal, les
agents diplomatiques des nations accréditées à la cour
de Sa Majesté l'Empereur des Français.

ART. 3. Les communications officielles des agents diplomatiques et consulaires français avec les autorités chinoises seront écrites en français, mais seront accompagnées, pour faciliter le service, d'une traduction chinoise
aussi exacte que possible, jusqu'au moment où, le Gouvernement impérial de Pékin ayant des interprètes pour
parler et pour écrire correctement le français, la correspondance diplomatique aura lieu dans cette langue pour
les agents français, et en chinois pour les fonctionnaires
de l'Empire. Il est convenu que jusque là, et en cas de
dissidence dans l'interprétation à donner au texte français et au texte chinois au sujet des clauses arrêtées
d'avance dans les conventions faites de commun accord,
ce sera le texte français qui devra prévaloir.

Cette disposition est applicable au présent Traité. Dans
les communications entre les autorités des deux pays, ce
sera toujours le texte original et non la traduction qui
fera foi.

ART. 4. Désormais, les correspondances officielles entre
les autorités et les fonctionnaires des deux pays seront ré-
glées suivant les rangs et les positions respectives et d'après

les bases de la réciprocité la plus absolue. Ces correspondances auront lieu entre les hauts fonctionnaires français et les hauts fonctionnaires chinois, dans la capitale ou ailleurs, par dépêche ou communication ; entre les fonctionnaires français en sous-ordre et les hautes autorités des provinces, pour les premiers par exposé, pour les seconds par déclaration ; entre les officiers en sous-ordre des deux nations, comme il est dit plus haut, sur le pied d'une parfaite égalité.

Les négociants et généralement tous les individus qui n'ont pas de caractère officiel se serviront réciproquement de la formule représentation dans toutes les pièces adressées ou destinées pour renseignements aux autorités respectives.

Toutes les fois qu'un Français aura à recourir à l'autorité chinoise, sa représentation devra d'abord être soumise au consul, qui, si elle lui paraît raisonnable et convenablement rédigée, lui donnera suite, et qui, s'il en est autrement, en fera modifier la teneur ou refusera de la transmettre. Les Chinois, de leur côté, lorsqu'ils auront à s'adresser au consulat, devront suivre une marche analogue auprès de l'autorité chinoise, laquelle agira de la même manière.

ART. 5. Sa Majesté l'Empereur des Français pourra nommer des consuls ou des agents consulaires dans les ports de mer ou de rivière de l'empire chinois dénommés dans l'article 6 du présent Traité pour servir d'intermédiaires entre les autorités chinoises et les négociants et les sujets français, et veiller à la stricte observation des règlements stipulés.

Ces fonctionnaires seront traités avec la considération et les égards qui leur sont dus. Leurs rapports avec les autorités du lieu de leur résidence seront établis sur le pied de la plus parfaite égalité. S'ils avaient à se plaindre des procédés de ladite autorité, ils s'adresseraient directement à l'autorité supérieure de la province, et en donraient immédiatement avis au ministre plénipotentiaire de l'Empereur.

En cas d'absence du consul français, les capitaines et les négociants français auraient la faculté de recourir à l'intervention du consul d'une puissance amie, ou, s'il était impossible de le faire, ils auraient recours au chef de la douane, qui aviserait au moyen d'assurer à ces capitaines et négociants le bénéfice du présent Traité.

ART. 6. L'expérience ayant démontré que l'ouverture de nouveaux ports au commerce étranger est une des nécessités de l'époque, il a été convenu que les ports de Kiung-Tchau et Chaou-Chaou dans la province de Kouang-Ton, Taïwan et Taashwi dans l'île de Formose, province de Fo-Kien ; Tan-Tchau dans la province de de Chan-Tong, et Nankin dans la province de Kiang-Nan, jouiront des mêmes priviléges que Canton, Chang-Haï, Ning-Pô, Amoy et Fou-Tchéou.

Quant à Nankin, les agents français en Chine ne délivreront de passe-ports à leurs nationaux pour cette ville que lorsque les rebelles en auront été expulsés par les troupes impériales.

ART. 7. Les Français et leurs familles pourront se transporter, s'établir et se livrer au commerce ou à l'industrie en toute sécurité et sans entrave d'aucune espèce, dans les ports et villes de l'Empire chinois situés sur les côtes maritimes et sur les grands fleuves dont l'énumération est contenue dans l'article précédent.

Ils pourront circuler librement de l'un à l'autre, s'ils sont munis de passe-ports ; mais il leur est formellement défendu de pratiquer, sur la côte, des ventes ou des

achats clandestins, sous peine de confiscation des navires et des marchandises engagés dans ces opérations,
et cette confiscation aura lieu au profit du gouvernement
chinois, qui devra cependant, avant que la saisie et la
confiscation soient légalement prononcées, en donner
avis au consul français du port le plus voisin.

ART. 8. Les Français qui voudront se rendre dans les
villes de l'intérieur, ou dans les ports où ne sont pas
admis les navires étrangers, pourront le faire en toute
sûreté, à la condition expresse d'être munis de passe-
ports rédigés en français et en chinois, légalement délivrés par les agents diplomatiques ou les consuls de
France en Chine, et visés par les autorités chinoises.

En cas de perte de ce passe-port, le Français qui ne
pourra pas le présenter, lorsqu'il en sera requis légalement, devra, si l'autorité chinoise du lieu où il se trouve
se refuse à lui donner un permis de séjour, pour lui
laisser le temps de demander un autre passe-port au
consul, être reconduit au consulat le plus voisin, sans
qu'il soit permis de le maltraiter, ni de l'insulter en aucune manière.

Ainsi que cela était stipulé dans les anciens Traités,
les Français résidant ou de passage dans les ports ouverts
au commerce étranger pourront circuler sans passe-port
dans leur voisinage immédiat, et y vaquer à leurs occu-
pations aussi librement que les nationaux; mais ils ne
pourront dépasser certaines limites qui seront fixées,
de commun accord, entre le consul et l'autorité locale.

Les agents français en Chine ne délivreront de passe-
ports à leurs nationaux que pour les lieux où les rebelles
ne seront pas établis dans le moment où ce passe-port
sera demandé.

Ces passe-ports ne seront délivrés par les autorités françaises qu'aux personnes qui leur offriront toutes les garanties désirables.

ART. 9. Tous les changements apportés d'un commun accord, avec l'une des puissances signataires des Traités avec la Chine, au sujet des améliorations à introduire au tarif actuellement en vigueur, ou à celui qui le serait plus tard, comme aussi aux droits de douane, de tonnage, d'importation, de transit et d'exportation, seront immédiatement applicables au commerce et aux négociants français, par le seul fait de leur mise à exécution.

ART. 10. Tout Français qui, conformément aux stipulations de l'art. 6 du présent Traité, arrivera dans l'un des ports ouverts au commerce étranger, pourra, quelle que soit la durée de son séjour, y louer des maisons et des magasins pour déposer ses marchandises, ou bien affermer des terrains, et y bâtir lui-même des maisons et des magasins. Les Français pourront, de la même manière, établir des églises, des hôpitaux, des hospices, des écoles et des cimetières. Dans ce but, l'autorité locale, après s'être concertée avec le consul, désignera les quartiers les plus convenables pour la résidence des Français, et les endroits dans lesquels pourront avoir lieu les constructions précitées.

Le prix des loyers et des fermages sera librement débattu entre les parties intéressées, et réglé, autant que faire se pourra, conformément à la moyenne des prix locaux.

Les autorités chinoises empêcheront leurs nationaux de surfaire ou d'exiger des prix exorbitants, et le consul veillera, de son côté, à ce que les Français n'usent pas de violence ou de contrainte pour forcer le consentement des propriétaires. Il est bien entendu, d'ailleurs, que le nombre des maisons et l'étendue des terrains à affecter aux Français, dans les ports ouverts au commerce étranger, ne seront point limités, et qu'ils seront déterminés d'après les besoins et les convenances des ayants droit. Si des Chinois violaient ou détruisaient des églises ou des cimetières français, les coupables seraient punis suivant toute la rigueur des lois du pays.

Art. 11. Les Français, dans les ports ouverts au commerce étranger, pourront choisir librement, et à prix débattu entre les parties ou sous la seule intervention des consuls, des compradors, interprètes, écrivains, ouvriers, bateliers et domestiques. Ils auront, en outre, la faculté d'engager des lettrés du pays pour apprendre à parler ou à écrire la langue chinoise et toute autre langue ou dialecte usités dans l'Empire, comme aussi de se faire aider par eux, soit pour leurs écritures, soit pour des travaux scientifiques ou littéraires. Ils pourront également enseigner à tout sujet chinois la langue de leur pays ou des langues étrangères, et vendre sans obstacles des livres français ou acheter eux-mêmes toutes sortes de livres chinois.

Art. 12. Les propriétés de toute nature appartenant à des Français dans l'Empire chinois seront considérées par les Chinois comme inviolables et seront toujours respectées par eux. Les autorités chinoises ne pourront, quoi qu'il arrive, mettre embargo sur les navires français, ni les frapper de réquisition pour quelque service public ou privé que ce puisse être.

Art. 13. La religion chrétienne ayant pour objet essentiel de porter les hommes à la vertu, les membres de toutes les communions chrétiennes jouiront d'une entière sécurité pour leurs personnes, leurs propriétés et le libre exercice de leurs pratiques religieuses, et une protection efficace sera donnée aux missionnaires qui se rendront pacifiquement dans l'intérieur du pays, munis des passe-ports réguliers dont il est parlé dans l'art. 8. Aucune entrave ne sera apportée par les autorités. de l'Empire chinois au droit qui est reconnu à tout individu en Chine d'embrasser, s'il le veut, le christianisme et d'en suivre les pratiques, sans être passible d'aucune peine infligée pour ce fait.

Tout ce qui a été précédemment écrit, proclamé ou publié en Chine, par ordre du Gouvernement, contre le culte chrétien, est complétement abrogé, et reste sans valeur dans toutes les provinces de l'Empire.

ART. 14. Aucune société de commerce privilégiée ne pourra désormais s'établir en Chine, et il en sera de même de toute coalition organisée dans le but d'exercer un monopole sur le commerce.

En cas de contravention au présent article, les autori-tés chinoises, sur les représentations du consul ou de l'agent consulaire, aviseront au moyen de dissoudre de semblables associations, dont elles s'efforceront, d'ail-leurs, de prévenir l'existence par des prohibitions préa-lables, afin d'écarter tout ce qui pourrait porter atteinte à la libre concurrence.

ART. 15. Lorsqu'un bâtiment français arrivera dans les eaux de l'un des ports ouverts au commerce étran-ger, il aura la faculté d'engager tel pilote qui lui convien-dra pour se faire conduire immédiatement dans le port ; et, de même, quand après avoir acquitté toutes les char-ges légales il sera prêt à mettre à la voile, on ne pourra pas lui refuser des pilotes pour le sortir du port sans re-tard ni délai.

Tout individu qui voudra exercer la profession de pi-lote pour les bâtiments français pourra, sur la présenta-

tion de trois certificats de capitaine de navire, être com-
missionné par le consul de France, de la même manière
que cela se pratiquerait pour d'autres nations. La rétribution payée aux pilotes sera réglée par l'équité, pour
chaque port en particulier, par le consul ou agent consulaire, lequel la fixera convenablement en raison de la
distance et des circonstances de la navigation.

ART. 16. Dès que le pilote aura introduit un navire de
commerce français dans le port, le chef de la douane dé-
léguera un ou deux préposés pour surveiller le navire,
et empêcher qu'il ne se pratique aucune fraude. Ces préposés pourront, selon leurs convenances, rester dans
leurs propres bateaux ou se tenir à bord du bâtiment.

Les frais de leur solde, de leur nourriture et de leur
entretien seront à la charge de la douane chinoise, et ils
ne pourront exiger aucune indemnité ou rétribution quelconque des capitaines ou des consignataires. Toute contravention à cette disposition entraînera une punition
proportionnelle au montant de l'exaction, laquelle sera
en outre intégralement restituée.

ART. 17. Dans les vingt-quatre heures qui suivront
l'arrivée d'un navire de commerce français dans l'un des
ports ouverts au commerce étranger, le capitaine, s'il
n'est dûment empêché, et, à son défaut, le subrécargue
ou le consignataire devra se rendre au consulat de France
et remettre entre les mains du consul les papiers de bord,
les connaissements et le manifeste. Dans les vingt-quatre
heures suivantes, le consul enverra au chef de la douane
une note détaillée indiquant le nom du navire, le rôle
d'équipage, le tonnage légal du bâtiment, et la nature de
son chargement. Si, par suite de la négligence du capitaine, cette dernière formalité n'avait pas pu être accomplie dans les quarante-huit heures qui suivront l'arrivée

du navire, le capitaine sera passible d'une amende de cinquante piastres par jour de retard au profit du Gouvernement chinois ; ladite amende, toutefois, ne pourra dépasser la somme de deux cents piastres.

Aussitôt après la réception de la note transmise par le consulat, le chef de la douane délivrera le permis d'ouvrir la cale. Si le capitaine, avant d'avoir reçu le permis précité, avait ouvert la cale et commencé à décharger, il pourrait être condamné à une amende de cinq cents piastres, et les marchandises débarquées pourraient être saisies, le tout au profit du Gouvernement chinois.

Art. 18. Les capitaines et négociants français pourront louer telles espèces d'alléges et d'embarcations qu'il leur plaira pour transporter des marchandises et des passagers, et la rétribution à payer pour ces alléges sera réglée de gré à gré par les parties intéressées, sans l'intervention de l'autorité chinoise et, par conséquent, sans sa garantie, en cas d'accident, de fraude ou de disparition desdites alléges. Le nombre n'en sera pas limité, et le monopole n'en pourra être concédé à qui que ce soit, non plus que celui du transport, par portefaix, des marchandises à embarquer ou à débarquer.

Art. 19. Toutes les fois qu'un négociant français aura des marchandises à embarquer ou à débarquer, il devra d'abord en remettre la note détaillée au consul ou agent consulaire qui chargera immédiatement un interprète reconnu du consulat d'en donner communication au chef de la douane. Celui-ci délivrera sur-le-champ un permis d'embarquement ou de débarquement. Il sera alors procédé à la vérification des marchandises dans la forme la plus convenable pour qu'il n'y ait chance de perte pour aucune des parties.

Le négociant français devra se faire représenter sur le

lieu de la vérification (s'il ne préfère y assister lui-même) par une personne réunissant les qualités requises, à l'effet de veiller à ses intérêts au moment où il sera procédé à cette vérification pour la liquidation des droits, faute de quoi toute réclamation ultérieure restera nulle et non avenue.

En ce qui concerne les marchandises taxées *ad valorem*, si le négociant ne peut tomber d'accord avec l'employé chinois sur la valeur à fixer, chaque partie appellera deux ou trois négociants chargés d'examiner les marchandises, et le prix le plus élevé qui sera offert par l'un d'eux sera réputé constituer la valeur desdites marchandises.

Les droits seront prélevés sur le poids net; on déduira, en conséquence, le poids des emballages et contenants. Si le négociant français ne peut s'entendre avec l'employé chinois sur la fixation de la taxe, chaque partie choisira un certain nombre de caisses et de ballots parmi les colis objets du litige; ils seront d'abord pesés bruts, puis tarés ensuite, et la tare moyenne des colis pesés servira de tare pour tous les autres.

Si, pendant le cours de la vérification, il s'élève quelque difficulté qui ne puisse être résolue, le négociant français pourra réclamer l'intervention du consul, lequel portera sur-le-champ l'objet de la contestation à la connaissance du chef des douanes, et tous deux s'efforceront d'arriver à un arrangement amiable; mais la réclamation devra avoir lieu dans les vingt-quatre heures, sinon il n'y sera pas donné suite. Tant que le résultat de la contestation restera pendant, le chef de la douane n'en portera pas l'objet sur ses livres, laissant ainsi toute latitude pour l'examen et la solution de la difficulté.

Les marchandises importées qui auraient éprouvé des

avaries jouiront d'une réduction de droits proportion-
née à leur dépréciation. Celle-ci sera déterminée équitablement et, s'il le faut, par expertise contradictoire,
ainsi qu'il a été stipulé plus haut pour la fixation des
droits *ad valorem.*

Art. 20. Tout bâtiment entré dans l'un des ports de
la Chine, et qui n'a point encore levé le permis de débarquement mentionné dans l'art. 19, pourra, dans les
deux jours de son arrivée, quitter le port et se rendre
dans un autre port sans avoir à payer ni droits de tonnage, ni droits de douane, attendu qu'il les acquittera
ultérieurement dans le port où il effectuera la vente de
ses marchandises.

Art. 21. Il est établi, de commun accord, que les droits
d'importation seront acquittés par les capitaines ou négociants français au fur et à mesure du débarquement
des marchandises et après leur vérification. Les droits
d'exportation le seront de la même manière, lors de
l'embarquement. Lorsque les droits de tonnage et de
douane dus par un bâtiment français auront été intégralement acquittés, le chef de la douane délivrera une
quittance générale, sur l'exhibition de laquelle le consul
rendra ses papiers de bord au capitaine et lui permettra
de mettre à la voile.

Le chef de la douane désignera une ou plusieurs maisons de change qui seront autorisées à recevoir la somme
due par les négociants français au compte du Gouvernement, et les récépissés de ces maisons de change pour
tous les payements qui leur auront été faits, seront réputés acquits du Gouvernement chinois. Ces payements
pourront s'opérer, soit en lingots, soit en monnaies
étrangères dont le rapport avec l'argent *syee* sera déterminé de commun accord entre le consul ou agent

consulaire français et le chef de la douane dans les différents ports, suivant le temps, le lieu et les circonstances.

ART. 22. Après l'expiration des deux jours mentionnés dans l'art. 20, et avant de procéder au déchargement, chaque bâtiment de commerce français acquittera intégralement les droits de tonnage ainsi réglés pour les navires de cent cinquante tonneaux, de la jauge légale et au-dessus, à raison de cinq maces (un demi-taël) par tonneau ; pour les navires jaugeant moins de cent cinquante tonneaux, à raison de un mace (un dixième de taël) par tonneau. Toutes les rétributions et surcharges additionnelles, antérieurement imposées à l'arrivée et au départ, sont expressément supprimées et ne pourront être remplacées par aucune autre.

Lors du payement du droit précité, le chef de la douane délivrera au capitaine ou au consignataire un reçu en forme de certificat constatant que le droit de tonnage a été intégralement acquitté, et, sur l'exhibition de ce certificat au chef de la douane de tout autre port où il lui conviendrait de se rendre, le capitaine sera dispensé de payer de nouveau pour son bâtiment le droit de tonnage, tout navire français ne devant en être passible qu'une seule fois à chacun de ses voyages d'un pays étranger en Chine.

Sont exemptés des droits de tonnage, les barques, goélettes, bateaux caboteurs et autres embarcations françaises, pontées ou non, employées au transport des passagers, bagages, lettres, comestibles et généralement de tous objets non sujets aux droits. Si lesdites embarcations transportaient en outre des marchandises, elles resteraient dans la catégorie des navires jaugeant moins de cent cinquante tonneaux et payeraient à raison d'un dixième de taël (un mace) par tonneau.

Les négociants français pourront toujours affréter des jonques et autres embarcations chinoises, lesquelles ne seront soumises à aucun droit de tonnage.

Art. 23. Toutes marchandises françaises, après avoir acquitté, dans l'un des ports de la Chine, les droits de douanes liquidés d'après le tarif, pourront être transportées dans l'intérieur sans avoir à subir aucune autre charge supplémentaire que le payement des droits de transit suivant le taux modéré actuellement en vigueur, lesquels droits ne seront susceptibles d'aucune augmentation future.

Si les agents de la douane chinoise, contrairement à la teneur du présent Traité, exigeaient des rétributions illégales ou prélevaient des droits plus élevés, ils seraient punis suivant les lois de l'Empire.

Art. 24. Tout navire français entré dans l'un des ports ouverts au commerce étranger, et qui voudra n'y décharger qu'une partie de ses marchandises, ne payera les droits de douane que pour la partie débarquée; il pourra transporter le reste de sa cargaison dans un autre port et l'y vendre. Les droits seront alors acquittés.

Dans le cas où des Français, après avoir acquitté dans un port les droits sur des marchandises, voudraient les réexporter et aller les vendre dans un autre port, ils en préviendraient le consul ou agent consulaire; celui-ci, de son côté, en informera le chef de la douane, lequel, après avoir constaté l'identité de la marchandise et la parfaite intégrité des colis, remettra aux réclamants une déclaration attestant que les droits afférents auxdites marchandises ont été effectivement acquittés.

Munis de cette déclaration, les négociants français n'auront, à leur arrivée dans l'autre port, qu'à la présenter par l'entremise du consul au chef de la douane, qui délivrera pour cette partie de la cargaison, sans retard et sans frais, un permis de débarquement en franchise de droits; mais, si l'autorité découvrait de la fraude ou de la contrebande parmi ces marchandises ainsi réexportées, celles-ci seraient, après vérification, confisquées au profit du Gouvernement chinois.

Art. 25. Aucun transbordement de marchandises ne pourra avoir lieu que sur permis spécial, et dans un cas d'urgence. S'il devient indispensable d'effectuer cette opération, il devra en être référé au consul, qui délivrera un certificat, sur le vu duquel le transbordement sera autorisé par le chef de la douane. Celui-ci pourra toujours déléguer un employé de son administration pour y assister.

Tout transbordement non autorisé, sauf le cas de péril en la demeure, entraînera la confiscation, au profit du Gouvernement chinois, de la totalité des marchandises illicitement transbordées.

Art. 26. Dans chacun des ports ouverts au commerce étranger, le chef de la douane recevra pour lui-même, et déposera au consulat français, des balances légales pour les marchandises et pour l'argent, ainsi que des poids et mesures exactement conformes aux poids et aux mesures en usage à la douane de Canton, et revêtus d'une estampille et d'un cachet constatant cette conformité. Ces étalons seront la base de toutes les liquidations de droits et de tous les payements à faire au Gouvernement chinois. On y aura recours en cas de contestation sur le poids et la mesure des marchandises, et il sera statué d'après les résultats qu'ils auront donnés.

Art. 27. Les droits d'importation et d'exportation prélevés en Chine sur le commerce français seront réglés conformément au tarif annexé au présent Traité sous

le sceau et la signature des plénipotentiaires respectifs.
Ce tarif pourra être revisé de sept en sept années, pour
être mis en harmonie avec les changements de valeur
apportés par le temps sur les produits du sol et de l'industrie des deux Empires.

Moyennant l'acquit de ces droits, dont il est expressément interdit d'augmenter le montant dans le cours des
sept années et que ne pourra aggraver aucune espèce de
charge ou de surtaxe quelconque, les Français seront
libres d'importer en Chine des ports français ou étrangers, et d'exporter également de Chine pour toute destination, toutes les marchandises qui ne seraient pas, au jour
de la signature du présent Traité, et d'après la classification du tarif ci-annexé, l'objet d'une prohibition for-
melle ou d'un monopole spécial.

Le Gouvernement chinois renonçant à la faculté d'augmenter, par la suite, le nombre des articles réputés contrebande ou monopole, aucune modification ne pourra
être apportée au tarif qu'après une entente préalable avec
le Gouvernement français et de son plein et entier consentement.

A l'égard du tarif aussi bien que pour toute stipula-
tion introduite ou à introduire dans les Traités existants
ou qui seraient ultérieurement conclus, il demeure bien
et dûment établi que les négociants, et en général tous
les citoyens français en Chine, auront droit toujours et
partout au traitement de la nation la plus favorisée.

Art. 28. La publication d'un tarif convenable et régulier ôtant désormais tout prétexte à la contrebande, il
n'est pas à présumer qu'aucun acte de cette nature soit
commis par des bâtiments du commerce français dans
les ports de la Chine. S'il en était autrement, toute marchandise introduite en contrebande par des navires ou

par des négociants français dans ces ports, quelles que soient d'ailleurs sa valeur et sa nature, comme aussi toute denrée prohibée débarquée frauduleusement, seront saisies par l'autorité locale et confisquées au profit du Gouvernement chinois. En outre, celui-ci pourra, si bon lui semble, interdire l'entrée de la Chine au bâti·ment surpris en contravention et le contraindre à partir aussitôt après l'apuration de ses comptes. Si quelque navire étranger se couvrait frauduleusement du pavillon de la France, le Gouvernement français prendrait les mesures nécessaires pour la répression de cet abus.

ART. 29. Sa Majesté l'Empereur des Français pourra faire stationner un bâtiment de guerre dans les ports principaux de l'Empire où sa présence serait jugée nécessaire pour maintenir le bon ordre et la discipline parmi les équipages des navires marchands et faciliter l'exercice de l'autorité consulaire. Toutes les mesures nécessaires seraient prises pour que la présence de ces navires de guerre n'entraîne aucun inconvénient, et leurs commandants recevraient l'ordre de faire exécuter les dispositions stipulées dans l'article 33 par rapport aux communications avec la terre et à la police des équipages. Les bâtiments de guerre ne seront assujettis à aucun droit.

ART. 30. Tout bâtiment de guerre français croisant pour la protection du commerce sera reçu en ami et traité comme tel dans les ports de la Chine où il se présentera. Ces bâtiments pourront s'y procurer les divers objets de rechange et de ravitaillement dont ils auraient besoin, et s'ils ont fait des avaries, les réparer et acheter dans ce but les matériaux nécessaires; le tout sans la moindre opposition.

Il en sera de même à l'égard des navires de commerce

français qui, par suite d'avaries majeures ou pour toute autre cause, seraient contraints de chercher refuge dans un port quelconque de la Chine.

Si quelqu'un de ces bâtiments venait à se perdre sur la côte, l'autorité chinoise la plus proche, dès qu'elle en serait informée, porterait sur-le-champ assistance à l'équipage, pourvoirait à ses premiers besoins et prendrait les mesures d'urgence nécessaires pour le sauvetage du navire et la préservation des marchandises. Puis elle porterait le tout à la connaissance du consul ou agent consulaire le plus à portée du sinistre, pour que celui-ci, de concert avec l'autorité compétente, pût aviser au moyen de rapatrier l'équipage et de sauver les débris du navire et de la cargaison.

ART. 31. Dans le cas où, par la suite des temps, la Chine entrerait en guerre ave une autre puissance, cette circonstance ne porterait aucune atteinte au libre commerce de la France avec la Chine ou avec la nation ennemie. Les navires français pourraient toujours, sauf le cas de blocus effectif, circuler sans obstacle des ports de l'une aux ports de l'autre, y trafiquer comme à l'ordinaire, y importer et en exporter toute espèce de marchandises non prohibées.

ART. 32. S'il arrive que des matelots ou autres individus désertent des bâtiments de guerre ou s'évadent des navires de commerce français, l'autorité chinoise, sur la réquisition du consul ou, à son défaut, du capitaine, fera tous ses efforts pour découvrir et restituer sur-le-champ, entre les mains de l'un ou de l'autre, les susdits déserteurs ou fugitifs.

Pareillement, si des Chinois déserteurs ou prévenus de quelque crime vont se réfugier dans des maisons françaises ou à bord des navires appartenant à des Français,

15

l'autorité locale s'adressera au consul, qui, sur la preuve de la culpabilité des prévenus, prendra immédiatement les mesures nécessaires pour que leur extradition soit effectuée. De part et d'autre, on évitera soigneusement tout recel et toute connivence.

ART. 33. Quand des matelots descendront à terre, ils seront soumis à des règlements de discipline spéciale qui seront arrêtés par le consul et communiqués à l'autorité locale, de manière à prévenir, autant que possible, toute occasion de querelle entre les marins français et les gens du pays.

ART. 34. Dans le cas où les navires de commerce français seraient attaqués ou pillés par les pirates, dans des parages dépendants de la Chine, l'autorité civile et militaire du lieu le plus rapproché, dès qu'elle aura connaissance du fait, en poursuivra activement les auteurs, et ne négligera rien pour qu'ils soient arrêtés et punis conformément aux lois. Les marchandises enlevées, en quelque lieu et dans quelque état qu'elles se trouvent, seront remises entre les mains du consul, qui se chargera de les restituer aux ayants droit. Si l'on ne peut s'emparer des coupables, ni recouvrer la totalité des objets volés, les fonctionnaires chinois subiront la peine infligée par la loi en pareille circonstance ; mais ils ne sauraient être rendus pécuniairement responsables.

ART. 35. Lorsqu'un sujet français aura quelque motif de plainte ou quelque réclamation à formuler contre un Chinois, il devra d'abord exposer ses griefs au consul qui, après avoir examiné l'affaire, s'efforcera de l'arranger à l'amiable. De même, quand un Chinois aura à se plaindre d'un Français, le consul écoutera ses réclamations avec intérêt et cherchera à ménager un arrangement à l'amiable ; mais si, dans l'un ou l'autre cas, la chose était impossible, le consul requerra l'assistance du fonctionnaire chinois compétent, et tous deux, après avoir examiné conjointement l'affaire, statueront suivant l'équité.

Art. 36. Si, dorénavant, des citoyens français éprou‑ vaient quelques dommages, ou s'ils étaient l'objet de quelque insulte ou vexation de la part de sujets chinois, ceux-ci seraient poursuivis par l'autorité locale, qui prendra les mesures nécessaires pour la défense et la protection des Français : à bien plus forte raison, si des malfaiteurs ou quelque partie égarée de la population tentaient de piller, de détruire ou d'incendier les mai‑ sons, les magasins des Français, ou tout autre établis‑ sement formé par eux, la même autorité, soit à la ré‑ quisition du consul, soit de son propre mouvement, enverrait en toute hâte la force armée pour dissiper l'émeute, s'emparer des coupables, les livrer à toute la rigueur des lois ; le tout sans préjudice des poursuites à exercer par qui de droit pour indemnisation des pertes éprouvées.

Art. 37. Si des Chinois, à l'avenir, deviennent débi‑ teurs de capitaines ou de négociants français et leur font éprouver des pertes par fraude ou de toute autre ma‑ nière, ceux-ci n'auront plus à se prévaloir de la solida‑ rité qui résultait de l'ancien état de choses ; ils pourront seulement s'adresser, par l'entremise de leurs consuls, à l'autorité locale, qui ne négligera rien, après avoir exa‑ miné l'affaire, pour contraindre les prévenus à satisfaire à leurs engagements, suivant la loi du pays. Mais si le débiteur ne peut être retrouvé, s'il est mort ou en fail‑ lite, et s'il ne reste rien pour payer, les négociants fran‑ çais ne pourront point appeler l'autorité chinoise en garantie.

En cas de fraude ou de non-payement de la part des négociants français, le consul prêtera, de la même manière, assistance aux réclamants, sans que, toutefois, ni lui ni son Gouvernement puissent, en aucune manière, être rendus responsables.

Art. 38. Si, malheureusement, il s'élevait quelque rixe ou quelque querelle entre des Français et des Chinois, comme aussi dans le cas où, durant le cours d'une semblable querelle, un ou plusieurs individus seraient tués ou blessés, soit par des coups de feu, soit autrement, les Chinois seront arrêtés par l'autorité chinoise, qui se chargera de les faire examiner et punir, s'il y a lieu, conformément aux lois du pays. Quant aux Français, ils seront arrêtés à la diligence du consul, et celui-ci prendra toutes les mesures nécessaires pour que les prévenus soient livrés à l'action régulière des lois françaises, dans la forme et suivant les dispositions qui seront ultérieurement déterminées par le Gouvernement français.

Il en sera de même en toute circonstance analogue et non prévue dans la présente Convention, le principe étant que, pour la répression des crimes et délits commis par eux en Chine, les Français seront constamment régis par les lois françaises.

Art. 39. Les Français en Chine dépendront également, pour toutes les difficultés ou les contestations qui pourraient s'élever entre eux, de la juridiction française. En cas de différends survenus entre Français et étrangers, il est bien stipulé que l'autorité chinoise n'aura à s'en mêler en aucune manière. Elle n'aura pareillement à exercer aucune action sur les navires français; ceux-ci ne relèveront que de l'autorité française et du capitaine.

Art. 40. Si, dorénavant, le Gouvernement de Sa Majesté l'Empereur des Français jugeait convenable d'apporter des modifications à quelques-unes des clauses du présent Traité, il sera libre d'ouvrir, à cet effet, des négociations avec le Gouvernement chinois, après un intervalle de douze années révolues à partir de l'échange des ratifications. Il est d'ailleurs entendu que toute obligation non consignée expressément dans la présente Convention ne saura être imposée aux consuls ou aux agents consulaires, non plus qu'à leurs nationaux, tandis que, comme il a été stipulé, les Français jouiront de tous les droits, priviléges, immunités et garanties quelconques qui auraient été ou qui seraient accordés par le Gouvernement chinois à d'autres puissances.

Art. 41. Sa Majesté l'Empereur des Français, voulant donner à Sa Majesté l'Empereur de la Chine une preuve des sentiments qui l'animent, consent à stipuler, dans des articles séparés ayant la même force et valeur que s'ils étaient insérés mot à mot au présent Traité, les arrangements convenus entre les deux Gouvernements au sujet des questions antérieures aux événements de Canton et aux frais qu'ils ont occasionnés au Gouvernement de Sa Majesté l'Empereur des Français.

Art. 42. Les ratifications du présent Traité d'amitié, de commerce et de navigation, seront échangées à Pékin, dans l'intervalle d'un an à partir du jour de la signature, ou plus tôt si faire se peut, par Sa Majesté l'Empereur des Français et par Sa Majesté l'Empereur de la Chine.

Après l'échange de ces ratifications, le Traité sera porté à la connaissance de toutes les autorités supérieures de l'Empire dans les provinces et dans la capitale, afin que sa publicité soit bien établie.

En foi de quoi, les plénipotentiaires respectifs ont signé le présent Traité et y ont apposé leurs cachets.

Fait à *Tien-Tsin*, en quatre expéditions, le vingt-septième jour du mois de juin de l'an de grâce 1858, correspondant au dix-septième jour de la cinquième lune de la huitième année de Hien-Foung.

(L. S.) *Signé* : Baron GROS.

(L. S.) Les signatures des plénipotentiaires chinois.

Articles séparés servant de complément au Traité conclu entre Sa Majesté l'Empereur des Français et Sa Majesté l'Empereur de la Chine, à Tien-Tsin, dans la province de Tcheli, le 27 juin 1858.

Art. 1er. Le magistrat de *Si-lin-hien* coupable du meurtre du missionnaire français *Auguste Chapdelaine* sera dégradé et déclaré incapable d'exercer désormais aucun emploi.

Art. 2. Une communication officielle adressée à Son Excellence M. le Ministre de France en Chine lui annoncera l'exécution de cette mesure, qui sera rendue publique et motivée convenablement dans la gazette de Pékin.

Art. 3. Une indemnité sera donnée aux Français et aux protégés de la France dont les propriétés ont été pillées ou incendiées par la populace de Canton avant la prise de cette ville par les troupes alliées de la France et de l'Angleterre.

Art. 4. Les dépenses occasionnées par les armements considérables qu'ont motivés les refus obstinés des autorités chinoises d'accorder à la France les réparations et les indemnités qu'elle a réclamées, seront payées au Gouvernement de Sa Majesté l'Empereur des Français par les caisses de la douane de la ville de Canton.

Ces indemnités et ces frais d'armements s'élevant à peu près à une somme de deux millions de taëls (2,000,000), cette somme sera versée entre les mains du ministre de France en Chine, qui en donnera quittance.

Cette somme de deux millions de taëls sera payée à Son Excellence M. le Ministre de France en Chine, par sixièmes, payables d'année en année, et pendant six ans, par la caisse des douanes de Canton; elle pourra l'être, soit en numéraire, soit en bons de douane, qui seront reçus par cette administration en payement des droits d'importation et d'exportation et pour un dixième seulement de la somme qu'on aurait à lui payer; c'est-à-dire que, si un négociant doit à la douane de Canton une somme de dix mille taëls, par exemple, il pourra en payer neuf mille en espèces et mille en bons dont il s'agit.

Le premier sixième sera payé dans le cours de l'année qui suivra la signature du présent Traité, à compter du jour où elle aura lieu.

La douane de Canton pourra, si elle le veut, ne recevoir chaque année en payement de droits que le sixième des bons émis, c'est-à-dire pour une somme de trois cent trente-trois mille trois cent trente-trois taëls et trente-quatre centièmes.

Une commission mixte, nommée à Canton par l'autorité chinoise et par le ministre de France, fixera d'avance le mode d'émission de ces bons et les règlements qui en détermineront la forme, la valeur et le mode de destruction dès qu'ils auront servi.

Art. 5. L'évacuation de Canton par les troupes françaises s'effectuera aussitôt que possible après le payement intégral de la somme de deux millions de taëls stipulée ci-dessus ; mais, pour hâter la retraite de ces troupes , ces bons de douanes pourront être émis d'avance par série de six années et déposés dans la chancellerie de la légation de France en Chine.

Art. 6. Les articles ci-dessus auront même force et valeur que s'ils étaient inscrits mot à mot dans le Traité dont ils font partie, et les plénipotentiaires respectifs les ont signés et y ont apposé leurs sceaux et leurs cachets.

Fait à *Tien-Tsin* en quatre expéditions, le vingt-septième jour du mois de juin de l'an de grâce 1858, correspondant au dix-septième jour de la cinquième lune de la huitième année de Hien-Foung.

(L. S.) *Signé* : Baron GROS.

(D. S.) Signatures des plénipotentiaires chinois.

L'art. 9 du Traité signé à *Tien-Tsin*, le 27 juin dernier, par le plénipotentiaire de Sa Majesté l'Empereur des Français et les plénipotentiaires de Sa Majesté l'Empereur de la Chine, ayant prévu que des modifications pourraient être apportées, d'un commun accord, par le Gouvernement de Sa Majesté l'Empereur de la Chine, et ceux des puissances signataires des Traités de *Tien-Tsin*, au sujet d'améliorations à introduire dans le tarif qui fixe les droits d'importation, d'exportation, de transit, etc., et Sa Majesté l'Empereur de la Chine ayant, à cet effet, donné l'ordre aux commissaires impériaux *Kouei-*

Liang, commissaire impérial de la dysnatie Ta-Tsing, membre du conseil privé du Pavillon oriental, ministre de la justice, général en chef des troupes de la Bannière blanche, muni de pleins pouvoirs, etc., etc., etc.; et *Houá-Chá-Ná*, commissaire impérial de la dynastie Ta-Tsing, lecteur de la Maison impériale, secrétaire d'État au département de l'intérieur, général en chef de l'armée Sino-Tartare de la Bannière bordée d'azur, muni de pleins pouvoirs, etc., etc., etc.; auxquels Sa Majesté a jugé à propos d'adjoindre en la même qualité : *Hô*, commissaire impérial de la dynastie Ta-Tsing, second tuteur de l'héritier présomptif, secrétaire d'État au département de la guerre, vice-roi des deux Kiangs, muni de pleins pouvoirs, etc., etc., etc.; *Minn*, commissaire impérial de la dynastie Ta-Tsing, fonctionnaire de deuxième rang, chargé des mouvements militaires, etc., etc., etc.; et *Touan*, commissaire impérial de la dynastie Ta-Tsing, fonctionnaire de cinquième rang, membre du conseil général, attaché au ministère de la justice, etc., etc., etc.;

De se rendre à *Chang-haï*, où se trouvait le plénipotentiaire de France, afin de s'entendre avec lui au sujet des modifications et des améliorations à apporter au tarif, il a été convenu, entre les Hautes-Parties contractantes, qu'après mûr examen, et après avoir consulté des personnes instruites en matière de commerce, il serait procédé à l'établissement d'un nouveau tarif accompagné de règlements commerciaux servant à faciliter sa mise à exécution.

Il a été également convenu que le nouveau tarif français et les règlements de commerce qui y sont annexés, pouvant, à bon droit, être considérés comme un Traité supplémentaire à celui du 27 juin dernier, ce tarif et ces règlements auraient, aux mêmes dates et aux mêmes conditions stipulées dans le Traité de *Tien-Tsin*, la même force et valeur que s'ils y étaient insérés mot à mot, et qu'à partir du jour où le Traité de *Tien-Tsin* sera mis à exécution, le tarif qui s'y trouve annexé en ce moment sera considéré comme nul et non avenu et remplacé par le nouveau tarif.

Le plénipotentiaire de France et ceux de l'Empire chinois ayant reconnu valables les pouvoirs dont ils sont revêtus, ont établi, d'un commun accord, ledit tarif et les règlements commerciaux qui le terminent.

En conséquence, les droits que les Français auront à payer aux autorités chinoises, par suite des opérations commerciales qu'ils pourraient faire en Chine, sont fixés, de commun accord, d'après le tarif divisé en marchandises d'importation et en marchandises d'exportation, énumérées dans chacune de ces deux grandes divisions, par ordre de lettres alphabétiques.

CHINE.

DEUXIÈME AFFAIRE

DU PEÏ-HO.

1859

A bord du *Duchayla*, corvette de S. M. I. *Shang-haï*, 14 juillet 1859.

A M. LE Vte DE LA GUÉRONNIÈRE.

Au moment où, en Europe, triomphe la cause de la justice et du bon droit, et où la politique de la France recueille les fruits de sa sagesse, de sa fermeté et de sa droiture, en Chine, la cause de la civilisation reçoit une grave atteinte, et les plus puissants intérêts d'un grand peuple allié viennent à se trouver brusquement en péril.

Je reviens du *Pe-tchi-li*, du nord de la Chine, avec les Légations de France et d'Angleterre qui s'y étaient rendues dans le but d'aller échanger à *Pé-king* les ratifications du traité signé à *Tien-Tsin* le 27 juin 1858.

Depuis ce 25 juin 1859, ce traité n'existe plus.

Les boulets des forts du *Peï-ho*, relevés de leurs ruines, viennent de le déchirer violemment, aux mêmes lieux, presqu'à la même date, où l'année dernière la France et l'Angleterre semblaient croire avoir fondé une alliance durable avec l'Empire chinois.

Les faits qui viennent de s'accomplir au *Pe-tchi-li* sont graves ; ils ont été sanglants ; et cependant cette gravité, je la considère comme plus limitée dans le présent, et, pour ainsi dire, comme plus localisée là où elle est venue à se produire, que comme destinée à prendre en Chine, dans l'avenir de nos relations avec elle, des proportions ou croissantes ou dangereuses.

Tout en vous livrant ces faits, en raison de ma situation particulière, en raison aussi de l'importance et de la date récente des événements autant que de l'ignorance de ces mêmes faits où se trouvent encore les Gouvernements intéressés, je me suis imposé des réserves et une sobriété de commentaires que je ne saurais toutefois séparer de l'espoir de me voir rendue, dans un avenir quelconque, ma liberté de penser tout haut : car pour moi, le droit, je dirai plus, le devoir de toute conviction honnête s'étayant sur des faits acquis et vrais, si souvent elle doit se taire, sous l'empire de certaines circonstances ou de certaines considérations, est, à l'heure où il lui est permis de se traduire, de ne rien cacher de ce qu'elle croit être la vérité ; quand il s'agit surtout de la dignité ou des intérêts du pays qu'elle sert : sinon, ce serait le mal servir.

Le 2 juin dernier, les Légations de France et d'Angleterre, ayant à leur tête, l'une M. de *Bourboulon*, déjà ministre résident en Chine ; l'autre M. *Bruce,* frère de lord *Elgin,* dernier Commissaire extraordinaire anglais, quittaient *Hong-Kong* et se donnaient un premier rendez-vous à *Shang-haï,* pour faire ensuite route de concert vers le Nord.

Tout à fait conforme sous ce rapport au programme pacifique de l'échange de ratifications d'un traité de paix, la Légation de France se rendait au *Pe-tchi-li* sur un seul navire de guerre, la corvette à vapeur le *Duchayla,* éclairée par une mouche, le *Norzagaray*, bâtiment de rivière inoffensif, n'ayant pour tout armement que deux pièces de 12 à pivot, et uniquement destiné, par son faible tirant d'eau, à remonter le *Peï-ho* jusqu'à *Tien-Tsin ;* seuls moyens de transport d'ailleurs que l'escadre de Cochinchine se fût trouvée en mesure de mettre à la disposition de la Légation de France en Chine.

Le départ de la Légation anglaise avait un caractère tout différent ; déjà même il indiquait des idées moins pacifiques. M. Bruce, sans doute en prévision d'événements possibles, résolu qu'il était, d'autre part, à chercher, par tous les moyens en son pouvoir, à arriver jusqu'à *Pé-king* où *l'entrée de la Légation russe était annoncée comme un fait accompli*, se faisait escorter de deux frégates, de trois corvettes, de deux avisos et de neuf canonnières ; le tout portant, en dehors de leurs équipages respectifs, 1,500 hommes de débarquement.

A *Shang-haï*, les deux Ministres passèrent quelques jours à prendre entre eux des arrangements diplomatiques que je n'ai pas à apprécier ici ; et après avoir refusé obstinément l'un et l'autre toute entrevue avec les deux Hauts Commissaires chinois *Kouei-Liang* et *Houa-Chana*, les signataires du Traité de *Tien-Tsin*, qui étaient venus les attendre à *Shang-haï*, ils se donnaient un second rendez-vous dans le *Pe-tchi-li*, aux bouches du *Peï-ho*, qu'il s'agissait de remonter jusqu'à *Tien-Tsin*, avant de prendre, toujours de concert, la route de la capitale de l'Empire.

En effet, le 21 juin, nous ralliâmes la flotte anglaise dans les eaux du *Pe-tchi-li*, où nous fûmes rejoints, à quelques heures de distance, par le Ministre des États-Unis, M. Ward, qui n'amenait avec lui qu'une corvette pour le porter et un aviso léger pour remonter la rivière.

Déjà, à notre arrivée, l'Amiral Hope, commandant en chef de l'escadre de S. M. B. en Chine, qui nous avait devancés de deux jours au *Peï-ho*, avait entamé avec les forts de la rivière des pourparlers qui, selon lui, n'avaient amené aucun résultat satis-

faisant. A sa demande de faire franchir par ses canonnières l'entrée du *Peï-ho*, afin de porter à *Tien-
Tsin* la Légation anglaise, la réponse des autorités
militaires des forts, transmise par un mandarin,
d'un rang inférieur, dont les Anglais, il faut le dire
nettement, se refusèrent à reconnaître le caractère,
avait été : « que les ordres de *Pé-king* étaient for-
« mels; qu'ils prohibaient à qui que ce fût tout
« droit d'entrée dans la rivière; toutefois que des
« puissances amies, l'Angleterre entre autres, ne
« devaient se blesser en rien de cette prohibition,
« mesure de sûreté prise uniquement contre les re-
« belles chinois; que cela était si vrai; que les in-
« tentions de l'Empereur, intentions amicales,
« étaient si bien restées les mêmes à l'égard de ses
« alliés, qu'il les faisait engager à se rendre à un
« autre bras de rivière, à dix milles du *Peï-ho*, où,
« s'ils ne pouvaient remonter jusqu'à *Tien-Tsin*
« avec leurs canonnières, ils seraient, sous bref
« délai, rejoints par les Grands Mandarins *Kouei-
« Liang* et *Houa-Cha-Na*, attendus du Sud d'un
« jour à l'autre, et chargés d'accompagner les Plé-
« nipotentiaires jusques à *Pé-king*. »

Cette réponse fut déclarée *inacceptable* par le
Ministre d'Angleterre, et, d'accord avec son collègue de France, il arrêta : « que le refus des Chi-
« nois lui paraissant de nature à couper court à

16

« toute action ultérieure de la diplomatie, son rôle
« était fini ; qu'il déléguait donc ses pouvoirs à
« l'Amiral Hope, chargé d'ouvrir par la force le
« passage refusé. »

Dès lors, on le voit, la question était tranchée :
elle devenait purement militaire ; aussi une reconnaissance aux bouches du *Peï-ho* fut-elle décidée
pour le surlendemain, comme il fut également décidé que le Commandant du *Duchayla*, seul représentant, dans la nouvelle situation des choses, du
pavillon militaire fançais, accompagnerait l'Amiral anglais dans cette reconnaissance, et resterait
sous ses ordres, pendant le cours des opérations,
avec le contingent de matelots qu'il lui serait permis d'apporter.

Au jour indiqué, la reconnaissance eut lieu. Elle
constata d'abord que les forts du *Peï-ho*, recons-
truits dans des conditions très-différentes de celles
qu'ils présentaient l'an dernier, alors que les amiraux Rigault de Genouilly et Seymour les avaient
attaqués et détruits, avaient actuellement des apparences redoutables et *essentiellement européennes ;*
que les nouveaux ouvrages de défense, en terre ou
en argile, se composaient de *cavaliers* et de batteries rasantes, battant la mer dans toutes les directions, à l'abri d'un banc de sable, défense naturelle par elle-même des plus formidables ; de feux

croisés couvrant la rivière sur un espace d'à peu
près deux milles, et surtout de trois rangs rappro-
chés d'estacades fermant le goulet de la rivière et
formés, le premier de chevaux de frise en fer, le
second de pilotis énormes reliés entre eux par de
fortes chaînes ; le troisième, de ces mêmes pilotis,
placés en damier, sur une profondeur de 40 mètres, en remontant la rivière ; ces trois barrages
n'offrant eux-mêmes, dans leur centre , que d'é-
troits passages qui ne se correspondaient pas en
ligne droite ; qu'en un mot, tout cet ensemble de défenses exigeait des moyens d'attaque très-sérieux.

De plus, cette reconnaissance avait à peu près démontré que les forts étaient défendus par un corps
de troupes dont il était difficile d'apprécier exactement le chiffre, mais qui, d'après quelques renseignements antérieurs fournis par les Missionnaires, devait être important, et qui se composait,
non plus de *Chinois*, comme l'année précédente,
mais d'un élément nouveau, de *Tartares-Mogols*,
race guerrière campée au delà de la *Grande-Muraille*, et rentrant sur la scène politique après plusieurs siècles d'exclusion du sol chinois, sous les
ordres d'un prince revêtu d'un caractère semi-reli-
gieux, semi-guerrier, et que l'on nomme *Sang-ko-
lin-sing* (plus communément nommé par les Chinois *Sang-ouang-ay*). Ce chef est le même qui, l'an

passé, pendant notre séjour à *Tien-Tsin*, couvrait
Pé-king avec un corps, disait-on, de 30,000 hommes. Dans sa jeunesse, il a été *Lama* au Thibet,
au couvent bouddhiste de *Potala;* il est oncle de
l'empereur régnant, et, de tous les généraux chinois actuels, il est le seul qui ait *réellement* réussi
à battre les rebelles du Sud et à les refouler sur
Nang-king, alors qu'ils cherchèrent à envahir les
provinces du Nord. Tous ces titres en font un
personnage considérable et redouté par le Gouvernement même qu'il sert à la tête de ses hordes.

Mais, revenant à la reconnaissance des forts du
Peï-ho, ce que l'Amiral ne put vérifier avant l'attaque, soit que la distance d'où il observait fût trop
grande, soit pour tout autre motif que je n'oserais
préciser, ce fut le nombre d'embrasures dont était
percé l'ensemble des ouvrages de défense, embrasures que les Mogols avaient habilement masquées
avec des nattes de jonc; non plus que la valeur des
pièces dont on pourrait avoir à essuyer le feu : plus
tard, il fut établi que le front des ouvrages en pré-
sentait 66 des calibres de 42, 68 et 80 : *la plupart
pièces de fabriques anglaises et russes.*

En présence d'aussi formidables ressources chez
l'ennemi, et le projet d'attaque une fois maintenu,
la question première et importante pour l'Amiral
anglais était d'ouvrir dans les estacades, d'une fa-

çon ou d'une autre, et sans se préoccuper, au début, des forts faisant face à la mer, un passage aux canonnières qui, une fois ce passage pratiqué, se lanceraient dans la rivière à toute vapeur, afin d'amoindrir l'effet meurtrier de batteries à demi-portée, et, après avoir dépassé le feu de ces batteries, jetteraient à terre, sur un point quelconque, des troupes destinées à prendre les forts à revers et à les enlever.

Tel fut le plan d'attaque arrêté par l'Amiral Hope qui, pour l'assurer, envoya la nuit même, à la bouche du *Peï-ho*, des embarcations dont la mission était d'arracher le plus grand nombre de pieux qu'elles pourraient aux trois rangs d'estacades, afin de frayer aux canonnières la plus large voie possible. Cette tentative ne réussit pas; un ou deux chevaux de frise de la première estacade purent seuls être enlevés, et les embarcations durent se retirer avant le jour, après avoir essuyé, sans dommage, quelques coups de canon des *Mogols* surpris par cette tentative audacieuse.

L'insuccès de cette opération de début ne changea rien aux résolutions des Anglais, et le *lendemain*, 25 *juin*, *à deux heures et demie*, neuf canonnières et deux *dispatch-vessels* (grandes canonnières), chargées de troupes de débarquement, et auxquelles s'était rallié l'aviso français portant le

Commandant du *Duchayla*, *trois officiers et cin-quante-huit matelots*, seul contingent qu'avait pu envoyer notre corvette, s'étant embossées sur une seule ligne, en dedans de la barre de sable, indiquée plus haut, l'affaire commença.

Les Anglais avaient résolu de ne pas ouvrir le feu les premiers, et d'attendre qu'il vînt des forts; deux canonnières avaient donc été envoyées en avant avec l'ordre de s'engager résolûment, sans brûler une amorce, dans les rangs des estacades, et de chercher à y faire la route au reste de la flottille : les *Mogols* laissèrent, en effet, ces deux canonnières dépasser le premier et le deuxième rangs de pilotis; mais, alors seulement, ils ouvrirent sur elles un feu si meurtrier et si bien dirigé que, dès les premiers coups à bord de la canonnière la plus avancée, un projectile énorme renversait, tuait ou blessait dix-sept hommes, et qu'un instant après, un autre boulet enlevait la tête de l'officier commandant : ce fut le signal de l'engagement général, et c'est alors aussi que se démasqua la totalité des embrasures des forts.

Pendant trois heures, sans interruption, le feu se maintint terrible de part et d'autre; avec un acharnement héroïque du côté des Anglais, malgré les ravages causés sur des canonnières découvertes, par une grosse artillerie abritée, elle, derrière d'ex-

cellents revêtements de terre; avec une ténacité
singulière, avec une sagesse méthodique et réglée
du côté des *Mogols*.

Ce ne fut qu'à cinq heures et demie, après avoir
eu trois de ses canonnières coulées par le feu des
forts, et restées depuis au pouvoir de l'ennemi,
malgré tous les efforts tentés pour les sauver; après
avoir vu ses équipages décimés et avoir constaté
l'impuissance de son artillerie contre des ouvrages
en terre où ses plus gros projectiles allaient s'en-
foncer sans les entamer, que l'Amiral Hope résolut
de tenter une chance suprême, tout hasardeuse
qu'elle fût, celle d'un débarquement immédiat.

Là, encore, un nouveau désastre attendait les
armes anglo-françaises!

Les troupes de débarquement avaient à enlever
de front deux *cavaliers* situés en face de la ligne
d'embossage des canonnières; mais, au lieu de pouvoir débarquer sur un sol ferme, les compagnies
d'attaque se trouvaient avoir à traverser 600 *mètres*
de vase, de boue liquide avant de toucher au terrain solide sur lequel s'élevaient les forts; et la nuit
se faisait. Les hommes ne s'en jetèrent pas moins,
pleins d'ardeur, dans cette mer de vase qui souvent
leur montait jusqu'à la poitrine. Courage inutile:
l'on avait trop présumé de leurs forces, et c'est à
peine si quelques dizaines d'hommes purent at-

teindre le pied des fortifications, pour se trouver, là encore, en face de nouveaux obstacles, trois fossés profonds et pleins d'eau ceignant le front des *cavaliers*.

Les hommes étaient épuisés, n'ayant plus que des armes mises hors d'état de service par la boue qui les remplissait ; la plupart privés de ces mêmes armes qu'ils avaient dû sacrifier à leur propre salut dans la vase où ils s'étaient jetés et écrasés par une grêle incessante de projectiles de toutes sortes, mitraille, balles, flèches pleuvant sur eux du haut des ouvrages qu'ils s'étaient trouvés sans force pour escalader. Au nombre de ces hommes se trouvaient le Commandant, trois officiers et quatre hommes du *Duchayla* parvenus des premiers au pied des murailles.

Aussi, après trois heures d'efforts inutiles, quand il fut bien reconnu que la lutte était impossible et que vouloir la prolonger serait un acte de folie presque coupable, chacun regagna comme il put les embarcations, escorté par la mitraille des *Mogols*. Les pertes avaient été grandes ; un seul bataillon, entre autres, de 400 hommes, du corps des *Marines*, en laissa 112 derrière lui, tués ou noyés dans la vase, et eut presque tous ses officiers atteints.

Dès lors, le désastre était consommé, irréparable : l'Amiral le comprit avec douleur, et ordre fut donné

par lui de commencer, dès le lendemain, à écouler
en rade sur leurs bâtiments les morts et les blessés
respectifs ; triste et lugubre spectacle que nous
eûmes sous les yeux pendant trois jours, et que
rendait plus lugubre encore la vue de cadavres trop
précipitamment ensevelis dans la mer, et revenant
sans cesse flotter à la surface autour de nos navires ;
dernier adieu de ces morts au pavillon à qui ils
avaient donné leurs vies, aux amis qui leur sur-
vivaient.

Récapitulation faite des pertes totales éprouvées
dans cette triste journée du 25 :

Sur *quinze cents hommes* engagés, y compris les
équipages des canonnières, les Anglais ont eu *quatre
cent soixante-quatre tués* ou *blessés*, dont *huit officiers tués* et *vingt-huit blessés;* l'*Amiral Hope*, grièvement blessé à la hanche d'un éclat d'obus, est en
voie de guérison.

Sur *cinquante-huit. hommes et quatre officiers*,
chiffre du contingent français, le *Duchayla* a eu
six tués et *deux blessés*, dont le Commandant *Tricault* et l'élève *Bary;* tous deux également aujour-
d'hui en pleine voie de guérison.

De pareils faits et de pareils chiffres parlent d'eux-
mêmes.

Quant au rôle des Américains qui, dans toute
cette affaire, n'est jamais devenu militant, il a été,

pendant l'action, convenable et digne; il est juste
de le reconnaître et de l'établir. La veille de l'action,
à une heure assez avancée de la soirée, le Commodore américain *Tatnall* avait offert à l'Amiral anglais
d'apporter, lui aussi, son contingent de soldats de
marine; offre faite cordialement, mais un peu tar-
divement peut-être; aussi ne fut-elle pas acceptée :
ce qui n'empêcha pas que le lendemain, dès que
l'affaire fut engagée, l'aviso américain, monté par le
Commodore et son état-major, se tint au premier
rang de la ligne d'embossage, ne tirant pas, il est
vrai, un seul coup de canon, mais se portant partout où il croyait son secours nécessaire; recueillant
les blessés et venant en aide aux canonnières les
plus maltraitées, dont il voyait les manœuvres compromises ou embarrassées; tenant en un mot, avec
calme et courage, sa place d'honneur à côté des
combattants.

Le Ministre américain, qui, au moment même où
les Anglais se disposaient à forcer le *Peï-ho*, avait
échangé avec les autorités chinoises de *Tien-Tsin*
une correspondance amicale, et qui, malgré les af-
firmations de ces mêmes autorités, avait refusé d'a-
bord de croire à l'existence d'un bras de rivière
praticable à 10 milles de la bouche du *Peï-ho*, en
remontant vers le Nord, venait cependant de vérifier l'exactitude de l'avis des *Mogols;* et, au mo-

ment où nous quittions le *Pé-tchi-li*, il se disposait à faire opérer une seconde exploration sur le point indiqué, afin de s'assurer, avec le concours d'un pilote chinois qui lui avait été offert par le gouverneur de la province, si ce nouveau bras serait navigable jusqu'à *Tien-Tsin* pour un navire du tirant d'eau de son aviso.

Depuis lors, aucune nouvelle des faits et gestes de la Légation des États-Unis n'est encore parvenue à *Shang-haï*. Pourquoi, du reste, dans la situation où la politique de Washington s'est toujours posée, en 1858 et en 1859, vis-à-vis du Gouvernement chinois, s'étonnerait-on d'apprendre, d'un jour à l'autre, que M. *Ward* a réussi à échanger les ratifications de son traité, sinon à *Pé-king*, du moins à *Tien-Tsin* ou partout ailleurs; le lieu de ces mêmes ratifications n'ayant pas été spécifié dans le traité américain comme dans les traités français et anglais? Je ne vois donc, pour ma part, aucune impossibilité à sa réussite.

D'ailleurs, si, me mettant un instant aux lieu et place du Gouvernement chinois, je m'identifie avec son intérêt du moment autant qu'avec ses subtilités traditionnelles, j'irai plus loin, et je dirai que, dans les circonstances actuelles, après les faits si graves qui viennent de s'accomplir, un accueil favorable fait aux Américains par la Cour de *Pé-king* me pa-

raîtrait être pour elle le moyen le plus habile,
sinon le moyen unique, de chercher à s'alléger,
vis-à-vis de l'Europe, de l'entière et sanglante responsabilité des derniers événements; établissant
ainsi, par la nature même de cet accueil, la différence si frappante qu'à son corps défendant, sa
propre dignité, comme l'intégrité de son territoire
menacé, lui auraient commandé de faire, entre un
allié se présentant *pacifiquement* ses ratifications à
la main, et un autre arrivant au contraire aux
portes de sa Capitale avec *toutes les apparences
d'une nation hostile, tout au moins disposée à user
de la force et en ayant les moyens tout prêts.*

Le 5 juillet, après quinze jours de séjour dans
le golfe du *Pé-tchi-li,* le *Duchayla* quittait enfin
ce triste lieu, et, le 10 juillet, les Ministres de
France et d'Angleterre rentraient dans *Shang-haï,*
tandis que l'amiral Hope allait chercher aux *Iles
Sadles,* à l'embouchure du *Yang-tsé-kiang,* un
abri sain et sûr, pour y guérir ses blessés et y réparer les avaries de ses canonnières.

En résumé, sans entrer au fond des choses,
quant à présent :

L'Amiral anglais a-t-il militairement bien ou mal
fait? sa reconnaissance des forts a-t-elle été assez
complète? le débarquement, à la fin de l'action,
a-t-il été opportun? Ce sont là des questions tech-

niques qu'il ne m'appartient pas de trancher, tout
spectateur des faits que j'aie été. N'oublions pas
seulement que l'amiral Hope « n'était pas *seul* au
« *Pé-tchi-li ;* que sa mission était d'y porter le Mi-
« nistre d'Angleterre *muni de pleins pouvoirs,* » et
que, d'ailleurs, cet officier général sera fatalement
appelé à rendre compte de ses actes devant l'Ami-
rauté de son pays, devant ce même tribunal si rigoureux, qu'il crut de son devoir de traduire deux
fois à sa barre Nelson, son plus grand homme de
guerre : école inflexible qui a toujours fait non-
seulement des marins pratiques, mais aussi des officiers comprenant la responsabilité du commande-
ment et la gravité des devoirs qu'elle impose. Nous
devons donc attendre l'arrêt d'une pareille juridiction ; mais donnons-nous le droit de le devancer,
pour rendre à de vaillantes gens l'honneur qui
leur est dû et qu'ils ont payé de leur sang.

Le solide champion de l'*Obligado* s'est retrouvé
tout entier au *Peï-ho*, le 25 juin, pendant cette sanglante lutte de quinze heures ; bien que grièvement
blessé d'un éclat d'obus dès le début de l'action,
l'Amiral Hope s'est refusé à quitter son poste, en-
courageant les canonnières de sa présence et de son
exemple ; se portant sans cesse là où il voyait les
dommages les plus grands ; faisant, en un mot, jusqu'à la fin, son devoir de chef dans toute l'exigence

et dans toute la vérité du mot; et à côté de lui, je le
dis avec un certain orgueil qui n'étonnera personne
en France, qui y trouvera même plus d'un écho,
s'est constamment tenu le commandant du *Duchayla*, le capitaine de frégate *Tricault*, le seul
officier français chargé de tenir le pavillon de notre
pays dans cette désastreuse aventure; et il a su le
tenir haut et ferme, s'étant fait, pour ainsi dire, le
premier aide de camp de l'Amiral anglais, heureux
de l'accepter pour tel; l'accompagnant partout où
le feu l'attirait; le relevant alors qu'il tombait
frappé pour ne le quitter qu'à la fin de la journée,
à l'heure du débarquement, tout cela avec un de
ces courages calmes, presque souriants, si bien faits
pour entraîner et rassurer : de tels chefs auront
toujours de bons soldats.

Eu égard à l'influence fâcheuse pour les intérêts
commerciaux de l'Europe, que pourraient avoir,
dans le reste de la Chine, les derniers événements
du *Pé-tchi-li*, mon sentiment est que cette influence
sera nulle; le tempérament moral des Chinois
comme l'égoïsme de leurs intérêts m'en sont de
sûrs garants : du reste, à l'appui de ce sentiment,
je pourrais citer l'opinion récente de la première
autorité chinoise de *Shang-haï*, traitant, à moi parlant, le conflit du *Peï-ho* : « de gros accident tout
« local, propre au Nord, très-regrettable pour les

« parties engagées, mais avec lequel les autres villes
« commerçantes et tranquilles du Sud n'avaient
« rien à démêler. » Et tel a été l'écho général, malgré le dire plus ou moins passionné des journaux
et des marchands de *Hong-kong*, ou les alarmes
plus ou moins prématurées, quand elles étaient sincères, de certains agents officiels. Que l'Europe
n'oublie donc pas cette vérité pratique ici, ou
qu'elle s'en pénètre si on la lui a laissé ignorer :
c'est que la Chine *ne sent rien, ne fait rien* comme
les autres peuples du monde, et que chez elle tout
est *contraste, égoïsme, imprévu* ou *contradiction*.

Quant à la valeur et à la portée des actes politiques de la France et de l'Angleterre, dans ces dernières circonstances, je n'ai pas à les analyser aujourd'hui. Je me bornerai, à titre d'opinion personnelle dont, par conséquent, je prends l'unique et
entière responsabilité, à penser que la politique
française, pendant la phase d'événements que nous
venons de traverser, qu'ils aient été *imprévus* ou
provoqués, et en raison des *conditions insignifiantes*
de notre représentation matérielle dans le *Pé-tchi-li*,
me paraît avoir emprunté quelque chose du rôle
de ces seconds d'une autre époque, se faisant un
devoir d'engager leur épée et leur vie au service
d'une cause amie, dont parfois ils pouvaient ou
voulaient n'apprécier ni l'origine ni la portée, mais

qu'en tous cas leur honneur leur défendait de dé-
serter à l'heure de la rencontre. Reste maintenant à
savoir si, au dix-neuvième siècle, et bien qu'en
en appelant à nos plus sûrs instincts gaulois, de
semblables traditions sont toujours bonnes à mettre en pratique sur certains terrains, et si souvent,
au contraire, il ne peut pas en résulter des effets
plus graves que les causes.

Un dernier mot sur l'Angleterre.

En matière de politique, cette nation est d'un
égoïsme à la fois trop positif et trop raisonné, comme
en matière de commerce elle est douée d'un sens
trop droit et trop sûr, pour ne pas admettre que si,
d'une part, outrage appelant réparation, son pavillon doit, dans cette circonstance, en obtenir une
relative, après des faits de la nature de ceux qui
viennent de s'accomplir au *Peï-ho*, que ces faits
aient été ou non provoqués par elle ; d'autre part,
en Chine, où ses plus lourds intérêts se trouvent
engagés, ces mêmes intérêts réclament de sa part,
dans l'avenir, un protectorat qui, pour rester ferme,
n'en doit pas moins devenir prudent et moins ab-
solu ; car si, par un sentiment national outré ou
obéissant à son despotisme monopolisateur habituel, elle se refusait à apporter dans ses relations
futures avec la Chine des modifications à ses anciens moyens d'action, elle s'exposerait à provoquer

encore de ces réveils isolés, tels que celui du *Pé-tchi-li*, et alors, sur la pente toujours incertaine et dangereuse d'une guerre sérieuse avec un peuple de plus de *trois cents millions d'habitants*, elle compromettrait certainement avec sa propre cause celle de la Civilisation, celle du Christianisme : espérons qu'elle ne le fera pas.

Après la lettre qui précède et à laquelle en l'écri-
vant, pour ainsi dire, du lieu même de l'action,
j'avais voulu donner une transparence qui, malgré
les restrictions des circonstances, permît à mon
opinion personnelle de se bien traduire en France,
je crois inutile comme sans à propos aujourd'hui
d'ajouter des considérations nouvelles sur cette malheureuse affaire du 25 juin ; elle est passée à l'état
de fait jugé que les événements postérieurs se sont
du reste chargés de venger et de réparer.

Seulement, usant de mon droit de spectateur,
presque d'acteur intéressé, et à titre de confirmation plus précise d'un jugement déjà ébauché en
toute conscience comme en toute indépendance
d'opinion, je tiens à répéter ici ce que j'ai toujours
pensé, ce que j'ai toujours cherché à établir ; c'est
qu'en 1859 la politique cassante et aventureuse, ou
plutôt le parti pris du Ministre d'Angleterre, de
M. Bruce, servi par la docilité singulière du Ministre de France, de M. de Bourboulon, se refusant

à comprendre que des instructions, quelque étroites qu'elles puissent être, ont, en présence des événements ou de l'imprévu, des élasticités forcées et même nécessaires, a défait, en un seul jour, au *Peï-ho*, l'œuvre que l'énergie opportune autant que l'habileté du baron Gros et de lord Elgin avaient mis dix-huit mois à parfaire.

CHINE.

TROISIÈME AFFAIRE DU PEÏ-HO.

TRAITÉ DE PÉ-KING.

1860

CONCLUSION.

Dans la question chinoise de 1843 à 1860, la politique française a passé par quatre phases successives, que la grosseur et la diversité des événements font pour moi distinctes, et voici dans quel ordre :

En 1843, les relations commerciales et politiques de la France avec la Chine n'avaient encore eu, en réalité, d'autres garanties que le bon vouloir souvent capricieux des vice-rois gouverneurs de *Canton ;* et, bien que le traité de *Nang-king* eût récemment ouvert quatre nouveaux ports à l'Occident, ces garanties paraissaient avec raison insuffisantes aux lourds intérêts que les nations commerçantes cherchaient chaque jour davantage à engager en Chine. Aussi, l'Angleterre et les États-Unis ayant jugé utile et opportun de donner à leur situation une solidité et un développement qu'elle n'avait pas eus jusqu'alors, la France dut s'associer à leur action, n'aurait-ce été que dans l'intérêt de son protectorat catholique ; et, à la fin de l'année 1843, M. de Lagrené était envoyé à Macao, à la tête d'une Ambassade extraordinaire. Des négociations furent entamées par le plénipotentiaire avec *Ky-yng*, vice-roi de Canton, Commissaire impérial muni de pleins pouvoirs de la Cour de *Pé-king*, et, le 24 octobre 1844, ces négociations, habilement conduites, aboutissaient à un Traité de commerce entre la France et la Chine, signé à *Whampoo* et analogue à ceux des Anglais et des Américains ; mais, de plus que ces derniers, il avait le mérite d'assurer la pratique du Christianisme dans tout l'Empire chinois, droit qu'aucune des nations chrétiennes n'avait encore ni invoqué, ni obtenu. Ce Traité de *Whampoo*, dont les événements postérieurs ont pu amoindrir, à certains égards, l'importance et les qualités premières, inaugurait donc, en fait, les résultats considérables que nous venons d'assurer dans le présent, du moins, par nos derniers succès au nord de la Chine.

En 1856, l'incendie des factoreries européennes à *Canton*, où les intérêts de nos nationaux et de nos protégés avaient éprouvé des préjudices graves, et le meurtre du père Chapdelaine, vinrent troubler à l'improviste l'état de choses consacré par le

Traité de 1844. Une réparation éclatante et énergique étant devenue nécessaire, l'envoi de deux Commissaires extraordinaires fut décidé par les cabinets de Paris et de Londres ; et, à la fin de 1857, le baron Gros et lord Elgin débarquaient en Chine, chargés l'un et l'autre de régler, par la force des armes, une situation devenue impossible. En effet, le 28 décembre 1857, *Canton* était pris par les forces alliées de France et d'Angleterre, et une indemnité équivalente aux pertés de nos nationaux et protégés était stipulée par la France dans un projet de traité rédigé et accepté sur le lieu de l'action, traité dont on dut aller chercher la conclusion, les armes à la main, à *Tien-Tsin*, à quelques milles de *Pé-king*. La paix semblait cette fois assurée, lorsqu'un nouvel incident désastreux vint compliquer la situation au point de remettre les choses dans les conditions les plus fâcheuses.

Le 27 juin 1859 devaient être échangées, à *Pé-king*, les ratifications du Traité signé à *Tien-Tsin* l'année précédente, et cet échange devait être confié, non plus au baron Gros et à lord Elgin, tous les deux rentrés en Europe, mais à MM. de Bourboulon et Bruce, leurs successeurs en Chine, à titre de Ministres résidents. On sait dans quelles conditions, appréciables à des points de vue opposés, ces plénipotentiaires se présentèrent, le 21 juin

1859, à l'embouchure du *Peï-ho*, et quelles furent les conséquences du parti que leurs résolutions premières, comme les circonstances qui en résultèrent, leur conseillèrent de prendre. Tout se trouvait donc remis en question, eu égard à nos rapports avec la Chine ; et, une fois encore, la force des choses exigeait la réparation par les armes d'un fait qui portait une atteinte des plus graves aux deux pavillons alliés : cette réparation, nous l'obtenions complète et effective l'année suivante.

Le 12 août 1860, un corps anglo-français d'à peu près 24,000 hommes débarquait dans le *Pé-tchi-li ;* il enlevait et détruisait les forts de *Ta-kou*, vengeant ainsi l'échec de l'année précédente ; et, après avoir battu 30,000 *Tartares* sous les murs de *Pé-king*, il y entrait, le 13 octobre, avec les deux Ambassadeurs, qui, le 25 octobre, concluaient et signaient le *Traité de Pé-king*, suivi des ratifications de celui de *Tien-Tsin*. Ce Traité de *Pé-king*, en même temps qu'il stipulait des gages matériels, contenait des clauses que la situation et la nature des relations n'avaient pu que laisser incomplètes, deux années auparavant, dans celui de 1858.

Tout le monde, en Europe, connaît l'incident odieux de la part de l'ennemi, lugubre pour les deux nations alliées, qui, un moment, assombrit cette rapide et heureuse campagne, comme tout le

monde a pu, en France et en Angleterre, apprécier
la nature des avantages des derniers Traités ; je
crois donc inutile de revenir sur des faits d'une
date aussi fraîche.

Cependant, en lisant les différents comptes rendus de la presse sur l'expédition de *Pé-king*, ce qui
m'a frappé, c'est la coïncidence suivante : en même
temps que quelques journaux de Londres et quelques membres du Parlement anglais exhalaient des
plaintes amères de ce que, dans cette dernière expédition, la France avait été mieux traitée que l'Angleterre, sous le double rapport de l'indemnité de
guerre et de celle exigée pour le sang des victimes
du guet-apens de *Toung-Tchaou*, des journaux français, organes de certains partis ou interprètes d'opi-
nions personnelles se retranchant derrière l'anony-
me, sans vouloir admettre des faits et des chiffres
qui toujours ont cependant leur brutalité, et mécon-
naissant le sentiment national le plus simple, ren-
versaient la thèse anglaise au désavantage de la politique de l'Empereur et de son représentant en Chine ;
ils arrivaient même, en suivant cette voie, à dénier,
de la part des Chinois, entre les plénipotentiaires
français et anglais, à l'occasion, soit de la signature
du Traité, soit de leur entrée dans *Pé-king*, une
égalité en matière d'étiquette, qui, aux yeux des
Orientaux, a toujours officiellement une importance

sérieuse, égalité qui n'a jamais subi la moindre altération : ainsi ils amoindrissaient autant la valeur et l'attitude d'un nom tel que celui du baron Gros dans une question dont tout le monde a pu lui voir aligner les premiers chiffres avec un succès fait pour garantir la qualité et la sincérité des totaux, que la netteté pleine de vigueur de la politique française ; et cela, au moment même où, pour la première fois, depuis plus d'un siècle, nous venions d'obtenir en Chine des avantages non contestables. Qu'en est-il résulté ? j'en ai eu la preuve ; je l'ai encore aujourd'hui ; c'est qu'une partie de l'opinion en France s'est inspirée de ce qu'elle avait lu, et que, chez certains esprits, la vérité des faits et des chiffres en est restée altérée.

Je tiens à la rétablir sans commentaires et dans toute leur précision : ils répondront suffisamment à des allégations erronées ; aujourd'hui d'ailleurs c'est de l'histoire.

Au mois d'août 1860, dans le golfe de Pé-tchi-li, les Anglais avaient :

223 bâtiments, gros ou légers.
    Troupes de débarquement . . . . 17,000 h.

LES FRANÇAIS :

51 bâtiments gros ou légers.
    Troupes de débarquement 8,000

Voici pour les moyens d'action.

Indemnité de guerre des Anglais . . . . 60,000,000 fr.
     d°   des Français 60,000,000
27 Anglais victimes de Toung-Tchaou.
   Indemnité anglaise. 2,250,000
14 Français victimes de Toung-Tchaou.
   Indemnité française 1,530,000

Soit : par individu anglais. 83,000
       par individu français 109,285

Voici pour les résultats.

La balance et les proportions de ces chiffres officiels sous les yeux, n'ai-je pas raison de dire qu'ils répondent à tout ; qu'ils peuvent se dispenser de commentaires, et que, sous le double rapport moral et matériel, un grand résultat a été obtenu à *Pé-king ?*

Mais, d'autre part, si j'ai tenu à faire ressortir dans leur vérité des faits favorables ou consacrés par le succès, je ne saurais m'empêcher de dire également mon opinion sur un acte fàcheux de cette dernière expédition ; et je me crois d'autant plus le droit de le faire, je me sens d'autant plus à l'aise dans mon appréciation individuelle, que cet acte est déjà chose jugée ; que d'ailleurs, à mes yeux, pensant de la Chine ce que j'en pense, il ne serait pas, selon moi, de nature à laisser de traces profondes dans le sol où il s'est produit, et que sa gra-

vité, il l'a empruntée à la nature des circonstances
au moins autant qu'au principe lui-même.

Ainsi l'incendie de *Youéne-Mynn-Youéne*, le
palais d'été de l'Empereur, est, à mes yeux, un acte
que je n'hésite pas à qualifier de *barbare*, parce
que nous sommes au dix-neuvième siècle et que,
malgré moi, rapprochement fatal, il me ramène
brusquement à ces Normands du neuvième, débarquant sur les rives de la Seine pour y brûler,
saccager et se jeter ensuite dans leurs barques,
chargés de butin.

De plus, dans la circonstance et politiquement
parlant, un acte de ce genre était *inutile ;* il était
dangereux ; parce que, prémédité et commis de
sang-froid, bien que sous le coup d'un forfait
odieux, mais d'un forfait déjà à moitié puni et ex-
pié, il était de nature à compromettre sinon à empêcher la conclusion de Traités devenus nécessaires,
en effrayant le frère de l'Empereur, le prince *Kong*,
seul trait d'union possible dans le moment, et en
le faisant s'enfuir de *Pé-king* où les représentants
des Puissances alliées se seraient alors trouvés en
présence d'une population sans gouvernement et
d'un hiver qui les condamnait à la retraite. Notre
Ambassadeur a si bien pensé ainsi, qu'il est de notoriété publique que, lorsque son collègue d'Angleterre lui a communiqué ses intentions de des-

truction par le feu, comme moyen de vengeance dans le présent et de menace pour l'avenir, il s'est empressé de décliner toute intervention et toute solidarité dans un acte « qu'il réprouvait à plusieurs « titres : comme inutile, comme barbare, comme « contraire à nos idées françaises et civilisées, en « même temps que comme dangereux, vu l'état des « choses, pour le succès des futures négociations. »

Quant au pillage de ce même palais d'été dont les riches dépouilles ont depuis quelque temps défrayé la curiosité publique, pour mon compte, je le dis très-haut, j'aurais voulu qu'il n'eût pas lieu, surtout dans les conditions déplorables que les Anglais lui ont faites : car si, tout comme un autre, en temps de guerre, en présence de l'ennemi, j'admets un moment le pillage comme une nécessité violente, même comme une satisfaction ayant son côté légitime, laissée aux souffrances ou aux vengeances de la portion inférieure d'une armée ; toujours je le regretterai, quand la rumeur publique me le dira, dépassant certaines limites exceptionnellement acceptées, pratiqué ou même toléré dans la fraction supérieure de cette même armée ; comme le 12 octobre, à *Youéne-Min-Youéne*, en face d'une population qui déjà nous traite *de barbares, de vagabonds sans feu ni lieu*, et à laquelle nous prétendons venir apporter les principes de notre morale civilisée; à côté d'alliés tels que les Anglais chez qui le pillage, en pays orientaux, *the plunder*, ainsi qu'ils le nomment, est passé, dans la région militaire élevée, à l'état de système avoué et prévu, à l'état de *corvée de campagne.*

Non; ces mœurs ne sont pas les nôtres, et jamais le sentiment vrai du pays ne les acceptera.

En somme, notre situation en Chine est certainement meilleure en ce moment qu'elle ne l'a jamais été; nous venons de conquérir la restitution de tous nos sanctuaires et de toutes nos anciennes concessions catholiques; nous venons de conquérir pour le représentant de la France le droit de résidence dans *Pé-king*, autrement dit nous venons d'asseoir avec honneur, en Chine, notre influence morale trop longtemps dédaignée.

Mais devons-nous en conclure qu'ainsi l'avenir est suffisamment garanti et que nous pouvons compter avec lui; que cette restitution des sanctuaires aura une durée sincère; que ce droit de séjour de notre diplomatie dans la capitale de l'Empire ne sera pas quelque jour violemment ou traîtreusement repris; qu'en un mot la politique chinoise tiendra cette fois ses engagements plus fidèlement qu'elle ne l'a fait dans le passé? Il est bon de l'espérer; mais, quant à moi, je confesse mes craintes, voire même mes doutes à cet égard, car *je ne crois ni à la Chine ni aux Chinois.*

D'ailleurs, il ne faut pas se le dissimuler, c'est toujours le parti rétrograde qui, même depuis la mort de *Hien-Fong*, est resté en Chine maître de la position. Qui nous dit alors que le maintien aux affaires du *Prince Kong*, par exemple, quelque rassurant qu'il soit dans la forme, n'est pas un paravent destiné à gagner du temps et à masquer aux puissances occidentales le travail de quelque nouvelle félonie ! Et déjà, d'après les derniers rapports de *Pé-king*, se produisent de la part du Gouvernement chinois des oscillations peu rassurantes, tout au moins des difficultés de détail dans l'application de la lettre de nos derniers traités : c'est là un motif de plus à mes préoccupations pour l'avenir.

D'autre part, ainsi que je viens de le déclarer, je ne crois pas au Chinois pris comme individualité sociale ou politique ; parce qu'aujourd'hui le Chinois n'a plus ni foi ni croyance d'aucune sorte ; qu'il n'est plus qu'un négociant rusé ou qu'un ouvrier adroit ; que tous ses respects publics et privés, réels autrefois, dit-on, se réduisent, dans le présent, à de simples formules, et que surtout l'autorité qui le gouverne est aussi incapable de le guider dans la saine voie que de l'y maintenir ; autorité personnelle et vénale qui sacrifie l'intérêt des masses à celui d'une classe privilégiée n'ayant

18

pas même le mérite ou l'énergie comme excuse de ses abus.

C'est, en somme, un état de choses misérable, décrépit, sur lequel il y aurait danger à fonder aujourd'hui le moindre crédit ou le moindre espoir d'avenir ; telle est du moins mon opinion personnelle et bien ferme qui m'amène directement à ce raisonnement: c'est que plus la France, obéissant à ses intérêts bien compris, sentira le besoin de rationaliser en Chine ses moyens d'influence, c'est-à-dire de les limiter, partant de les réduire, et plus elle arrivera à distendre, à certains égards, la solidarité matérielle et morale si étroite, que jusqu'à présent sa prudence ou sa dignité ont pu lui conseiller d'y maintenir entre elle et l'Angleterre; autrement dit, sur le terrain spécial de la Chine, il existe, à mes yeux, pour la première, de telles inégalités de concurrence commerciale avec la seconde, quoi que puissent en prétendre certains systèmes, et comme conséquence forcée, une telle discordance de politique locale que, par la force des choses comme par la force de la raison, le Gouvernement français, j'en ai la conviction et l'espoir, arrivera, dans un temps assez court, à porter ses ressources ailleurs. Si l'on me pardonne en passant l'imagé, presque la vulgarité de ma comparaison, je dirai que *le Français n'est ni mar-*

chand d'opium, ni buveur de thé; qu'il n'a pas plus de sang tartare dans les veines, et qu'il doit se tourner du côté où l'appellent actuellement de véritables avantages, du côté de la Cochinchine.

Là, du moins, c'est, je crois, la pensée pleine de sages prévisions de l'Empereur et de son Gouvernement, la France, continuant et parachevant l'idée politique de Louis XVI, peut fonder quelque chose de considérable comme portée et comme durée coloniale. L'Empire Anamite se débat encore contre les progrès de la civilisation, mais, comme celui de la plupart des sociétés orientales anciennes, son règne est fini, et depuis vingt ans, sur cette terre des persécutions, le Catholicisme a versé et verse encore son sang au profit d'une cause en fait toute française : notre devoir et notre intérêt sont donc d'utiliser sérieusement et *promptement* une conquête très-chèrement achetée déjà par les pertes de nos Missions et de notre armée, autant que par les sacrifices de nos budgets. Je dis notre intérêt, car la Cochinchine offre, dès à présent, des ressources certaines à une colonie quelle qu'elle soit, militaire ou civile, dont le moment n'est pas venu d'apprécier les véritables proportions à venir.

Déjà de grands cours d'eau y assurent aux produits de l'intérieur des débouchés faciles sur le littoral ; le port de *Saigon,* la clef du sud de l'Em-

pire Anamite, s'ouvre à la fois sur la mer des Indes
et sur celles de la Chine ; dans ces conditions il est
appelé à devenir un point à la fois commercial et
politique, desservi par un fleuve qui, à son embouchure, a environ *deux mille mètres de largeur
et quinze de profondeur ;* en face de la ville même,
un fond de *six à sept mètres*, tirant d'eau suffisant
pour les plus gros navires. De plus, *Saigon* est situé dans les terres, à une distance qui lui permet
de servir, en même temps, d'abri pour notre marine et de docks pour ses approvisionnements et
ses charbons ; considération importante quand
l'on songe que depuis *Aden* jusqu'au *Japon*, c'est-
à-dire sur un parcours de plus de *deux mille lieues*,
la France n'a pour toute échelle maritime et pour
tout dépôt de ravitaillement que *Singapoor*, port
anglais où, sur un terrain loué en vertu d'un contrat de quatre-vingt-dix-neuf ans, mais contrat ré-
vocable au premier bruit de guerre, elle est réduite
à déposer, à ses risques et périls, le combustible de
sa marine militaire ; quand elle n'est pas forcée
d'aller le chercher à Manille ou à Hong-Kong, à
des prix variables et généralement excessifs.

Enfin, *Saigon*, commandant par sa position l'Inde
et la Chine anglaises, est politiquement un point
d'observation des plus nécessaires à conserver.

Sous tous les rapports, c'est donc vers la Cochin-

chine que doivent, à mon avis, converger aujour-
d'hui les projets du Gouvernement français; car
c'est là, je le répète, que peut se fonder une colonie
qui me paraît aussi foncièrement utile dans le présent que destinée à devenir, à un moment donné,
indispensable à l'attitude de la France dans l'extrême Orient.

DOCUMENTS OFFICIELS.

TRAITÉ DE PÉ-KING.

RÈGLEMENTS COMMERCIAUX.

PREMIER RÈGLEMENT.

Les articles qui, dans le présent tarif, ne sont pas por
tés sur le tableau d'exportation et qui se trouvent énumérés dans celui d'importation, payeront, lorsqu'ils
seront exportés, les mêmes droits qui leur sont imposés
par le tarif d'importation.

De la même manière, les articles non énumérés dans
le tableau d'importation et qui se trouvent énoncés sur
celui d'exportation payeront, lorsqu'ils seront importés,
les mêmes droits qui leur sont imposés par le tarif
d'exportation.

Les articles qui ne se trouvent ni dans l'un ni dans
l'autre de ces tableaux, et qui ne figurent pas parmi les
marchandises libres de droits, payeront un droit de
cinq pour cent, calculé d'après leur valeur sur le
marché.

DEUXIÈME RÈGLEMENT.

Articles exempts du payement de droits.

L'or et l'argent en barres ;
La monnaie étrangère ;
La farine, la farine de maïs, le sagou ;

Le biscuit;

Les conserves de viande et de légumes;

Le fromage, le beurre, les sucreries;

Les vêtements étrangers;

La bijouterie;

L'argenterie;

La parfumerie;

Les savons de toutes sortes;

Le charbon de bois;

Le bois à brûler;

La bougie et la chandelle étrangères;

Le tabac étranger;

Les cigares étrangers;

Le vin, la bière, les spiritueux;

Les articles de ménage;

Les provisions pour les navires;

Le bagage personnel;

La papeterie;

Les articles de tapisserie;

Les articles de droguerie;

La coutellerie;

Les médicaments étrangers.

Les articles énumérés ci-dessus ne payeront ni droits d'importation, ni droits d'exportation dans les ports ouverts au commerce étranger; mais lorsqu'ils seront transportés dans l'intérieur de la Chine, ils payeront un droit de transit de deux et demi pour cent *ad valorem*. Le bagage personnel, l'or et l'argent en barres, et la monnaie étrangère seront exempts du payement de ce droit.

Un bâtiment affrété en entier ou en partie seulement pour le transport d'articles francs de droits (le bagage personnel, l'or et l'argent en barres, et la monnaie étrangère exceptés) sera assujetti au payement des droits de tonnage, même quand il n'aurait à bord aucune autre cargaison.

TROISIÈME RÈGLEMENT.

Articles de contrebande.

L'importation et l'exportation des articles suivants sont prohibés :
La poudre à canon ;
Les boulets ;
Les canons ;
Les pièces de campagne ;
Les carabines ;
Les fusils ;
Les pistolets ;
Les munitions ou fournitures de guerre ;
Le sel.

QUATRIÈME RÈGLEMENT.

Poids et mesures.

Dans les calculs du tarif, le poids d'un picul de cent (100) cattis équivaudra à soixante kilogrammes (60) quatre cent cinquante-trois (453) grammes, et la longueur d'un chang de dix (10) pieds chinois sera égale à trois (3) mètres cinquante-cinq (55) centimètres. Le chih chinois sera considéré comme équivalant à trois cent cinquante-cinq (355) millimètres.

CINQUIÈME RÈGLEMENT.

Articles autrefois de contrebande.

Les restrictions concernant le commerce de l'opium, celui de la monnaie de cuivre, celui des céréales, des légumineux, des soufres, du salpêtre et de l'espèce de zinc connu sous la dénomination anglaise de *spelter*, sont abolies, aux conditions suivantes :

1° L'opium payera désormais trente taëls (30) de droits d'importation par picul. L'introducteur ne pourra vendre cet article que dans le port, et il ne sera transporté dans l'intérieur de la Chine que par des Chinois, et seulement comme propriété chinoise. Le négociant français ne sera pas autorisé à l'accompagner.

Les Français qui, en vertu de l'article (8) du Traité de Tien-Tsin, peuvent se rendre dans l'intérieur de l'Empire avec des passe-ports, et qui voudront y trafiquer, ne pourront pas y faire le commerce de l'opium. Les droits de transit sur cette denrée seront fixés par le Gouvernement chinois, comme il le jugera convenable et au taux qu'il lui plaira, et les conventions relatives à la révision du tarif ne seront pas applicables à l'opium, comme elles le sont à toutes les autres marchandises.

2° Monnaie de cuivre.

L'exportation de la monnaie de cuivre pour un port étranger est prohibée; mais les sujets français pourront en transporter de l'un des ports ouverts de la Chine dans un autre, aux conditions suivantes :

Le chargeur devra déclarer le montant de la monnaie de cuivre qu'il désire ainsi embarquer, et le port pour lequel elle est destinée. Il devra donner une caution convenable, acceptée par deux personnes solvables, ou

fournir toute autre garantie que le chef de la douane
jugera suffisante. Dans les six mois qui s'écouleront à
partir de la date de l'expédition de retour, il fera parvenir au chef de la douane du port d'embarquement un
certificat délivré par le chef de la douane du port de
destination, qui déclarera, sous son sceau, que la monnaie de cuivre y a été débarquée. Si l'expéditeur ne
produit pas ce certificat dans le délai fixé plus haut, il
aura à payer une somme égale au montant de la monnaie de cuivre embarquée. La monnaie de cuivre ne
payera aucun droit; mais un chargement complet de
cette monnaie, ou une simple partie de chargement,
rendra le bâtiment où il se trouvera passible du payement des droits de tonnage, même lorsqu'il n'aurait aucune autre cargaison à bord.

3° L'exportation, pour un port étranger, du riz et de
toutes autres céréales indigènes ou étrangères, quel que
soit le pays de production ou le lieu d'où elles arrivent,
est prohibée. Mais ces denrées pourront être transportées
par les négociants français de l'un des ports ouverts de
la Chine dans un autre, aux mêmes conditions de garantie imposées au transport de la monnaie de cuivre, et en
payant, au port de débarquement, les droits spécifiés par
le tarif.

Aucun droit d'importation ne sera prélevé sur le riz
et les céréales; mais un chargement, ou une partie de
chargement de riz ou de céréales, bien qu'aucune autre
cargaison ne soit à bord, rendra le navire qui le portera
passible du payement des droits de tonnage.

4° Légumineux.

Les légumineux et les gâteaux de fèves ne pourront
pas être exportés sous pavillon français des ports de
Tang-Chaou et de New-Chaouang; mais cette exportation

sera permise dans les autres ports de la Chine, moyennant le payement des droits portés au tarif, que l'exportation ait lieu pour d'autres ports de la Chine, ou pour les pays étrangers.

5° Salpêtre, soufres et zinc.

Le salpêtre, les soufres et l'espèce de zinc dont il est fait mention dans le premier paragraphe de ce règlement, étant considérés comme munitions de guerre, ne seront pas importés par les négociants français, à moins que le Gouvernement chinois ne l'ait demandé, et ces articles ne pourront être vendus à des sujets chinois que s'ils sont dûment autorisés à les acheter. Aucun permis de débarquer ces articles ne sera délivré jusqu'à ce que la douane se soit assurée que les autorisations nécessaires ont été accordées à l'acheteur. Il ne sera pas permis aux sujets français de transporter ces articles dans le Yang-Tzé-Kiang, ni dans aucun autre port que ceux qui sont ouverts sur les côtes maritimes de la Chine, ni de les accompagner dans l'intérieur pour le compte des Chinois.

Ces articles ne seront vendus que dans les ports seulement, et, partout ailleurs que dans ces ports, ils seront considérés comme propriété chinoise.

Toute infraction aux conditions stipulées ci-dessus, et auxquelles le commerce de l'opium, de la monnaie de cuivre, des céréales, des légumineux, du salpêtre, et du zinc connu sous le nom de *spelter*, est autorisé, sera punie de la confiscation de toutes les marchandises dont il est question.

SIXIÈME RÈGLEMENT.

Formalités à observer par les navires entrant dans le port.

Pour éviter tout malentendu, il est convenu que le terme de vingt-quatre heures dans lequel tout capitaine de navire français devra remettre ses papiers au consul, conformément à l'article 17 du Traité de Tien-Tsin, commencera à courir du moment où le navire se trouvera en dedans des limites du port.

Il en sera de même du délai de quarante-huit heures que l'article 20 du même Traité accorde à tout navire français et pendant lequel il pourra rester dans le port sans payer de droit de tonnage.

Les limites des ports seront déterminées par l'administration des douanes conformément aux convenances du commerce compatibles avec les intérêts du trésor chinois.

Les cales et autres lieux dans lesquels la douane permettra de charger et de décharger des marchandises dans chaque port seront fixés de la même manière, et il en sera donné avis aux consuls pour la connaissance du public.

SEPTIÈME RÈGLEMENT.

Droits de transit.

Il est convenu que par l'article 23 du Traité de Tien-Tsin on entend que les droits de transit dont le taux modéré est en vigueur, et qui doivent être perçus légalement sur toute marchandise importée ou exportée par des sujets français, équivaudront à la moitié des droits fixés par le tarif, et que les articles exempts de droits ne payeront qu'un droit de transit de deux et demi pour cent *ad valorem*, ainsi qu'il a été dit dans l'article 2 de ce règlement; à l'exception de l'or, de l'argent et des bagages personnels. Les marchandises auront acquitté les droits de transit lorsqu'elles auront rempli les conditions suivantes.

Pour les importations : On donnera avis au chef de la douane du port d'où les marchandises doivent être envoyées dans l'intérieur, de la nature et de la quantité de ces marchandises, du nom du navire qui les a débarquées et du nom des lieux auxquels elles sont destinées, etc., etc.

Le chef de la douane, après avoir vérifié cette déclaration et avoir reçu le montant des droits de transit, remettra à l'introducteur de ces marchandises un certificat constatant le payement des droits de transit, certificat qui devra être produit à chaque station de barrière. Aucun autre droit, quel qu'il soit, ne pourra être prélevé sur ces marchandises dans quelque partie de l'Empire qu'elles soient transportées.

Pour les exportations : Les produits achetés par un sujet français dans l'intérieur de la Chine seront examinés et cotés à la première barrière qu'ils rencontreront sur leur route, à partir du lieu de production jusqu'au port d'embarquement.

La personne ou les personnes chargées de leur transport présenteront une déclaration, qu'elles auront signée, relatant la valeur du produit et faisant connaître le port de destination. Il sera remis, en échange de cette déclaration, un certificat qui devra être produit et visé à chaque barrière sur la route qui conduit au port d'embarquement. A l'arrivée du produit à la barrière la plus voisine du port, il en sera donné avis à la douane de ce port, et, les droits de transit ayant été payés, ces marchandises pourront passer. Au moment de l'exportation, les droits fixés par le tarif seront payés.

Toute tentative faite pour passer les marchandises importées ou exportées, en contravention aux règlements ci-dessus énoncés, rendra ces marchandises passibles de confiscation.

Une vente non autorisée, pendant le transit, de marchandises destinées, comme il est dit ci-dessus, pour un port ouvert au commerce étranger, les rendra susceptibles d'être confisquées.

Toute tentative faite pour profiter d'un certificat inexact et passer plus de marchandises qu'il n'en a été déclaré, rendra toutes les marchandises énoncées dans le certificat susceptibles d'être confisquées.

Le chef de la douane aura le droit de refuser l'embarquement de produits pour lesquels on ne pourrait pas justifier le payement des droits de transit, et cela, jusqu'à ce que ces droits aient été payés.

Ce qui précède faisant connaître les arrangements convenus au sujet des droits de transit, qui seront ainsi prélevés ensemble et en une seule fois, l'article 9 du Traité de Tien-Tsin reçoit son application immédiate.

HUITIÈME RÈGLEMENT.

Commerce étranger dans l'intérieur au moyen de passe-ports.

Il est convenu que l'article 8 du Traité de Tien-Tsin ne sera point considéré comme autorisant les sujets français à se rendre dans la capitale de la Chine pour y faire le commerce.

· NEUVIÈME RÈGLEMENT.

Abolition des droits prélevés pour la refonte des monnaies.

Il est convenu que les sujets français ne seront plus désormais assujettis au payement du droit de un taël et deux
maces, exigés jusqu'ici en sus du payement des droits
ordinaires par le Gouvernement chinois, pour couvrir
les frais de fonte et de monnayage.

DIXIÈME RÈGLEMENT.

Payement des droits sous un même système dans tous les ports.

Le Traité de Tien-Tsin donnant au Gouvernement chinois le droit d'adopter toutes les mesures qui lui paraîtront convenables pour protéger ses revenus provenant
du commerce français, il est convenu qu'un système
uniforme sera adopté dans tous les ports qui sont
ouverts.

Le haut fonctionnaire chinois désigné par le Gouvernement de l'Empire comme surintendant du commerce
étranger pourra, de temps à autre, ou visiter lui-même
les différents ports ouverts au commerce, ou y envoyer un
délégué. Ce haut fonctionnaire sera libre de choisir tout
sujet français qui lui paraîtrait convenable pour l'aider
à administrer les revenus de la douane, à empêcher la
fraude, à déterminer les limites des ports, à pourvoir aux
fonctions de capitaine de port, et aussi à établir les phares,
les bouées, les balises, etc., à l'entretien desquels il sera
pourvu au moyen des droits de tonnage.

Le Gouvernement chinois adoptera toutes les mesures
qu'il croira nécessaires pour prévenir la fraude dans le

Yang-Tzé-Kiang, lorsque ce fleuve sera ouvert au commerce étranger.

RÈGLEMENT ADDITIONNEL.

Il est convenu, entre les Hautes Parties contractantes, que le présent tarif pourra être revisé de dix en dix années, afin d'être mis en harmonie avec les changements de valeur apportés par le temps sur les produits du sol et de l'industrie des deux Empires, et que, par suite de cette disposition, la période de sept années, stipulée à cet effet dans l'article 27 du Traité de Tien-Tsin, est brogée et de nulle valeur.

En foi de quoi, les plénipotentiaires ci-dessus nommés, ont signé le présent tarif et les règlements commerciaux qui y sont annexés, et y ont apposé le sceau de leurs armes.

Fait en quatre expéditions, à Shanghaï, le 24 novembre de l'an de grâce 1858, correspondant au dix-neuvième jour de la dixième lune de la huitième année de Hien-Foung.

(L. S.) *Signé* : Baron GROS.

(L. S.) Les cinq signatures des plénipotentiaires chinois.

Convention de paix additionnelle au Traité de Tien-Tsin,
conclue le 25 *octobre* 1860.

Sa Majesté l'Empereur des Français et Sa Majesté l'Empereur de la Chine, voulant mettre un terme au différend qui s'est élevé entre les deux Empires et rétablir et assurer à jamais les relations de paix et d'amitié qui existaient entre eux, et que de regrettables événements ont interrompues, ont nommé pour leurs plénipotentiaires respectifs, savoir :

Sa Majesté l'Empereur des Français, le sieur *Jean-Baptiste-Louis*, baron *Gros*, sénateur de l'Empire, ambassadeur et haut commissaire de France en Chine, grand officier de l'ordre impérial de la Légion d'honneur, chevalier grand-croix de plusieurs ordres, etc., etc., etc.;

Et Sa Majesté l'Empereur de la Chine, le prince *de Kong*, membre de la famille impériale et haut commissaire ;

Lesquels, après avoir échangé leurs pleins pouvoirs, trouvés en bonne et due forme, sont convenus des articles suivants :

Art. 1er. Sa Majesté l'Empereur de la Chine a vu avec peine la conduite que les autorités militaires chinoises ont tenue à l'embouchure de la rivière de Tien-Tsin, dans le mois de juin de l'année dernière, au moment où les ministres plénipotentiaires de France et d'Angleterre s'y présentaient pour se rendre à Pékin, afin d'y procéder à l'échange des ratifications des Traités de Tien-Tsin.

Art. 2. Lorsque l'ambassadeur, haut commissaire de Sa Majesté l'Empereur des Français, se trouvera dans Pékin pour y procéder à l'échange des ratifications du Traité de Tien-Tsin, il sera traité pendant son séjour dans la capitale avec les honneurs dus à son rang, et toutes les facilités possibles lui seront données par les autorités chinoises pour qu'il puisse remplir sans obstacle la haute mission qui lui est confiée.

Art. 3. Le Traité signé à Tien-Tsin, le 27 juin 1858, sera fidèlement mis à exécution dans toutes ses clauses, immédiatement après l'échange des ratifications dont il est parlé dans l'article précédent, sauf, bien entendu, les modifications que peut y apporter la présente Convention.

Art. 4. L'article 4 du Traité de Tien-Tsin, par lequel Sa Majesté l'Empereur de la Chine s'engage à faire payer au Gouvernement français une indemnité de deux millions de taëls, est annulé et remplacé par le présent article, qui élève à la somme de huit millions de taëls le montant de cette indemnité.

Il est convenu que les sommes déjà payées par la douane de Canton, à compte sur la somme de deux millions de taëls stipulée par le Traité de Tien-Tsin, seront considérées comme ayant été payées d'avance et à compte sur les huit millions de taëls dont il est question dans cet article.

Les dispositions prises dans l'article 4 du Traité de Tien-Tsin sur le mode de payement établi au sujet des deux millions de taëls sont annulées. Le montant de la somme qui reste à payer par le Gouvernement chinois sur les huit millions de taëls stipulés par la présente Convention, le sera en y affectant le cinquième des revenus bruts des douanes des ports ouverts au commerce étranger, et de trois mois en trois mois; le premier terme commençant au 1er octobre de cette année et finissant au 31 décembre suivant. Cette somme, spécialement réservée pour le payement de l'indemnité due à la France, sera comptée en piastres mexicaines ou en argent cissé au cours du jour du payement, entre les mains du ministre de France ou de ses délégués.

Une somme de cinq cent mille taëls sera payée cependant à compte, d'avance, en une seule fois, et à Tien-Tsin, le 20 novembre prochain, ou plus tôt si le Gouvernement chinois le juge convenable.

Une commission mixte, nommée par le ministre de France et par les autorités chinoises, déterminera les règles à suivre pour effectuer les payements de toute l'indemnité, en vérifier le montant, en donner quittance et remplir enfin toutes les formalités que la comptabilité exige en pareils cas.

Art. 5. La somme de huit millions de taëls est allouée au Gouvernement français pour l'indemniser des dépenses que ses armements contre la Chine l'ont obligé de faire, comme aussi pour dédommager les Français et les protégés de la France qui ont été spoliés, lors de l'incendie des factoreries de Canton, et indemniser aussi les missionnaires catholiques qui ont souffert dans leurs personnes ou leurs propriétés. Le Gouvernement français répartira cette somme entre les parties intéressées dont les droits ont été légalement établis devant lui, et, en raison de ces mêmes droits, il est aussi convenu, entre les Parties contractantes, qu'un million de taëls sera destiné à indemniser les sujets français ou protégés par la France des pertes qu'ils ont éprouvées ou des traitements qu'ils ont subis, et que les sept millions de taëls restant seront affectés aux dépenses occasionnées par la guerre.

Art. 6. Conformément à l'édit impérial rendu le 20 mars 1846, par l'auguste Empereur *Fao-Kouang*, les établissements religieux et de bienfaisance qui ont été confisqués aux chrétiens, pendant les persécutions dont ils ont été les victimes, seront rendus à leurs propriétaires par l'entremise de Son Excellence le ministre de France en Chine, auquel le Gouvernement impérial les fera délivrer avec les cimetières et les autres édifices qui en dépendaient.

Art. 7. La ville et le port de Tien-Tsin, dans la province de Petchel, seront ouverts au commerce étranger, aux mêmes conditions que le sont les autres villes et ports de l'Empire où ce commerce est déjà permis, et cela à dater du jour de la signature de la présente Convention, qui sera obligatoire pour les deux nations, sans qu'il soit nécessaire d'en échanger les ratifications, et qui aura la même force et valeur que si elle était insérée mot à mot dans le Traité de Tien-Tsin.

Les troupes françaises qui occupent cette ville pourront, après le payement des cinq mille taëls dont il est question dans l'art. 4 de la présente Convention, l'évacuer pour aller s'établir à Tacou et sur la côte nord du Changton, d'où elles se retireront ensuite dans les mêmes conditions qui présideront à l'évacuation des autres points qu'elles occupent sur le littoral de l'Empire. Les commandants en chef des forces françaises auront cependant le droit de faire hiverner leurs troupes de toutes armes à Tien-Tsin, s'ils le jugent convenable, et de ne les en retirer qu'au moment où les indemnités dues par le Gouvernement chinois auraient été entièrement payées, à moins cependant qu'il ne convienne aux commandants en chef de les en faire partir avant cette époque.

ART. 8. Il est également convenu que, dès que la présente Convention aura été signée, et que les ratifications du Traité de Tien-Tsin auront été échangées, les forces françaises qui occupent Chusan évacueront cette île, et que celles qui se trouvent devant Pékin se retireront à Tien-Tsin, à Takou sur la côte nord de Changton, ou dans la ville de Canton, et que, dans tous ces lieux, ou dans chacun d'eux, le Gouvernement français pourra, s'il le juge convenable, y laisser des troupes jusqu'au moment où la somme de huit millions de taëls sera payée en entier.

ART. 9. Il est convenu entre les Hautes Parties contractantes que, dès que les ratifications du Traité de

Tien-Tsin auront été échangées, un édit impérial ordonnera aux autorités supérieures de toutes les provinces de l'Empire de permettre à tout Chinois qui voudrait aller dans les pays situés au delà des mers pour s'y établir ou y chercher fortune, de s'embarquer, lui et sa famille, s'il le veut, sur les bâtiments français qui se trouveront dans les ports de l'Empire ouverts au commerce étranger.

Il est convenu aussi que, dans l'intérêt de ces émigrés, pour assurer leur entière liberté d'action et sauvegarder leurs intérêts, les autorités chinoises compétentes s'entendront avec le ministre de France en Chine pour faire les règlements qui devront assurer à ces engagements, toujours volontaires, les garanties de moralité et de sûreté qui doivent y présider.

ART. 10 et dernier. Il est bien entendu, entre les Parties contractantes, que le droit de tonnage qui, par erreur, a été fixé, dans le Traité français de Tien-Tsin, à cinq maces par tonneau sur les bâtiments qui jaugent cent cinquante tonneaux et au-dessus, et qui, dans les Traités signés avec l'Angleterre et les États-Unis, en 1858, n'est porté qu'à la somme de quatre maces, ne s'élèvera qu'à cette même somme de quatre maces, sans avoir à invoquer le dernier paragraphe de l'article 27 du Traité de Tien-Tsin, qui donne à la France le droit formel de réclamer le traitement de la nation la plus favorisée.

La présente Convention de paix a été faite à Pékin, en quatre expéditions, le 25 octobre 1860, et y a été signée par les plénipotentiaires respectifs, qui y ont apposé le sceau de leurs armes.

(L. S.) *Signé* : Baron GROS.

(L. S.) *Signé* : Prince DE KONG.

LA GRANDE MURAILLE

DE

LA CHINE.

EXPLORATION DE 1858.

A M. LE Vᵀᵉ DE LA GUÉRONNIÈRE.

Puisqu'il est convenu entre nous que, toujours et quand même, vous ferez bon accueil à mes notes, quel que puisse être leur décousu, je les reprends où je les ai laissées. Nous quittions *Tien-Tsin*; le Traité ratifié à *Pé-king* était déjà en route pour la France; le dernier soldat français avait évacué les forts de *Ta-kou*; cinq grands ports de la Chine allaient être ouverts au commerce de l'Europe, et nationalités comme religions chrétiennes trouveraient désormais liberté d'action et protection là où elles n'avaient rencontré, dans le passé, qu'entraves ou persécutions. Le but était atteint dans le présent; il était donc permis de se reposer un peu.

Mais quittant le Nord de la Chine, peut-être pour

n'y plus revenir, le baron Gros a voulu que le dernier souvenir que sa Mission en emporterait fût un souvenir intéressant. Nous touchions à la Mantchourie, n'en étant séparés que par une trentaine de lieues et par la *Grande Muraille de la Chine. La Grande Muraille!* l'une des sept merveilles du monde, quelquefois contestée, rarement vue et toujours offerte en appât à nos plus jeunes curiosités scolaires! N'aurions-nous pas dû regretter d'être venus si près d'elle et de n'avoir pas cherché à en approcher davantage? Aussi, le 9 juillet, sommes-nous partis pour aller à sa recherche sur le *Prégent*, commandant *d'Osery*, aviso léger, ayant un faible tirant d'eau et excellent marcheur; je dis à sa recherche, non pas que son existence pût jamais être sérieusement mise en doute, mais parce qu'une seule carte anglaise existe sur cette portion du golfe de *Leo-tong*, carte marine exacte, il est vrai, ainsi que nous avons pu le vérifier par nous-mêmes, mais qui, pour nous, ne résolvait pas la question de savoir si la *Grande Muraille* se prolongeait jusqu'à la mer, et, dans ce cas, quelles étaient, sur la côte, les conditions d'atterrage et de défense de son extrémité.

Quatorze heures après notre départ de l'embouchure du *Peï-ho*, nous avons cru distinguer, à travers la brume du matin qui était des plus épaisses, une ligne sombre descendant de montagnes hautes et dentelées et venant mourir dans la mer. Une heure plus tard le doute n'était plus permis : c'était bien la *Grande Muraille,* telle que les Missionnaires l'ont décrite, avec ses sommets crénelés, coupée de distance en distance par des tours carrées, allant se perdre à l'ouest dans les montagnes, en suivant tous leurs contours, en couronnant toutes leurs arêtes, et se terminant dans la mer, à un mille devant nous, par une apparence de fortification dont je vous parlerai tout à l'heure.

Le temps et la mer étaient superbes ; mais comme dans cette partie de la côte le fond est plat, et que le flot y déferle avec assez de force, il n'était pas possible d'approcher avec les embarcations, à plus de vingt mètres de la terre ferme. Il fallait cependant débarquer, car nous apercevions des groupes nombreux d'habitants de la campagne en observation, avec lesquels nous avions hâte d'entrer en rapport ; et un peu plus loin, au pied des premières tours, un camp tartare assez important en apparence, qui, à la vue de nos préparatifs de débarquement, avait mis ses cavaliers en mouvement et commençait à les éparpiller en éclaireurs dans la plaine que nous avions à traverser pour arriver au pied de la *Grande Muraille*. Les embarcations nous faisant donc défaut jusqu'au terrain sec, nous avons emprunté les épaules de nos matelots qui, après nous avoir déposés sur le sable, non sans quelques chutes plus comiques que sérieuses, où porteurs et portés ont pris un bain commun, nous ont formé une escorte respectable de vingt hommes bien armés. A peine débarqués, nous avons été entourés par les groupes de paysans que nous avions aperçus sur le rivage et dont les villages se montraient alors, à peu de distance de notre point de débarquement, entre nous et la ligne de montagnes.

Ainsi que je les ai trouvés sur le *Peï-ho*, ils n'avaient rien d'offensif; ils n'étaient que curieux et empressés de répondre aux questions de notre interprète. D'eux-mêmes ils se sont offerts comme guides et nous nous sommes mis en route pour la *Grande Muraille*, traversant à gué, avec de l'eau jusqu'aux genoux, plusieurs petits canaux qui sillonnent cette partie de la côte. Le terrain est d'alluvion, fertile et cultivé du côté de la Chine; au Nord, du côté de la Mantchourie, c'est la *steppe* tartare, dans toute sa nudité, sans nulle végétation élevée, mais verdoyante et couverte de pâturages et de troupeaux : l'aspect du pays est d'une grande richesse.

A quelques milles derrière la chaîne de montagnes qui se prolonge quelque temps parallèlement à la mer et s'enfonce ensuite brusquement dans le Nord, les Missionnaires, d'accord, du reste, avec les habitants des provinces frontières, ont révélé l'existence d'une forêt immense, à arbres séculaires, où le tigre de Tartarie et toutes les familles de fauves abondent : les traditions de l'Empire ont rendu cette forêt vénérée pour les Chinois. C'est là que depuis des siècles, à certaines époques de l'année, les Empereurs font leurs grandes chasses ; c'est là aussi qu'à un temps donné, l'Europe pourrait trouver, pour ses escadres des Mers de Chine, du Japon et de Cochinchine, une mine inépuisable de bois de construction ; mine que les Chinois auraient, de leur propre aveu, exploitée depuis longtemps déjà, malgré la *vénération traditionnelle,* si les moyens de transport, sur leurs jonques aux proportions insuffisantes, ne leur avaient manqué. Je reprends nos aventures.

Dès que les cavaliers tartares, placés en vedettes sur les devants du camp et observant tous nos mouvements, eurent deviné, à la direction que nous prenions, que notre intention était de percer jusqu'à la *Grande Muraille,* ils se lancèrent sur nous au galop de leurs petits chevaux, frères de ceux de l'Ukraine ou du Caucase, et commencèrent à parlementer avec notre interprète. Leur préoccupation première se traduisit par cette question plusieurs fois répétée : « *Vous ne venez pas pour voler, n'est-ce pas ?* » tant, aux yeux des populations asiatiques, de celles de la Chine notamment, où tous les jours l'élément anglo-américain applique son esprit mercantile et positif jusqu'à la brutalité, l'homme de l'Occident a conservé jusqu'à présent une triste renommée d'avidité, quand ce n'est pas d'appétit du bien d'autrui, qu'il serait du rôle aisé de la France de pallier dans l'extrême Orient, autant dans l'intérêt de la civilisation que dans celui à venir de sa politique personnelle.

La réponse faite par le baron Gros aux alarmes de nos Tartares se comprend d'avance. Cependant elle ne parut pas les satisfaire, et alors commença une scène rendue singulière par le caractère sauvage de ces cavaliers de la race mogole pure, si différents de ceux du Sud ou du *Pe-tchi-li ;* aux visages hâlés, aux vêtements de peaux tannées, aux petits arcs laqués et aux carquois bourrés de flèches ; tous armés d'un long fusil à mèche placé devant eux, en travers de leurs selles.

Selon la coutume chinoise, sur le désir, formulé de la façon la plus courtoise par l'Ambassadeur de France, de se borner à une visite toute pacifique et de curiosité à la *Grande Muraille renommée dans le monde entier*, les Tartares se mirent à entasser, avec force politesses à leur tour, objec-

tions sur objections : « Ils avaient des ordres précis
« du vice-roi de la province pour ne laisser ap-
« procher aucun étranger de *la Muraille*; le man-
« darin militaire du district étant absent en ce
« moment, son lieutenant n'oserait jamais prendre
« sur lui d'accorder l'autorisation qui était deman-
« dée ; quant à eux, ils n'étaient que des officiers
« subalternes ayant reçu des ordres ; ne pas les
« exécuter, serait pour eux s'exposer aux peines les
« plus graves. » Et tout en parlant ainsi, ils se recru-
taient à chaque instant de nouveaux venus et, sans
la moindre démonstration hostile, ils formaient in-
sensiblement une barrière vivante entre *la Grande
Muraille* et nous.

Certes, rien n'était plus aisé que de la franchir,
et probablement sans violence ; mais peut-être aussi
un coup de feu tiré par l'un de nous sur quelque
oiseau, un geste mal compris, l'impatience d'un de
nos hommes, que sais-je? quelque chose de très-
simple, mais de très-imprévu, aurait pu, en donnant une tournure grave à la situation, fausser le
sens vrai de l'expédition : le baron Gros s'est refusé
à risquer de pareilles chances. Il n'a pas voulu
qu'une course toute d'intérêt pittoresque et de
plaisir pût devenir une occasion de collision ou
même d'émotion locale, et il a donné le signal de
la retraite qui s'est effectuée paisiblement, escortée

20

par les Tartares qui semblaient, du reste, des plus impatients de nous voir remonter sur notre *Dragon de feu*, ainsi qu'ils appellent nos bateaux à vapeur.

Aussi, pour être vrais, bien que voyageurs..... même en Tartarie... nous ne pourrions pas dire que nous avons touché de nos mains, foulé de nos pieds cette *Grande Muraille* de la Chine, bâtie 214 ans avant J.-C., en *dix ans*, selon les lettrés, par *dix millions* de Tributaires, dont *quatre cent mille* succombèrent à la tâche, sous le célèbre fondateur de la dynastie *Tsin*, ce même empereur qui ordonna l'incendie de toutes les bibliothèques, de tous les livres de l'Empire; mais ce que nous avons le droit de dire, c'est que nous avons débarqué sur la terre chinoise, *à un mille de la Grande Muraille;* que nous nous en sommes approchés à 400 *mètres* à peu près; que nous en avons étudié les lignes avec soin et que nous l'avons dessinée sous ses trois faces; de la terre ferme du côté de la Chine; du pont de notre aviso du côté de la mer, et de celui de la Mantchourie : que, du côté de la Chine, des talus en terre approchent les sommets crenelés et font l'office de banquettes; que du côté de l'attaque, c'est-à-dire de la Mantchourie, *la Muraille* est élevée, à saillies très-prononcées, sous la forme de tours rondes; tandis que du côté de la défense,

c'est-à-dire de la Chine, existent intérieurement
adhérents à ses parois de vastes forts construits,
sans doute, pour offrir, en cas d'alerte, un refuge
aux populations du dehors; que du côté de la mer,
l'ouvrage, bien qu'irrégulier, est en assez bon état,
comme du reste tout l'ensemble de ce mur fortifié,
qui est de briques mêlées de pierres, et ne présente
pas une seule ligne droite dans tout son parcours
visible; et qu'enfin, sur les crêtes des montagnes
derrière lesquelles il s'enfonce dans l'intérieur et
bordant l'Empire sur une étendue de *six cents
lieues,* nous avons, de la mer, aperçu trois grosses
tours en vedettes.

Vous savez maintenant de la *Grande Muraille*
tout ce que j'en ai vu, tout ce que j'en sais moi-
même. J'ajouterai cependant que, malgré l'énumération des défenses qui précède, en fait, c'est une
longue ligne fortifiée suffisante pour arrêter des
hordes de cavalerie, telles que celles de la Tartarie,
par conséquent ayant eu, alors qu'elle a été cons-
truite, sa sérieuse et intelligente raison d'être;
mais insuffisante aujourd'hui devant nos moyens
d'attaques réguliers; autrement dit aussi facile à
aborder et à franchir qu'à détruire par l'artillerie.

Notre petite expédition, vous le voyez, avait
déjà pour nous un intérêt, celui de l'inconnu;
c'était presque de la découverte; une fois l'explora-

tion accomplie, elle en a pris un plus complet. Le *comte d'Osery*, commandant le *Prégent* qui nous portait, est *le premier officier de la marine française qui ait mouillé avec son bâtiment au pied de la Grande Muraille et l'ait véritablement reconnue.* Il peut aujourd'hui, et il est bien fait pour cela, donner sur la navigation à venir dans ces parages, pour ainsi dire inexplorés jusqu'à présent, des notions techniques aussi utiles qu'exactes; il doit même éprouver une légitime satisfaction d'avoir réussi là où un bâtiment anglais qui, sur l'avis de notre course, avait cherché à nous ouvrir la route et que montait lord Elgin, l'envoyé d'Angleterre, n'avait pu rien rencontrer, rien reconnaître, mal servi, a-t-il dit, par le temps, le brouillard et la mer : *M. d'Osery* peut avoir cette satisfaction ; ne le pensez-vous pas ?

La malle me presse ; au revoir !

EXTRAITS

D'AUTEURS ANCIENS ET MODERNES

(A L'APPUI).

DE LA GRANDE MURAILLE DE LA CHINE.

Dans le dessein que *Thsin-chi-hoang-ti* avait de soumettre tous les princes de l'Empire, il craignit que les Tartares *Hiong-nou* (les Huns) ne vinssent le troubler pendant qu'il serait occupé à ses conquêtes : il voulut se précautionner contre leurs courses; ses prédécesseurs les avaient écartés de leurs frontières, mais il était à craindre qu'ils ne s'en approchassent de nouveau. Ces Tartares n'avaient point de demeures fixes, et ils ne voulaient point se renfermer dans des murailles ; des tentes leur servaient de maisons, et ils campaient dans les endroits propres à la nourriture de leurs troupeaux, qu'ils conduisaient partout avec eux, et qui leur fournissaient de quoi vivre. Le butin qu'ils faisaient dans leurs brigandages, les pourvoyait des autres choses nécessaires.

Alors l'Empire était partagé entre sept princes

les *Thsin,* les *Tchou,* les *Yen,* les *Tchao,* les *Ouei,* les *Kan* et les *Tsi.* Trois de ces principautés : savoir, celles de *Tsin,* de *Yen* et de *Tchao* confinaient avec les Tartares. *Thsin-chi-hoang-ti,* pour ne pas être continuellement obligé de tenir sur ses frontières des troupes qu'il pourrait employer plus utilement ailleurs, et afin d'arrêter leurs courses, fit fermer les passages de *Long-si* (1), de *Pé-ti* (2) et de *Chang-kiun,* par où ces Tartares pouvaient pénétrer dans la Chine.

Les princes de *Tchao* et de *Yen,* à son exemple, firent construire des murailles : le premier depuis *Tai* (3), au pied des montagnes *Yn-chan* (4) jusqu'à *Kao-kiné* (5), pour mettre à couvert *Yun-tchong* (6), *Yen-men* (7) et *Tai-hiun* (8), et le prince *Yen* en fit construire une depuis *Tsao-yang* jusqu'à *Séang-ping* (9), pour garantir *Chang-kou* (10),

(1) *Ti-tao-hien de Ling-tao-fu* de *Chen-si.*

(2) *King-yang* de la même province.

(3) *Soui-te Tcheou* de *Yen-ngan-fou* du *Chen-si.*

(4) Chaîne de montagnes qui confinent la Tartarie.

(5) *Kao-Kiné*, forteresse à quatre cent vingt *lys* au nord-ouest de *Tai-tong-fou.*

(6) Dans le district de *Tai-tong-fou.*

(7) *Yu-men,* aujourd'hui *Tai-tcheou* de *Tai-yeun-fou* du *Chan-si.*

(8) *Tai-kiun* dépendant de *Tai-yeun-fou.*

(9) *Leao-yang-tcheou* du *Leao-tong.*

(10) *Pao-ngan-tcheou* de *Siuen-hao-fou* dans le *Pé-tché-li.*

Yu-yang (1), *You-pé-ping* (2) et *Leao-tong* (3).

On sentit alors que l'artillerie pouvait être em-
ployée utilement contre les Tartares, qui s'étaient

(1) *Ping-kou-hien* dans le *Pé-tché-li.*
(2) *Yong-ping-fou* de la même province.
(3) Les Chinois donnent à cette muraille, qui borne la
Chine du côté de la Tartarie, le nom de *Ouan-li-chang-tching,*
c'est-à-dire *la Grande Muraille de dix mille lys.* A compter
dix *lys* pour une lieue, elle aurait mille lieues d'étendue, mais
c'est une exagération : en estimant les divers contours qu'on
lui a fait prendre dans quelques endroits, elle n'a qu'aux environs de cinq cents lieues. Elle a de hauteur vingt à vingt-cinq
pieds, et elle est si large qu'en quelques endroits six chevaux
de front pourraient courir dessus sans s'incommoder. Elle
continue jusque sur des montagnes inaccessibles. Le P. *Verbiest,* en un endroit, lui reconnut mille trente-sept pas géomé-
triques d'élévation au-dessus de l'horizon. Dans sa longueur
elle est défendue, à de justes distances, par une chaîne de forts,
dans lesquels on entretenait, apparemment dans des temps où
on craignait des irruptions de la part des Tartares, jusqu'à un
million d'hommes. Ceux qui l'ont vue prétendent qu'il n'y a
point d'ouvrage au monde qui lui soit comparable. Aujourd'hui
que les Tartares *Manchoux* sont maîtres de la Chine, nécessairement on néglige d'y faire des réparations; on entretient
seulement les fortifications des passages les plus faibles, et le
reste tombe en ruine. On voit par l'histoire qu'on a tort d'at-
tribuer tout ce grand ouvrage à l'empereur *Thsin-chi-hoang-ti.*
(*Histoire générale de la Chine, ou Annales de cet Empire,*
traduites du texte chinois par le feu P. de Mailla; rédigé par
l'abbé Grosier, t. II, p. 372, 374.)

déjà présentés au pied de la *Grande Muraille*, et que les trois pièces de canon envoyées de *Macao* avaient dispersés en peu d'instants. Ils menaçaient de revenir. Les mandarins de guerre furent d'avis que l'artillerie était la meilleure arme qu'on pût employer contre ces Barbares. Mais comment se la procurer? A peine les Chinois savaient-ils pointer et tirer le canon : il y a loin de là à la fonte des canons. Ce fut le P. *Adam Schaol*, missionnaire jésuite, qui leur rendit cet important service. Quelque temps après, le *P. Verbiest,* autre jésuite missionnaire, entreprit, par ordre de l'Empereur, une nouvelle fonte, et porta l'artillerie chinoise jusqu'au nombre de 320 pièces. Le même religieux leur avait indiqué la manière de fortifier les places, de construire des forteresses nouvelles, d'élever d'autres édifices dans les règles de notre architecture moderne. Les jésuites ne se contentaient point d'envoyer à la Chine des missionnaires zélés ; il fallait encore que le zèle fût réuni aux talents. Cette sage précaution les conduisit au centre d'un empire jusqu'alors inaccessible à tout étranger.

(*Histoire générale de la Chine, ou Annales de cet Empire*, traduites du texte chinois par le feu Père Joseph-Anne-Marie de Mayriac de Mailla; rédigé par M. l'abbé Grosier, chanoine de Saint-Louis du Louvre. Vol. XIII, 450 et 451.)

Quant aux frontières de ce vaste empire, la nature elle-même a pris soin de les fortifier dans leur plus grande étendue. La mer borde six de ses provinces; mais elle est si basse vers les côtes, que nul grand vaisseau n'en peut approcher. Des montagnes inaccessibles la couvrent à l'occident; le surplus de ce vaste Empire est défendu par la *Grande Muraille.*

Ce prodigieux ouvrage est tout ce que l'antiquité nous offre de plus imposant et de plus gigantesque. Les pyramides d'Égypte sont bien peu de chose, en comparaison d'un mur qui couvre trois grandes provinces, qui parcourt cinq cents lieues d'étendue, et dont l'épaisseur est telle que six cavaliers peuvent aisément s'y promener de front : telle est cette fameuse muraille unique, en effet, dans son espèce. Elle est flanquée de tours, placées chacune à la distance de deux traits d'arbalète, ce qui en facilite la garde et la défense. Le tiers des hommes robustes de la Chine fut employé à sa construction. Il était défendu, sous peine de la vie, de laisser prise au fer entre l'assiette de chaque pierre. Cette précaution a contribué à la solidité de cet ouvrage, encore presque entier aujourd'hui, quoique construit il y a deux mille ans. Le premier Empereur de la famille *Tsin* en conçut le projet et l'exécuta.

Cette étonnante barrière est devenue à peu près

inutile depuis la réunion des Chinois et des Tartares. Ceux-ci ne l'avaient point forcée. Ils furent
appelés dans l'intérieur de la Chine pour chasser
du trône l'usurpateur *Licong-tse* : il fut vaincu,
chassé et disparut pour toujours ; mais le Tartare
vainqueur prit sa place.

(*Histoire générale de la Chine, ou Annales de cet Empire*,
traduites du texte chinois, par le feu Père Joseph-Anne-Marie
de Mayriac de Mailla ; rédigé par M. l'abbé Grosier, chanoine
de Saint-Louis du Louvre. Vol. XIII, p. 452 et 453.)

Ce grand et vaste royaume de la Chine, dont
Ptolémée a connu le nom et ignoré la puissance,
semble être celui même que *Marc-Antoine* a nommé
la province de *Mangi*.

(*Chine ou grand camp de Tartarie*, par les sieurs Pierre de
Goyer et Jacob de Keyser, vol. I, p. 38.)

(Vol. I, p. 39.) Quant à l'origine du mot de chinois ou *sinois*, *Stéphane* l'a prise de la ville métro-
politaine de ces peuples nommée *Siné*, dont parle
Marcian en ses *Navigations*, d'où l'on présume
que le mot de *Thinæ*, mentionné par *Ptolémée* et
Strabon, est corrompu, et qu'au lieu de *Thinæ* on
devait lire *Chinæ* ou *Sinæ*. Le P. *Xavier*, jésuite,
en une Épître indienne de l'an 1552, par laquelle

il mande à son général *Loyole* que trois de ses com-
pagnons s'étaient acheminés vers la ville royale de
la Chine, l'appelle *Sinæ* ou *Sina*. (Mêmes auteurs, vol. I, p. 41.) De plus, si vous considérez
exactement sa situation, vous diriez que la nature
s'est plu à lui former des remparts si forts et si solides, qu'on croirait à la voir qu'elle en voulut
faire un petit monde séparé et retranché de toutes
les autres parties. Si nous la regardons du côté de
l'orient et du midi, nous la verrons entourée de la
mer et d'un grand nombre d'îles, dont les bancs et
les écueils sont si dangereux que personne ne les
ose presque aborder. Si nous nous tournons au
couchant, nous y remarquerons les vastes forêts et
les hautes montagnes de *Damasie*, qui la séparent
du reste de l'*Asie ;* elle est garantie de cette affreuse
et sablonneuse plaine de *Samo* (où les puissantes
armées étrangères trouveraient leur cimetière), par
cette *Grande Muraille,* qui, vu l'industrie avec laquelle elle est bâtie, supplée en plusieurs endroits
aux défauts de la nature. (Mêmes auteurs, vol. I,
p. 59.) On remarque encore qu'il n'y a point de
lieu dans l'Océan où le poisson soit d'un goût plus
agréable. On trouve aussi sur le rivage de cette
mer, de *certains petits oiseaux semblables à des*
hirondelles, qui pétrissent l'écume de la mer, et la
mêlant avec leur salive, en font une espèce de bi-

tume dont ils bâtissent leurs nids, qui après, étant mis en poudre, servent à faire toutes sortes de sauces très-bonnes et très-exquises. (Mêmes auteurs, vol. I, p. 39.)

Le 28 du même mois (juin 1754), nos voyageurs passèrent *Nan-ting-men,* qui est la première bouche des montagnes, et à midi ils traversèrent la *Grande Muraille.* « Ce titre est trop simple, m'écri-
« vit le Frère Attiret, pour une si belle chose. Je
« suis étonné que tant d'Européens qui l'ont vue,
« nous aient laissé ignorer l'ouvrage immense qui
« la compose. C'est un des plus beaux ouvrages
« qu'il y ait au monde, eu égard au temps où elle a
« été faite et à la nation qui l'a imaginée et exécu-
« tée. Je suis bien résolu d'en faire le dessin à mon
« retour. »

(*Lettres édifiantes et curieuses*, t. XXXVI, p. 59-60, par l'abbé missionnaire Amiot.)

Ayant parcouru encore deux verstes, nous atteignîmes la chaîne des montagnes qui sépare la Mongolie de la Chine. Sur leurs sommets s'étend un

rempart en pierre, avec des tours carrées, en briques, à une certaine distance les unes des autres.
Ces tours, hautes de neuf sagènes, s'élèvent sur une
plate-forme d'environ trois sagènes carrées. De ce
point, la Chine se présente sous des formes colossales. On ne voit au sud, à l'est et à l'ouest que des
montagnes couvertes de neige, et dont les cimes ai-
guës et noires s'élancent jusque dans les nues. On
descend pendant cinq verstes par un chemin étroit
et très-dangereux dans cette saison, jusqu'à *Nor-
tian*, village chinois; au delà, de hautes montagnes, dont les sommets menaçants donnent à ces
cantons un caractère sauvage, se montrent au voyageur. Tel est l'aspect du pays à l'endroit où l'on
descend des hautes steppes mongoles dans le terrain bas de la Chine.

(*Voyage à Péking à travers la Mongolie,* par M. Timkooski;
t. I, ch. vi, p. 358.)

(Mêmes auteurs; vol. I, p. 267.)

Aujourd'hui nous rencontrâmes continuellement
des caravanes qui portaient du thé à *Kiakhata*.
Après treize verstes de marche, nous arrivâmes à un
rempart en terre assez élevé; il traverse la route et
aboutit à des montagnes qui s'étendent de l'est à
l'ouest. A gauche est une vaste plaine très-fertile.

Ne pourrait-on pas trouver quelque analogie

entre ce rempart et les anciennes fortifications que l'on trouve près de *Péréiaslao*, dans le gouvernement de *Poltava*, en Bessarabie, et dans d'autres pro vinces de la Russie?

Le 2 septembre, Son Excellence, accompagnée de la plus grande partie de ses gentilshommes, de sa suite et de sa garde, se mit en route pour aller rendre une visite privée à l'Empereur, alors en Tartarie. Le soir, nous fîmes halte à une de ses maisons appelée *Ming - Yuen - Suen*, distante de *Pékin* d'environ vingt-deux milles. Le 5, nous entrâmes dans les montagnes, et le chemin devint extraordinairement rude et difficile; après une route de seize milles, très-fatigante, nous prîmes nos logements dans une grande et forte ville de guerre, située précisément sur la frontière de la Tartarie. Le lendemain matin, nous jouîmes de l'intéressant spectacle de la *Grande Muraille*, qui sépare cette contrée de la Chine. Nous ne pouvions nous lasser de contempler ce prodigieux monument d'antique architecture, qui, durant tant de siècles, a fait l'admiration de l'univers. D'après les renseignements que nous fûmes à portée de recueillir sur les lieux, d'après ceux que nous procurèrent les

plus instruits d'entre les Chinois, nous sûmes que
cette muraille avait été bâtie, il y a environ *quinze
cents ans,* pour arrêter les incursions fréquentes`
des Tartares, qui, se répandant par essaims sur la
Chine, en ravageaient les provinces septentrionales, avant qu'il fût même possible de leur opposer
aucune résistance. Nous apprîmes que sa longueur,
d'environ *quatorze cents milles,* s'étendait sur une
contrée généralement montueuse et irrégulière, en-
trecoupée de temps en temps par des roches et des
précipices tellement escarpés, qu'il est difficile de
concevoir que l'attrait du pillage ait pu déterminer
des hommes à risquer leur vie pour les franchir.
La portion de *la Muraille* que nous examinâmes et
que nous mesurâmes avec beaucoup de difficulté,
avait *vingt-cinq pieds* (*anglais*) d'élévation; son
épaisseur, prise à travers la porte, était de *trente-
six pas,* et demeurait la même jusqu'en haut; mais
dans les vallées et dans les différents endroits qui
présentaient à l'ennemi un passage plus facile, son
épaisseur et son élévation surpassaient de beaucoup
ces dimensions. Elle était bâtie en briques, et depuis Son Excellence jusqu'au dernier de nos soldats, nous eûmes tous un empressement égal à en
recueillir des fragments, comme si ces morceaux de
brique eussent été des lingots du plus précieux
métal. Quoique remontant à une si haute antiquité;

21

la Muraille est généralement en bon état; quelques parties cependant se dégradent, et depuis la réunion des deux Empires en un seul, on donne moins d'attention à son entretien. A chaque porte il y a un corps de garde où quelques compagnies de soldats sont, en tout temps, stationnées, tandis que d'autres compagnies sont campées de chaque côté de *la Muraille*, et régulièrement espacées. Sur sa partie supérieure sont construites des tours, distantes d'une portée de fusil l'une de l'autre; leur hauteur et leur masse présentent le coup d'œil le plus magnifique et le plus imposant.

(*Voyage en Chine, en Tartarie, à la suite de l'Ambassade de lord Macartney*, par M. Holmes. Vol. II, ch. vii, p. 17, 18, 19 et 20.)

.Avant la conquête de la Chine par les Tartares-Mandchous, la frontière septentrionale de cet Empire était limitée par la *Grande Muraille* qui s'étend depuis le golfe du *Liao-toung* ou mer Jaune, jusqu'à l'extrémité occidentale de la province du *Chen-si* (ou de l'Occident frontière), dans un espace de *cinq à six cents lieues*. Ce monument, le plus colossal comme le plus insensé peut-être qu'ait jamais conçu la pensée humaine, fut construit par

Tsin-chi-hoang-ti (le premier Empereur auguste
de la dynastie *Tsin*, célèbre Empereur chinois, le
même qui commanda l'incendie des livres, et qui
régnait 214 ans avant notre ère), pour défendre son
empire contre les invasions multipliées des barbares.*Hioun nou* ou Tartares. *Plusieurs millions
d'hommes,* dit-on, furent employés pendant *dix
ans* à cette construction, et *quatre cent mille* y pé-
rirent. L'épaisseur de cette immense et prodigieuse
muraille est telle que *six cavaliers peuvent la par-
courir de front à son sommet.* Elle est flanquée de
tours dans toute sa longueur, placées chacune à la
distance de deux traits de flèche, pour que l'ennemi pût être partout atteint. La construction est
très-solide, surtout du côté oriental, où elle commence par un massif élevé dans la mer; c'est là
qu'il était défendu aux constructeurs, sous peine
de la vie, de laisser la possibilité de faire pénétrer
un clou entre les assises de chaque pierre. Elle est
terrassée et garnie de briques dans toute la province de *Tchi-li* (Fidèlement attachée) qu'elle suit
au nord. Mais plus à l'ouest, dans les provinces de
Chan-si (de l'Occident montagneux), de *Chen-si*
et de *Kiang-sou* (pays riche et fertile sur le fleuve
Kiang), elle est en terre seulement dans quelque
partie de son étendue. Cependant cette *Muraille*
paraît avoir été bâtie presque partout avec tant de

soin et d'habileté que, sans que l'on ait eu besoin de la réparer, elle se conserve entière depuis plus de *deux mille ans*. Dans les endroits où les passages sont plus faciles à forcer, on a eu soin de multiplier les ouvrages de fortification, et d'élever deux ou trois remparts qui se défendent les uns les autres. Cette muraille ou plutôt ce rempart de six cents lieues de longueur, a presque partout 20 ou 25 *pieds d'élévation*, même au-dessus de montagnes assez hautes par lesquelles on l'a fait passer, et qui sont fréquentes le long de cette frontière de la *Mongolie*. L'une de ces montagnes que franchit la *Grande Muraille, a cinq mille deux cent vingt-cinq pieds d'élévation*. Les matériaux qui ont servi à la construction de cette fortification démesurée seraient plus que suffisants, dit M. *Barrow*, pour bâtir un mur *qui ferait deux fois le tour du globe, et qui aurait six pieds de hauteur et deux pieds d'épaisseur*. Elle est percée d'espace en espace de portes qui sont gardées par des soldats, ou défendues par des tours et des bastions. On dit que du temps des empereurs des dynasties chinoises, avant que les *Mongols*, appelés dans l'intérieur de la Chine, se fussent emparés de l'Empire, cette *Muraille* était gardée par *un million de soldats;* mais à présent que la plus grande partie de la Tartarie et la Chine ne font plus qu'un vaste Empire, et qu'il

n'a plus à craindre des invasions barbares, le Gouvernement chinois se contente d'entretenir de bonnes garnisons dans les passages les plus ouverts et
les mieux fortifiés.

Voici ce qu'en disent deux témoins oculaires :
« La construction de cette *Muraille* est composée
« de deux faces de mur, chacune d'un pied et demi
« d'épaisseur, dont l'intervalle est rempli de terre
« jusqu'au parapet. Elle est garnie de créneaux
« comme les tours dont elle est flanquée. A la hau-
« teur de six ou sept pieds depuis le sol, le mur est
« bâti de grandes pierres carrées, mais le reste est
« de briques, et le mortier paraît excellent. Sa hau-
« teur totale est entre 18 et 20 pieds, mais il y a peu
« de tours qui n'en aient au moins 40 par une base
« de 15 à 16 pieds carrés, qui diminue insensible-
« ment à mesure qu'elle s'élève. On a fait des de-
« grés de briques ou de pierre sur la plate-forme
« qui est entre les parapets, pour monter et des-
« cendre plus facilement. » (*P. Gerbillon.*)

Une pensée politique autre que celle de préser-
ver les provinces septentrionales de l'Empire chinois contre les irruptions des Tartares, présida à la
construction de cet ouvrage aussi gigantesque qu'i-
nutile maintenant, mais qui du moins est un témoignage formidable de ce que peuvent la volonté et le
génie de l'homme. Celui qui conçut ce projet ne

fut pas un homme ordinaire, malgré les accusations des historiens chinois. Avant son règne, sous la dynastie des *Tcheou*, l'Empire était divisé en un grand nombre de petits royaumes et de petites principautés féodales, qui ne dépendaient guère que nominalement du souverain de tout l'empire. *Thien-chi-hoang* ou le *premier Empereur auguste* de la dynastie *Thien*, après avoir soumis tous les rois et les princes vassaux de l'empire qui s'étaient rendus indépendants, et restitué à la nation chinoise sa grande et puissante unité, après avoir vaincu les tribus nomades du nord et du midi, avec des armées de plusieurs millions d'hommes, ne voulut pas les laisser se dégrader dans l'oisiveté ou troubler l'empire; il en fit renfermer *cinq cent mille* dans des forteresses où ils étaient occupés à des travaux utiles; et il employa le reste, avec le tiers de la forte population mâle (*quatre ou cinq millions d'hommes*), à construire cette *Grande Muraille* que les Chinois nomment *Wen-li-tchang-tching*, « la *Grande Muraille* de dix mille *lys* ou mille *lieues*, » mais qui n'a guère que la moitié de cette étendue.

(*L'Univers pittoresque*, par M. G. Pauthier, LA CHINE, t. I, p. 10 et 11.)

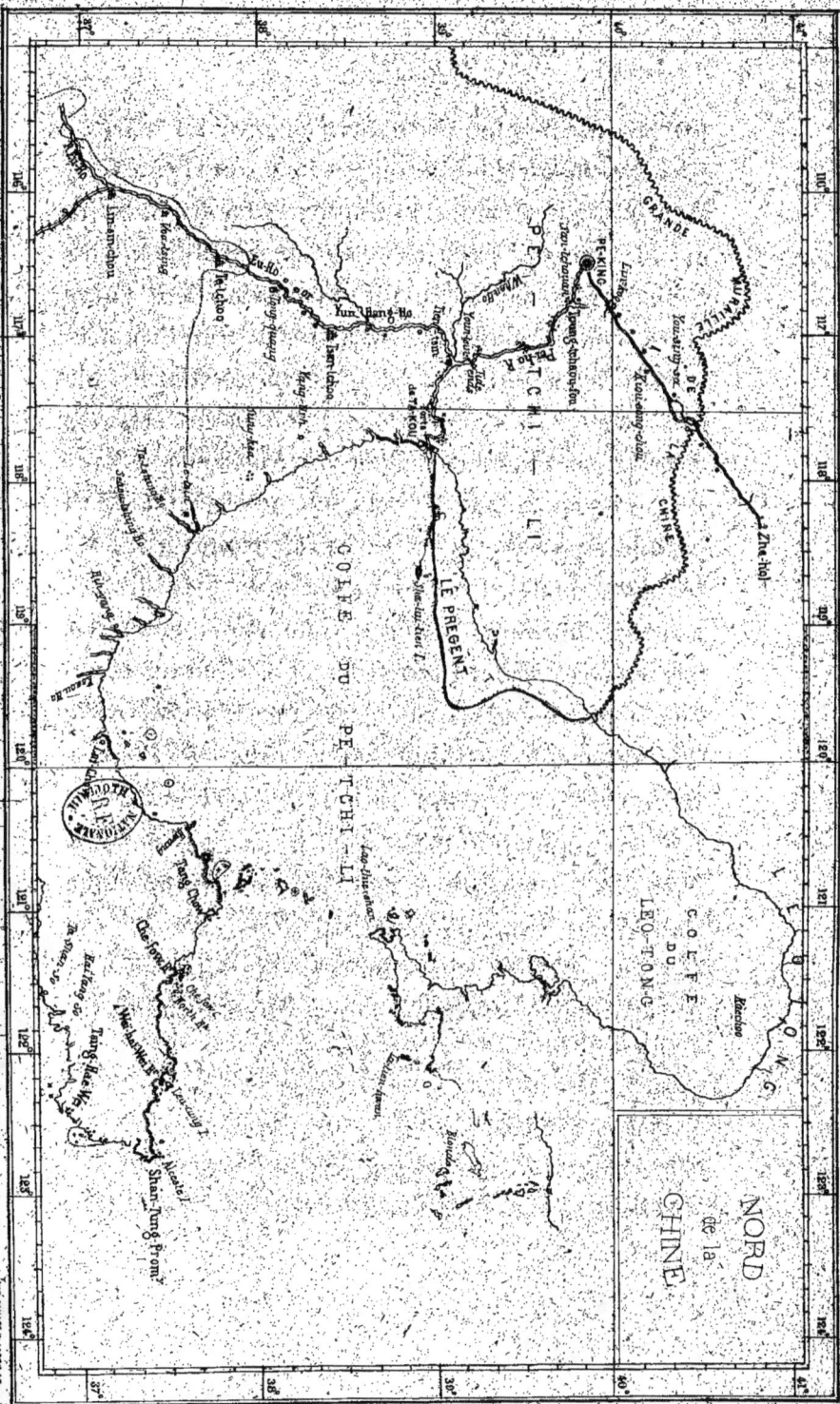

NORD de la CHINE.

GOLFE DU LEO-TONG

GOLFE DU PE-TCHI-LI

PE-TCHI-LI

GRANDE MURAILLE DE LA CHINE

LÉ PRÉGENT

PEKING

Tien-tsin

Yun-liang-Ho

Zhe-hol

BIBLIOTHÈQUE NATIONALE

DES

MISSIONS CATHOLIQUES

EN KORÉE ET DANS L'INDE ANGLAISE.

—

1859—1860—1861.

A M. LE Vte DE LA GUÉRONNIÈRE.

Il y a vingt-deux ans, un Français, un prêtre des *Missions Étrangères*, M. *Mabault*, se faisait jeter par une jonque chinoise, seul et sans autres guides que sa foi et son énergie, sur une plage que n'avait pas encore abordée le catholicisme, mais qu'on savait, par ses relations avec la Chine et le Japon, être celle d'une contrée populeuse et riche ; cette plage était celle de la presqu'île de *Korée*. Plus tard, deux autres Missionnaires venaient l'y rejoindre, l'y aider dans ses efforts apostoliques et y former un noyau catholique qui aujourd'hui, malgré les persécutions, a atteint des proportions assez importantes pour que, déjà en 1847, 768 *adultes* reçussent le baptême et 469 *cathécumènes* se fissent inscrire.

Ces succès furent chèrement achetés, et le meurtre de ces trois premiers Missionnaires, suppliciés dans l'intérieur du pays, décida le Gouvernement français à envoyer sur ce point des Mèrs de la Chine, tout éloigné qu'il fût: d'abord, en 1846, le contre-amiral *Cécile ;* puis, l'année suivante, une frégate et une corvette, la *Gloire* et la *Victorieuse*, avec la mission d'y obtenir réparation du sang français versé et d'y conclure, sinon un traité, du moins des conventions de nature à garantir l'avenir des Missions. Vous vous rappelez, sans doute, le triste sort de ces deux bâtiments qui se perdirent sur cette côte, aujourd'hui encore inconnue pour nos Marines, et dont les épaves gardées, pendant deux années avec le respect de la crainte, par le Gouvernement koréen qui s'attendait à la réapparition annoncée et promise d'une nouvelle expédition française, disparurent le jour où il fut avéré pour lui qu'on avait renoncé à cette expédition. Il est certainement regrettable, selon moi, qu'à cette époque, des considérations dont je ne discuterai pas ici la valeur, inutiles en tous cas à rappeler aujourd'hui, aient fait sacrifier la religion d'un engagement pris et renoncer à l'occasion si naturelle, si légitime, qui s'offrait à la France de planter, en

Korée, un jalon qu'elle aurait pu conserver ou arracher, à son gré, selon les circonstances ; car ainsi on eût préservé bien des existences dans le présent comme dans l'avenir, et on aurait pu fonder, sur cette côte lointaine, l'influence du nom français.

Des questions d'un ordre à la fois moral et matériel semblent donc, dans de certaines limites, rapprocher la France de la Korée, du moins les empêcher de devenir jamais complétement étrangères l'une à l'autre.

La Korée est divisée en huit provinces, gouvernées comme celles de la Chine par des mandarins ou préfets. La forme de son gouvernement est despotique dans toute l'application du mot ; le Roi a cependant un conseil qui contre-signe tous ses décrets. La couronne est héréditaire. Le Roi n'a jamais qu'un seul enfant mâle reconnu, et si l'héritier vient à faire défaut, c'est aux Ministres qu'il appartient d'en *trouver un* et de le proclamer successeur légitime.

L'armée koréenne a une grande analogie avec l'armée chinoise, en ce sens que son organisation est aussi défectueuse ; c'est, en fait, une agglomération d'individus de tout âge, de toutes tailles, à moitié nus, sans discipline et sans chefs, faisant tous les métiers, sauf celui de soldat, et dont l'effectif at-

teint, avec peine, le chiffre de *dix mille hommes ;*
en Korée, la résistance et le danger ne seraient donc
pas là. Le fusil à mèche est la seule arme des Koréens, et dans la capitale, au dire des Missionnaires,
il existe *un canon à poste fixe.*

Comme en Chine, les mandarins y ont leurs si-
caires, leurs familiers ; race déguenillée, lâche et
paresseuse, la lèpre de l'extrême Orient, qui sert
à soutenir le maître par-dessous les épaules, quand
il se lève ou qu'il marche ; qui porte la peau de
tigre, les chaînes et les verges, insignes de sa
dignité ; à l'occasion, fait le service d'archers, de
bourreaux, etc. ;... et en fait de supplices, les Koréens ont des raffinements inouïs : ils savent tail-
lader le corps des victimes sans causer la mort
immédiate ; ou bien ils les enterrent à mi-corps,
la partie supérieure exposée à l'ardeur du soleil
et aux piqûres des insectes ; ou bien encore ils
désarticulent les membres avec une hideuse habileté, cherchant avant tout à prolonger l'agonie du
patient.

D'après le dénombrement présenté au Roi, il y a
peu d'années, la population totale de la Korée était
de *sept millions trois cent quarante deux mille trois
cent soixante et un* habitants ; mais, vu l'état incomplet de l'état civil koréen, le chiffre réel peut être, affirment les Missions, évalué à *huit ou neuf millions.*

Il paraît qu'en fait d'arbitraire et de monopole, la noblesse koréenne laisse loin derrière elle cette même classe en Chine et au Japon. Qu'un homme noble soit riche ou pauvre, investi ou non de fonctions publiques, peu importe ; il est de race noble et tout plie devant lui : il peut emprunter et ne pas rendre, acheter et ne pas payer (c'est l'usage invariable) ; à toute réclamation il oppose ses titres de noblesse ; il est au-dessus du peuple, en dehors des lois, investi de priviléges inviolables et exorbitants ; il est défendu de fumer en sa présence ; sur les routes on doit lui céder le pas ; il faut descendre de cheval en passant devant sa maison ; de plus, il y a différents degrés de noblesse ; et si un noble épouse une femme du peuple, les enfants issus de ce mariage sont d'un degré inférieur.

Le peuple est, en Korée, le seul élément sérieux, le seul sur lequel l'avenir puisse fonder quelque espoir. C'est d'ailleurs lui qui, comme partout, travaille à la terre, tisse, fabrique, fournit en un mot aux besoins de toutes les classes. Le Koréen est de taille moyenne, robuste, d'un caractère ouvert ; et, quoique en général ami du repos, il se livre avec ardeur aux travaux les plus durs, dès l'instant qu'il les aborde. D'un tempérament très-vif, il a des colères terribles, et alors il devient cruel ; mais, livré à ses instincts naturels, et à l'abri de provocations, il est susceptible d'attachement ; comme qualités naturelles, il est donc infiniment supérieur au Chinois. Ses vêtements sont de toile de coton et de fil blanc pendant l'été ; doublés de fourrures pendant l'hiver ; et, bien qu'il soit son propre fabricant, à peu de frais, il achète en assez grande quantité des étoffes de fabrique européenne, qu'il recherche beaucoup et qu'il tire de *Pé-king*, comme tous les autres produits dont il fait usage.

Quant aux esclaves (car l'esclavage fait partie de l'état social en Korée), ils sont la propriété exclusive de leurs maîtres, qui peuvent en disposer à leur gré, et ont sur eux droit de vie et de mort. Il paraît que, dans certains cas prévus par la loi, ces esclaves sont aptes à recouvrer la liberté ; mais les détails font jusqu'à présent défaut sur cette classe de la société koréenne, emprisonnée, pour ainsi dire, chez les nobles où les Européens n'ont pu encore pénétrer.

En fait, les femmes sont aussi des esclaves, du moins chez les gens riches, qui en possèdent autant qu'ils peuvent en acheter et en nourrir. Gardées avec la plus rigoureuse surveillance dans des appartements séparés, où jamais ni étranger ni ami ne peut avoir accès, elles ne sortent que fort rarement, et encore n'est-ce qu'en chaise fermée, avec la permission du mari ou plutôt du maître, pour aller visiter leurs parents ou prier sur les tombes des morts. Dans la basse classe, les femmes ont une plus grande liberté ; mais, dans aucune famille, les filles ne font nombre, de même qu'elles n'ont jamais aucun droit à l'héritage ; le père les marie ou plutôt les vend à son gré ; et, après sa mort, les mêmes droits passent au fils aîné ; après lui, à son héritier. Par contre les enfants mâles, au contraire, résument et absorbent toutes les tendresses de la famille ; ils sont idolâtrés, et, chose incroyable , si elle n'était attestée par des bouches aussi pieuses que véridiques , les femmes nourrissent souvent leurs fils de leur lait *jusqu'à l'âge de huit ou dix ans ;* aussi n'est-il pas rare de voir un grand et gros garçon renverser sa mère pour se jeter sur son sein et y étancher sa soif.

Il y a environ cinq siècles, le coton fut importé de Chine en Korée, et il est aujourd'hui, avec le riz, la culture première et la richesse du pays. Le froment et autres céréales , comme les légumes d'Europe, y sont connus ; mais ils sont dégénérés et mal cultivés. Dans la partie méridionale de la presqu'île, où le froid n'est jamais excessif, la moyenne thermométrique y étant de 15 à 20 degrés Réaumur au-dessous de zéro pendant les hivers les plus durs, les poires, les pommes, les pêches, même les raisins, sont abondants, mais sans

saveur; le vin de la vigne y est inconnu, et les habitants le remplacent par un composé de graines
fermentées, comme cela se pratique, du reste, dans
d'autres parties de l'extrême Orient. En revanche,
le tabac y croît à merveille, et se vend à vil prix :
la Korée n'en fait cependant un objet de consom-
mation qu'avec la Chine et le Japon, et encore à
des époques fixes et sur certains points déterminés
du territoire. Nos animaux domestiques existent
également en Korée, mais avec des applications
différentes : ainsi le bœuf, par exemple, n'y sert
qu'à labourer ou à porter des fardeaux, et n'est
jamais bête d'alimentation (il en est de même en
Chine et au Japon); c'est ainsi également que le
cheval, bien qu'assez fort, malgré sa petite taille,
pour rendre de bons services à l'agriculture et à
l'industrie, y est tenu complétement étranger : il
n'est qu'un objet de luxe ou une marque de noblesse.

On dit l'intérieur de la Korée très-riche en mines d'or et d'argent, de fer, de cuivre, de houille;
mais le Gouvernement ne permet l'exploitation que
de celles de fer et de cuivre, se servant des super-
stitions populaires, très-vivaces en Korée, pour
mettre les mines des métaux plus précieux, dont
il prétend conserver le monopole, sous la garde
de *Génies malfaisants ;* et il paraît que ce moyen,

tout naïf qu'il soit, lui a jusqu'à présent réussi.

Chaque année, au nouvel an du calendrier chinois, le Roi de Korée envoie une ambassade avec des présents à *Pé-king;* mais aujourd'hui que la presqu'île koréenne est, en fait, indépendante de la Chine, c'est un hommage de forme à titre de précaution politique plutôt qu'un tribut réel, comme par le passé, qu'elle paye ainsi à un voisin devenu dangereux par son importance.

Au point de vue des arts, il serait assez vrai de dire que la Korée est à la Chine, ce que la Chine est à l'Europe. Toute la science du Koréen instruit se borne à apprendre quelques lettres chinoises; et cette étude fournit un aliment inépuisable aux plus avides. La langue koréenne a une écriture alphabétique qui, même dans sa rudesse et sa simplicité, serait de beaucoup préférable aux *quatre-vingt mille* caractères de l'alphabet chinois; mais elle est entièrement négligée, et, tous les ans, le Gouvernement envoie une seconde ambassade à *Pé-king,* afin d'y prendre le calendrier pour l'année suivante : c'est un voyage de trois mois.

Quelques mots encore sur la propagande catholique, et sur l'état actuel des choses en Korée.

Les *Missions étrangères* qui, jusqu'ici, ont été les sources presque uniques auxquelles aient pu être puisées les quelques données un peu complètes que

22

nous ayons sur l'intérieur de la presqu'île Koréenne, assurent qu'au point de vue catholique, le
terrain y est bon et bien préparé; mais d'autre
part, selon eux, la crainte de persécutions nouvelles après celle qui a eu lieu il y a dix ans, a, depuis
quelques années, suspendu l'effet des premiers succès obtenus, en intimidant les consciences les mieux
disposées, ou en décourageant celles qui étaient
acquises; surtout depuis que l'intolérance du Gouvernement koréen ne croit plus avoir à redouter
l'intervention des puissances chrétiennes.

Les calculs des Missions portent à *quinze mille* le
chiffre des chrétiens en Korée; ce chiffre, on le
voit, serait important en raison de sa population.

Le Roi régnant est jeune, et bien qu'issu d'une
souche royale, mais depuis longtemps tombée dans
l'obscurité et dans la pauvreté, il avait contracté,
au milieu de la classe où il vivait, des habitudes de
débauche et de paresse qu'il n'a pu corriger depuis
que des nécessités politiques l'ont fait rechercher
et porter sur le trône: aussi laisse-t-il ses ministres
gouverner en son lieu et place, se bornant à demander pour ses plaisirs sa part des fonctions publiques qui se vendent à l'encan : par tempérament,
il est capricieux et cruel; bref, les Missionnaires en
font un portrait fort laid et fort inquiétant pour
leur avenir. D'ailleurs, hommage doit être rendu à

leur patience comme à leur courage, car depuis vingt-deux ans qu'ils se sont jetés en Korée, ils ne s'y sont maintenus qu'au prix de sacrifices et de souffrances de tous les moments; et ils poursuivent leur tâche sans se lasser. La Mission actuelle se compose d'un évêque, de son coadjuteur et de sept missionnaires, dont un prêtre indigène. Depuis ces dernières années, la position de ces pauvres ecclésiastiques, loin de s'améliorer, a même été parfois assez critique pour qu'en présence de signes menaçants pour la religion et les personnes, ils aient été réduits à vivre loin des villes, dans les montagnes, ou cachés sous terre et nourris par quelques chrétiens isolés plus courageux que la masse.

Voilà les faits; et quelles que soient les pratiques ou les croyances d'un chacun, c'est une bonne et vraie religion que celle qui se traduit en abnégation, en dévouement à une cause grande et juste, et en efforts persévérants pour la faire triompher.

Depuis que j'envoyai cette lettre en France, peu de changements se sont produits dans la Mission de Korée.

Au printemps de 1856, M gr *Berneux*, évêque de *Capse*, s'était embarqué à *Shang-haï*, avec deux missionnaires, pour la Korée, dont il vient d'être nommé vicaire apostolique. Son coadjuteur, M gr *Daveluy*, a été consacré sous le nom d'Évêque d'*Aconès*; ce dernier est l'auteur d'un travail historique sur les martyrs de la fin du dix-huitième siècle, travail dans lequel il fait ressortir l'énergie de caractère bien supérieure à celle des autres habitants de cette portion de l'extrême Orient, dont est doué l'indigène koréen. M gr *Daveluy* a fait en Korée un long noviciat, passant par les épreuves les plus dures; il y est connu des populations, et en est estimé jusqu'à la vénération par la fraction chrétienne; aussi son crédit, chez elle, est-il grand.

L'on avait craint un moment que les persécutions de 1845 ne vinssent à se renouveler; car, depuis cette époque, en raison de l'abandon complet où la politique française a cru devoir laisser la Mission de Korée, des symptômes menaçants s'étaient renouvelés à plusieurs reprises ; ils se sont heureusement effacés, grâce à l'habile humilité de nos prêtres, humilité qui leur a permis de ne pas abandonner le terrain et d'y espérer encore un appui catholique qui les mettra en mesure de contrebalancer, s'ils étaient aidés, les envahissements avoués aujourd'hui de la politique religieuse de la Russie.

Huit chrétientés nouvelles ont été créées en Korée depuis dix ans ; une des plus nobles familles d'un des districts importants s'est convertie ostensiblement au Christianisme ; dans la capitale même, des conversions assez nombreuses ont eu lieu, et un catéchiste habile et zélé est actuellement établi dans la ville où les Japonais ont leur comptoir commercial.

En un mot, la situation catholique s'est soutenue, en Korée, dans des conditions que je crois faites pour appeler l'attention du Gouvernement de l'Empereur. Je ne me dissimule cependant pas qu'au point de vue des intérêts et politiques et religieux, l'état des choses, dans l'extrême Orient, réclame en ce moment sa sollicitude la plus pressante sur un autre point plus menacé et plus important, sur la Cochinchine ; car c'est là qu'en ce moment aussi les choses ont pris les proportions les plus graves. Toutefois, n'y aurait-il pas opportunité à une démonstration, à une indication quelconque, toute passagère qu'elle puisse être, sur une côte où, en prêchant la doctrine catholique, le nom français persiste, sans se décourager, à militer en faveur de la civilisation?

Pour ma part, je voudrais cet appui moral possible, et je le croirais utile, au moment surtout où nos derniers succès à *Pé-king* ont exercé déjà une influence incontestable, favorable à la France, sur les peuples voisins de la Chine. Cela est si vrai qu'en Korée, malgré les errements du passé et les sentiments du Gouvernement local, de tous temps hostiles aux idées chrétiennes, les Mandarins semblent, d'après les derniers rapports des Missions, vouloir faire trêve à la persécution ; ferment l'oreille aux dénonciations contre les Chrétiens, et même, fait qui n'a pas de précédent dans le royaume, amnistient des confesseurs indigènes sans exiger l'apostasie.

La politique française jugera-t-elle qu'il y a utilité et opportunité à user de cette situation : c'est une question que je n'oserais trancher, mais que mes convictions me font un devoir d'indiquer.

A M. LE Vte DE LA GUÉRONNIÈRE.

J'arrive de Java ; et c'est avec un profond regret, je vous l'avoue, que je quitte cet admirable climat ; ces Hollandais à la fois si droits et si solides, et cette vieille société javanaise si vierge encore quand on va la chercher dans l'intérieur de l'île, plus à l'abri que sur les côtes, du flot malais qui tend tous les jours à l'envahir et à l'absorber ; cette société qui a pu conserver ses religions, sa nationalité, ses coutumes, même ses armes, sous la main de maîtres assez habiles pour les lui avoir laissées ; assez patients et assez forts aujourd'hui pour s'en servir en toute sécurité à l'avantage de leur domination.

Me voici à l'extrême frontière de l'Inde et de la

Chine, à *Singapoor*, ville anglo-hindoue qui, il y
a *dix* ans, comptait à peine *dix mille habitants* et
dont la population actuelle, grâce à l'envahisse-
ment croissant de la *race jaune*, se compose de:
75,000 *Chinois*, 12,000 *Malais*, 10,000 *Bengalis*,
Hindous ou *Malabars;* d'à peu près 2,000 *Portugais* ou hommes de demi-caste; d'*Eurasians*, mé-
lange de sang européen et de sang asiatique; de
quelques *Belges*, *Suisses*, *Hollandais*, *Allemands*
et *Français* et d'à peine 3oo *Anglais;* le tout fonc-
tionnant régulièrement et placidement sous la garde
d'un gouverneur plus civil que militaire qui n'a
pour toutes forces que 5 à 6oo *Cipayes*, gardant
eux-mêmes *trois cents galériens* des Indes.

Mais avant de reprendre mon dernier vol vers la
patrie, et encore endolori des agitations de toute
nature que j'ai dû traverser depuis deux ans en
Chine, j'avais besoin d'un peu de repos et j'ai espéré
le trouver ici, grâce au tempérament anglais qui
partout où il apporte sa politique et ses habitudes
apporte aussi son calme et sa méthode; grâce aussi
à cette merveilleuse nature des tropiques toujours
verte, parfumée et pleine de quiétude, autant qu'à
des rapports jeunes de date, mais attachants, mais
pleins de sympathique intérêt, avec un vrai pas-
teur de l'Église catholique militante, le R. P. *Beurel*, des Missions Étrangères, provicaire apostolique

de la Malaisie, et depuis vingt ans dans l'Inde.

Il est pour moi l'exemple le plus frappant de ce
que peuvent l'esprit de suite et la résolution réunis;
de ce que peut une volonté patiente qui, son but
une fois choisi, marche sans broncher dans la voie
qui doit la conduire au succès; de ce que peuvent
surtout l'intelligence et la simplicité des moyens
mises au service des doctrines libérales et conso-
lantes du Catholicisme.

D'ailleurs, lorsque, il y a quelque temps, je vous
adressais sur la Korée des données bien incomplètes,
il est vrai, mais, en somme, tout ce que j'avais pu
recueillir sur cette contrée si peu connue dans ses
détails, je regrettais de n'avoir à vous parler que de
Missions en détresse; que des souffrances de leurs
prêtres; que de leurs luttes pleines d'abnégation et
de courage, sans pouvoir vous citer encore d'heureux résultats obtenus. Ici, au contraire, à *Singapoor*, je ne vois que des Missions qui, elles aussi, ont
eu leurs labeurs, mais des labeurs qu'un homme a
seul entrepris; que seul il a pris à sa charge, et
qui, aujourd'hui, ont abouti à une pleine prospé-
rité: à côté des ombres, la Providence a voulu la
lumière; à côté des épreuves elle a mis la récompense.

Le R. P. *Beurel* est comme la personnification
véritable et actuelle du Catholicisme tel qu'il se

trouve placé dans la presqu'île malaise, entre deux
sociétés, l'une toute protestante, l'autre toute
païenne. Né dans les côtes du Nord, d'une famille
sans fortune, il arriva aux Indes en 1839. Dans le
début, ses supérieurs le destinaient à *Siam;* mais
en débarquant à *Singapoor* pour se rendre à son
poste, il y fut retenu par le vicaire apostolique
d'alors, Mgr *Hilaire Courvezy*, évêque de *Bida*,
qui lui-même fut bientôt remplacé par Mgr *Boucho*,
missionnaire à *Pénang*, sacré en 1845 évêque de
Calcutta.

Dans le principe, le Vicariat de la Péninsule Malaise ou Malaïe comprenait trois grands districts :
celui du Sud, composé de deux postes principaux,
Singapoor et *Malacca;* celui du Centre, renfermant
Pénang, *Battu-Kravan* et la province *Wellesley;*
celui du Nord, s'étendant de *Merguy* à *Martaban*
dans la Birmanie, jusqu'au seizième degré de latitude nord. Aujourd'hui, le district du Nord appartient à la Mission particulière de Birmanie, et ainsi,
le Vicariat apostolique, ayant son siége à *Pénang*,
ne se compose plus que des districts du Centre et
du Sud, de tout l'ouest de la Péninsule et des îles
du voisinage.

A son arrivée à *Singapoor*, le P. *Beurel* se trouva
en présence d'un schisme portugais et d'obstacles
de tous genres : il avait à apprendre les différents

dialectes qui se parlent dans la presqu'île, et il n'en savait aucun ; il manquait de ressources pécuniaires, ne recevant que dix piastres par mois (6o francs) de la Propagande de la Foi ; rien d'une chrétienté insignifiante encore et composée d'ailleurs d'éléments pauvres et non attachés au pays; enfin, dans les journaux anglais de la localité, il était, tous les jours, au début, représenté comme un intrus ou un vagabond : sa situation était donc des plus difficiles et des plus précaires.

Néanmoins, et c'est là le côté le plus remarquable de son œuvre, il parvint, dès 1843, à jeter les fondations d'une première église catholique, avec les seuls fonds que lui avait procurés une souscription ouverte en 1840, uniquement dans la société protestante dont il avait su se concilier l'estime et les sympathies par la moralité de sa vie, autant que par son habileté : comme appoint, sa communauté ne lui avait envoyé d'Europe que la modique somme de *deux mille francs.*

Ces premiers résultats heureux faillirent un instant être compromis à tout jamais, l'autorité locale s'alarmant de voir une église rivale prendre des proportions plus importantes que la sienne propre ; aussi le P. Beurel, fidèle à son système de temporisation et de prudence, se décida-t-il à la détruire, mais pour la relever plus tard dans les conditions

architecturales vraiment belles et simples où elle
se trouve aujourd'hui, à côté du temple protestant
bâti dans le style gothique fleuri, généralement
adopté par l'art anglais pour les grands édifices.
Voulant enfin compléter son œuvre, notre missionnaire vint en France, en 1850, pour y chercher
des auxiliaires chez les Frères de la Doctrine Chrétienne; et, en 1852, il débarquait, une seconde et
dernière fois, à *Singapoor*, avec 6 Frères, dont 3
pour *Pénang*, et 4 Sœurs de la Congrégation de
Saint-Maur.

Les écoles des Frères, mises sur un autre pied
que celui où elles se trouvent aujourd'hui, pourraient, à mon avis, donner de meilleurs résultats.
Le caractère premier, comme la règle de ces établissements, devrait être la gratuité, prise du moins
dans son application générale, et elle est loin d'y
être comprise et pratiquée par le directeur actuel,
malgré, il faut le dire, les conseils du P. Beurel;
d'où il résulte, vu la rareté et le peu d'aisance des
catholiques anglais à *Singapoor*, que ces écoles ne
font aucun progrès.

Il n'en est pas de même de l'établissement des
Sœurs, dignes femmes qui, partout où elles se
montrent, ne s'appellent que dévouement, bienfaisance et charité : cet établissement est à la fois une
école et un asile pour les orphelines. Là, la gra-

tuité est à l'état de règle et de pratique, ce qui fait que, sous le rapport de l'orphelinat, par exemple, dont les Sœurs s'occupent spécialement, elles ont obtenu un véritable succès, ayant, à l'heure qu'il est, dans leur maison, 70 petites ou jeunes filles, qu'elles entretiennent de toutes choses; en total, 110 élèves, l'école comprise.

Les Frères ont environ 135 élèves, dont à peu près 30 seulement sont pensionnaires ou orphelins, c'est-à-dire entretenus par l'OEuvre, qui, chaque année, coûte au P. Beurel près de six mille francs, dont *quatre mille francs* pour le traitement des Frères : ce sont pour lui de coûteux auxiliaires.

Les Sœurs vivent, elles, de leur industrie et de ce qu'elles reçoivent de l'école payante.

Quant aux églises ou chapelles qui existent à *Singapoor*, il n'y en a proprement dit que 3. L'île renferme en outre 4,000 *catholiques*, parmi lesquels 12 à 1,500 *Portugais schismatiques ou descendants de Portugais :* du côté des catholiques, après les derniers recensements, assez exactement faits, l'on peut compter 1,200 *Chinois,* 300 *Malabars,* et une minime fraction d'Européens ou descendants d'Européens. D'autre part, à *Singapoor,* il ne doit y avoir que 5 à 600 *protestants* de toutes les dénominations.

A *Pénang,* il y a 2 églises et 2 écoles, et, à

Battu-Kravan, comme à *Wellesley*, le nombre des chrétiens peut s'élever à environ 3,000. *Malacca* a également son église, bâtie dans le style gothique ; mais d'école, point ; et, dans l'intérieur du pays, une Mission, des plus intéressantes par la vie et les sacrifices des prêtres qui la composent, a déjà donné le baptême à plus de 400 *sauvages idolâtres*. En somme, de toutes ces institutions religieuses, la plus importante est, sans contredit, le collége de *Pénang*, destiné au clergé indigène des diverses Missions : il est dirigé par 6 professeurs, et renferme en ce moment 150 à 160 *élèves chinois, co-chinchinois, tonquinois et koréens*.

A *Singapoor*, comme à *Pénang*, l'esprit de la population catholique est généralement bon, tout en se ressentant fatalement, à certains égards, du voisinage du protestantisme. Les Malais sont les plus résistants à la propagation chrétienne, tandis que les Chinois et les Malabars, qui, en fait, dominent par le nombre, lui donnent le plus d'adeptes. A ce propos, justice doit être rendue à l'autorité anglaise, qui laisse aux Missionnaires catholiques toute leur liberté de pensées et d'action, tout en se refusant, d'autre part, il est vrai, à les assister, à prendre même connaissance de leurs travaux : c'est de l'abstention impartiale, mais absolue. Le Catholicisme travaille donc seul à la

civilisation des populations païennes de l'intérieur ;
seul il bâtit des églises et des chapelles pour y atti-
rer ces mêmes populations ; seul il cherche à les
attacher au sol par le mariage, les Chinois, entre
autres, en les aidant à faire venir de leur patrie
lointaine leurs femmes et leurs enfants ; moyen à
peu près unique d'apporter quelque moralité chez
des races qui sont arrivées aux derniers degrés de
la démoralisation.

Enfin, pour clore ce rapide aperçu de l'état des
Missions Étrangères dans la partie orientale des Indes : en *Birmanie*, nous avons 1 évêque et près de
25 missionnaires ; en *Malaisie*, 19, y compris les
professeurs du collége de *Pénang ;* à *Siam,* 12 à 14;
au *Camboge*, 6 seulement; au *Laos*, 3 ; en *Cochinchine*, fort peu en ce moment, bien que l'état
constitutif de cette Mission soit de 7 à 8 évêques,
chacun à la tête d'un gros personnel de prêtres.
Mais, quant à présent, il n'y a sur les lieux que
5 évêques, ayant autour d'eux, disent les derniers
rapports, plusieurs centaines de missionnaires fort
zélés.

Un pareil ensemble de résultats est incontestablement aussi remarquable en lui-même que satis-
faisant pour la Religion; toutefois les meilleures
comme les plus hautes causes ayant toujours, plus
ou moins, leur côté faible, pourquoi, après avoir

23

cherché à rendre aux institutions, aux hommes et à leurs actes, les éloges allant parfois jusqu'à l'admiration qui leur sont légitimement dus, ma conscience, comme mes observations, comme mes susceptibilités nationales, se croient-elles le droit d'adresser un reproche sérieux aux *Missions en général*, composées d'*éléments français*, *Missions Étrangères* ou *Compagnie de Jésus* (*les Lazaristes exceptés*), et de leur demander, en me fondant sur des faits notoires qui ne sont que trop fréquents, pourquoi, dans l'extrême Orient surtout, où leur rôle est plus large, plus militant que sur tout autre terrain, plus fatalement lié à celui de notre politique, elles persisteraient à sembler craindre, en général, *dans la pratique, de se montrer françaises, tout en ne cessant pas pour cela de rester catholiques*, deux qualités cependant essentiellement compatibles entre elles ?

Partout, et dans l'extrême Orient particulièrement, la France n'a-t-elle pas été, n'est-elle pas, ne sera-t-elle pas toujours la protectrice née du Catholicisme, la gardienne de ses intérêts temporels? C'est même là une de ses forces et une de ses gloires : tous les jours, les Missions ne sont-elles pas, de sa part, l'objet de sacrifices moraux et matériels, en influences, en hommes, en argent? Tous les jours, les Missions n'ont-elles pas, avec raison,

recours à cette même France, pour la conservation
de leurs droits ou pour la sécurité et le développement de leurs établissements ; et ne la trouvent-
elles pas toujours prête? Pourquoi, d'ailleurs, ne
s'inspireraient-elles pas du sain exemple des grandes politiques de l'Europe, dont la sagesse et l'ha·
bileté consistent, plus que jamais aujourd'hui, à
fuir l'isolement et à chercher leur force dans la co-
hésion des intérêts, dans les alliances assorties? Et
celle du Catholicisme et de la France n'est-elle pas
essentiellement de ce nombre, traditionnelle, indiquée? Enfin, dans mon vif désir de trouver un re-
mède à un mal réel, j'irai plus loin, et je dirai aux
Missions : Vous avez votre politique personnelle,
vous voulez la conserver, soit; mais, du moins,
faites-la l'auxiliaire *loyale et hautement avouée*
d'une puissance dont, constamment, je le répète,
vous pouvez avoir besoin, et dont, constamment
aussi, vous invoquez avec succès l'assistance. La
Religion, qui est aussi la Civilisation, ne saurait
que gagner à une pareille union, qui, en même
temps qu'elle sauvegarderait les principes les plus
respectables, viendrait doubler l'influence et les
moyens d'action des causes qui l'auraient franchement contractée.

Que les Missions me pardonnent la franchise,
peut-être même l'audace de mon langage : c'est

parce que je suis *convaincu*, et que je me prétends *catholique*, que j'ose le leur tenir ; car je crois fermement que, plus que tout autre, aujourd'hui, il parle directement à leur intérêt véritable et bien compris, autant qu'à celui du Catholicisme, non-seulement dans l'extrême Orient, mais dans le Monde entier.

FIN.

TABLE DES MATIÈRES.

TABLE DES PLANCHES.

FIN DE LA TABLE.

ERRATA

—

Page 117, ligne 3, *au lieu de* : sa supériorité, *lisez :* leur supériorité.

Page 264, ligne 6, *au lieu de :* par le plénipotentiaire, *lisez :* par ce plénipotentiaire.

Page 268, ligne 16, *au lieu de :* Je tiens à la rétablir; *lisez :* Je tiens à les rétablir.

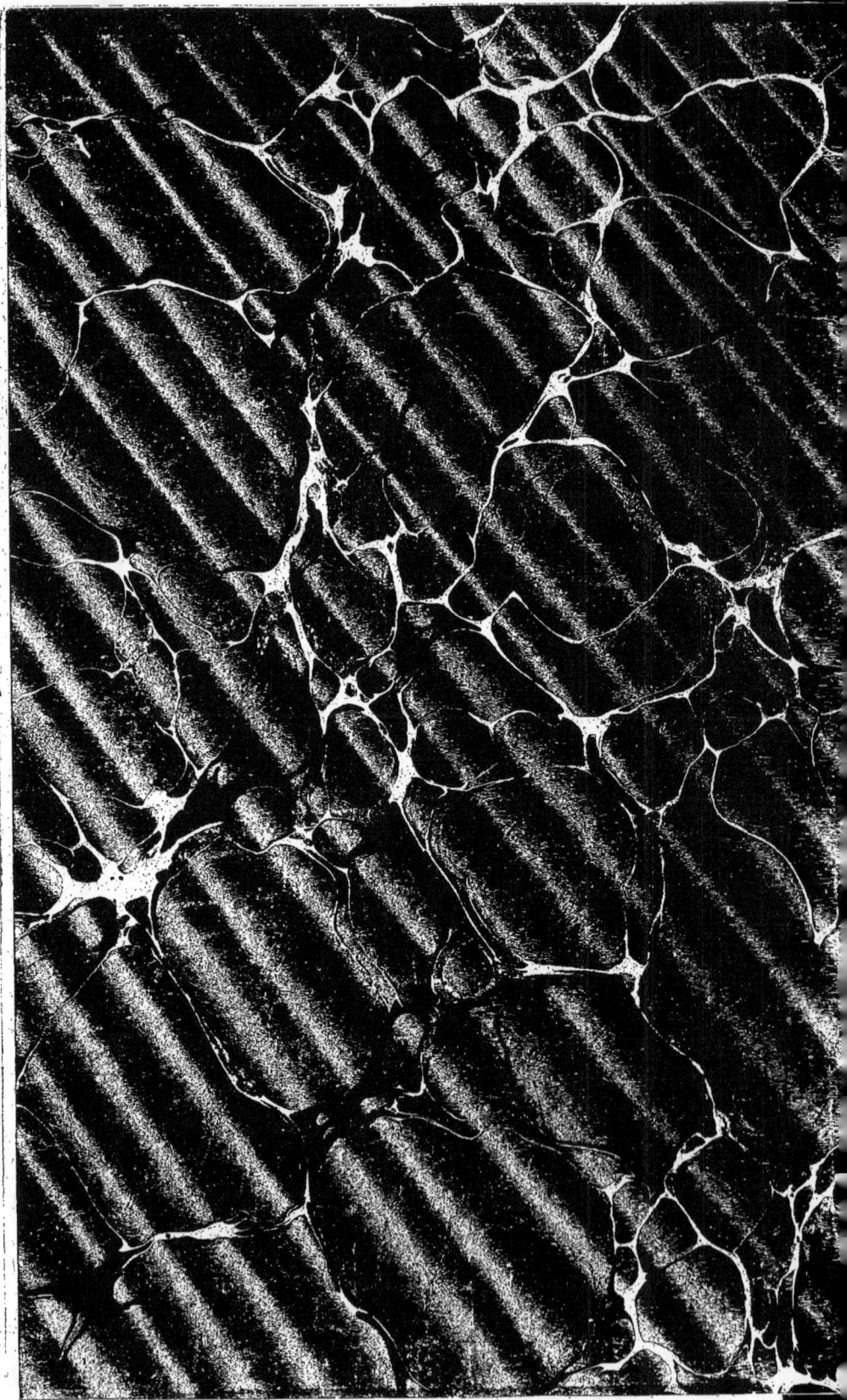

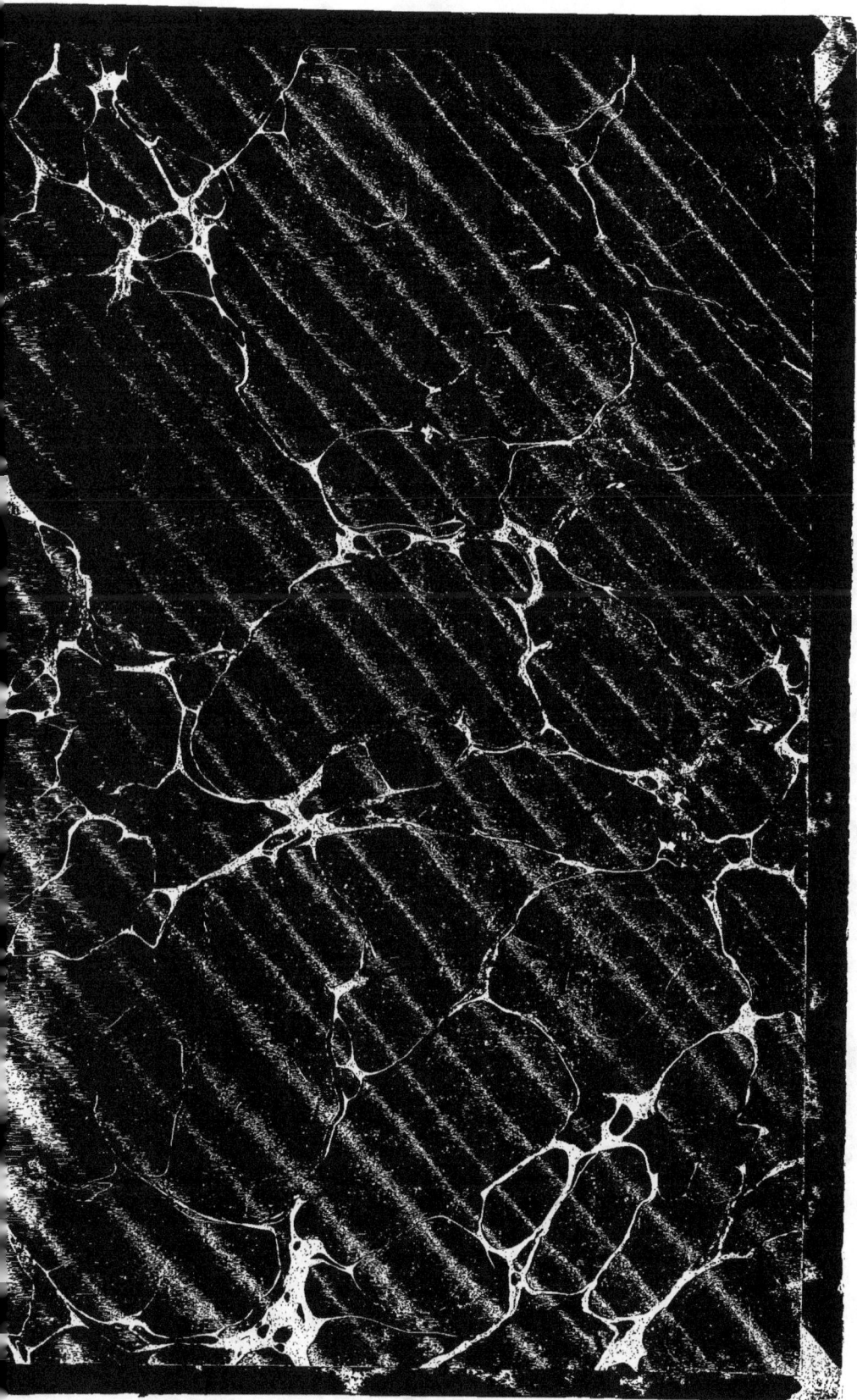

www.ingramcontent.com/pod-product-compliance
Lightning Source LLC
Chambersburg PA
CBHW072003270326
41928CB00009B/1528